期货投资者教育系列丛书

铜 期 货

中国期货业协会 编

中国财经出版传媒集团
中国财政经济出版社

图书在版编目（CIP）数据

铜期货 / 中国期货业协会编. --北京：中国财政经济出版社，2021.6

（期货投资者教育系列丛书）

ISBN 978-7-5223-0293-5

Ⅰ.①铜… Ⅱ.①中… Ⅲ.①铜-期货交易-基本知识 Ⅳ.①F830.9

中国版本图书馆 CIP 数据核字（2021）第 085052 号

责任编辑：贾延平　　责任校对：徐艳丽

封面设计：王　颖　　责任印制：刘春年

铜期货

TONG QIHUO

中国财政经济出版社 出版

URL：http：//www.cfeph.cn

E-mail：cfeph@cfeph.cn

社址：北京市海淀区阜成路甲 28 号　邮政编码：100142

营销中心电话：010-88191522

天猫网店：中国财政经济出版社旗舰店

网址：https：//zgczjjcbs.tmall.com

北京时捷印刷有限公司印刷　各地新华书店经销

成品尺寸：170mm×230mm　16 开　24.5 印张　374 000 字

2021 年 6 月第 1 版　2021 年 6 月北京第 1 次印刷

定价：59.00 元

ISBN 978-7-5223-0293-5

（图书出现印装问题，本社负责调换，电话：010-88190548）

本社质量投诉电话：010-88190744

打击盗版举报热线：010-88191661　QQ：2242791300

《期货投资者教育系列丛书》编委会

前　言

我国期货市场经过30年发展，经历了从无到有、从小到大、从乱到治，走出了一条独具特色的道路，取得了令人瞩目的成就。30年来，期货市场的规则体系不断完善，品种创新有序推进，风险管理工具进一步丰富，对外开放进程明显加快。期货市场的规模稳步扩大，市场投资者结构逐步优化，资产管理和风险管理等创新业务探索取得初步成效。期货市场整体运行质量和效率不断提高，价格发现和风险管理的基础功能得到发挥，在优化资源配置，促进产业升级，助力脱贫攻坚和维护国家经济金融安全等方面发挥着越来越重要的作用。

随着我国期货市场规模的不断发展壮大，新的市场参与者特别是个人投资者数量呈持续上升趋势。投资者是期货市场的重要主体，期货市场的发展离不开投资者的积极参与。中小投资者是我国现阶段资本市场的主要参与群体，但处于信息弱势地位，抗风险能力和自我保护能力较弱，合法权益容易受到侵害。维护中小投资者合法权益是证券期货监管工作的重中之重，关系广大人民群众的切身利益，是资本市场持续健康发展的基础。因此，当前我国期货市场正处于快速发展时期，做好投资者教育工作意义深远。

2013年，《国务院办公厅关于进一步加强资本市场中小投资者合法权益保护工作的意见》（以下简称《意见》）发布，指出要强化中小投资者教育，加大普及证券期货知识力度。为此，应将投资者教育逐步纳入国民教育体系，有条件的地区可以先行试点，充分发挥媒体的舆论引导和宣传教育功能。证券期货经营机构应当承担各项产品和服务的投资者教育义务，保障费用支出和人员配备，将投资者教育纳入各业务环节，提高投资者风险防范意识。自律组织应当强化投资者教育功能，健全会员投资者教育服务自律规则。中小投资者应当树立理性投资意识，依法行使权利和履行义务，养成良好投资习惯，不听信传言，不盲目跟风，提高风险防范意识和自我保护能力。2019 年 3 月，中国证监会、教育部联合印发了《关于加强证券期货知识普及教育的合作备忘录》（以下简称《合作备忘录》），旨在学校教育中大力普及证券期货知识，推动全社会树立理性投资意识，提升国民投资理财素质，维护社会和谐稳定。

随着《意见》的深入贯彻和落实，我国中小投资者保护工作取得了积极成效，围绕投资者教育工作，期货市场的监管部门、自律组织与中介机构都深入进行了大量形式多样、内容丰富、卓有成效的工作。由中国期货业协会（以下简称“协会”）组织编写的《期货投资者教育系列丛书》，就是协会按照中国证监会的统一部署，贯彻落实期货投资者教育工作的重要措施之一，也是协会积极响应《合作备忘录》要求，推动期货知识进校园、进课堂、纳入国民教育体系。本丛书是为期货投资者编写的一套普及性读物，以广大普通投资者为服务对象，兼顾了专业机构的需求，采取简单明了的问答体例，在语言上力争做到深入浅出、通俗易懂、可读性强。衷心地希望本丛书的出版能够为期货投资者了解期货市场、树立风险意识、理性参与期货交易提供有益的帮助。

在此，我们对所有在本丛书编写和出版过程中付出辛勤劳动的朋友表示衷心感谢。由于编写时间紧迫，书中错误和疏漏在所难免，恳请读者批评指正。

中国期货业协会

2021 年 6 月

目　录

第一章　认识铜和铜期货　/ 1

一、铜是一种什么样的金属？ / 1
二、铜的自然属性有哪些？ / 2
三、铜在各行各业的用途主要有哪些？ / 3
四、铜的冶炼方法主要有哪些？ / 8
五、国际铜资源主要分布在哪些地区？ / 9
六、国内铜资源主要分布在哪些地区？ / 13
七、世界上主要的铜出口国和进口国有哪些？ / 17
八、铜以及废杂铜的现货市场是怎么样的？ / 19
九、我国全面禁止废铜进口对市场产生了怎样的影响？ / 21
十、铜产业链的结构是怎样的？ / 23
十一、铜现货合同交易的优缺点是什么？ / 26
十二、在现货市场之外为什么要进行铜的期货交易？ / 28
十三、什么是期货市场和期货交易所？ / 29

自测题 / 30

第二章　解读铜期货合约和交易规则　/ 33

一、什么是铜期货合约？ / 33
二、铜期货合约中对铜的质量有哪些规定？ / 38
三、铜期货交易和铜现货交易有哪些不同？ / 39

四、铜期货的交易者种类有哪些？ / 45
五、铜期货为什么是企业避险保值的风险管理工具？ / 46
六、铜现货企业除了套保还能通过哪些途径进行对冲避险？ / 47
七、国内铜期货的交易市场在哪里？ / 48
八、国外铜期货的交易市场有哪些？ / 49
九、为什么要了解和关注国际市场的铜期货？ / 51
十、LME 的铜期货和 SHFE 的铜期货有哪些差别？ / 52
十一、如何解读 LME 的铜期货合约？ / 53
十二、铜期货的交易保证金比例是如何规定的？ / 57
十三、如何计算铜期货的交易盈亏？ / 59
十四、限仓制度对铜期货交易有什么意义？ / 63
自测题 / 65

第三章 解读铜期权合约与交易规则 / 69

一、什么是期权？ / 69
二、期权的交易市场在哪里？ / 71
三、期权与期货有何不同？ / 74
四、期权可以分为哪几类？ / 76
五、影响期权价格的因素有哪些？ / 77
六、铜期权合约是什么？ / 80
七、如何理解铜期权合约的细则？ / 83
八、如何看懂铜期权的 T 型报价图？ / 85
自测题 / 86

第四章 影响铜期货价格的主要因素 / 90

一、影响铜期货价格波动的主要因素有哪些？ / 90
二、宏观经济形势怎样影响铜期货价格？ / 94

三、铜的生产成本是怎样构成的？ / 96
四、铜的生产成本对铜期货的价格有没有影响？ / 97
五、如何从供求关系来判断铜价走势？ / 98
六、如何从铜的库存数量来判断铜市场的供求状况？ / 100
七、如何从进出口数据来判断铜市场的供求状况？ / 102
八、如何从现货铜对期货铜的升贴水情况来判断现货铜的消费状况？ / 104
九、铜的进出口贸易状况对铜期货的价格有什么样的影响？ / 105
十、国家对铜以及铜制品的进出口有哪些政策？ / 106
十一、为什么要了解废铜的进口状况？ / 109
十二、铜市场有没有如同农产品的季节性特征？ / 112
十三、从事国内铜期货交易为何还要了解国际市场上投资基金的交易方向？ / 114
十四、从事铜期货价格分析时有没有必要关心其他商品的市场表现？ / 118
十五、铜在下游加工消费领域会不会被其他商品替代？ / 119
十六、美元汇率波动对铜期货的价格会产生什么样的影响？ / 120
十七、普通投资者分析铜期货价格走势的方法有哪些？ / 121
十八、基本分析与技术分析对于把握铜期货价格趋势而言哪方面更重要？ / 123
自测题 / 127

第五章　铜期货套期保值策略 / 132
一、铜期货套期保值方法的演变是怎样的？ / 132
二、什么是卖期保值和买期保值？ / 134

三、什么是传统套期保值？ / 136
四、什么是现代套期保值？ / 137
五、铜相关企业为什么一定要进行套期保值？ / 138
六、什么是套期保值额度申请？申请的流程是怎样的？ / 140
七、套期保值的基本原则是什么？ / 142
八、铜相关企业的经营风险分为哪几大类？ / 144
九、如何分析辨别风险点？ / 145
十、什么是风险的敞口与闭口？ / 146
十一、购买铜的企业应该怎样进行保值？ / 147
十二、销售铜的企业应该怎样进行保值？ / 151
十三、对于在途产品或者库存产品有什么样的保值策略？ / 154
十四、单边风险敞口的企业如何进行保值操作？ / 154
十五、双边风险敞口的企业有哪些风险点？ / 156
十六、原料与产品定价模式不匹配时，有什么样的保值策略？ / 161
十七、原料与产品定价时间不匹配时，有什么样的保值策略？ / 163
十八、原料与产品定价市场不匹配时，有什么样的保值策略？ / 164
十九、什么是基差？ / 165
二十、如何判断基差对套期保值效果的影响？ / 165
二十一、基差逐利型的保值如何操作？ / 167
二十二、套期保值效果优化技巧有哪些？ / 169
二十三、怎样用期权工具实现二次点价？ / 170
二十四、如何评估铜套保团队的工作绩效？ / 175
自测题 / 186

第六章 铜期货投机交易策略 / 193

一、什么是期货投机？ / 193

二、期货投机者有哪些类型？ / 194
三、期货投机的一般原则是什么？ / 195
四、趋势型策略与震荡型策略有哪些区别？ / 197
五、一般投机者的建仓策略有哪些？ / 197
六、怎么确定止损点？ / 199
七、投机平仓的策略有哪些？ / 200
八、铜期货投机的资金管理有哪些要领？ / 201
九、什么是主观交易和客观交易？ / 203
十、什么是期货交易系统？ / 204
十一、什么是交易系统四要素？ / 205
十二、系统交易较主观交易有哪些优势？ / 207
十三、典型的期货交易系统包括哪些方面？ / 208
十四、铜期货投机与其他商品期货及股票投机的区别有哪些？ / 212
自测题 / 219

第七章 铜期货套利交易策略 / 223

一、什么是套利交易？ / 223
二、铜期货套利交易应遵循什么原理？ / 224
三、铜期货套利交易具有怎样的特性？ / 225
四、铜期货套利交易有哪些类型？ / 226
五、套利与套期保值、投机之间有哪些区别？ / 227
六、铜期货套利交易对市场起到什么作用？ / 229
七、铜期货套利交易有什么优点？ / 230
八、铜期货的期现套利怎么做？ / 232
九、就国内来说，铜期现套利有哪些机会？ / 234
十、期现套利有哪些风险需要注意？ / 235
十一、如何进行沪铜跨期套利交易？ / 237
十二、跨期套利有哪几种类型？ / 238
十三、如何在上海期货交易所与伦敦金属交易所之间

进行铜期货跨市场套利？ / 240
十四、阻碍套利交易进行的现实条件有哪些？ / 242
十五、跨市套利应该注意哪几方面因素？ / 244
十六、如何发现铜期货的套利机会？ / 245
自测题 / 252

第八章 防范铜期货交易风险 / 258

一、为什么铜期货交易是有风险的？ / 258
二、铜期货交易的风险一般有哪些？ / 259
三、投资者自身因素导致的交易风险有哪些？ / 260
四、铜期货交易风险的主要成因是什么？ / 262
五、铜期货交易风险的基本特征是什么？ / 263
六、如何防范铜期货外盘风险？ / 264
七、如何防范铜期货交易、交割规则风险？ / 265
八、个人投资者的风险防范应关注哪几方面？ / 267
九、机构投资者如何建立内部风险监控机制？ / 268
十、企业高层管理人员如何防范铜期货交易风险？ / 269
十一、铜企业套保操作不当引起的风险有哪些？ / 270
十二、铜套利交易者操作不当引起的风险有哪些？ / 271
十三、防范铜期货的交易风险，是否需要进行心理建设？ / 273
十四、投资者如何通过资金管理防范交易风险？ / 274
十五、铜期货期权对于防范铜期货风险的意义是什么？ / 275
十六、哪些情形不适合从事铜的期货交易？ / 278
自测题 / 280

第九章 铜期权交易策略及风险管理 / 284

一、预计后市大涨或大跌，适用哪种期权策略？ / 285

二、预计后市不涨或不跌，适用哪种期权策略？ / 287
三、什么是期权的保护性策略？ / 290
四、什么是期权的备兑策略？ / 291
五、什么是期权的价差策略？ / 292
六、什么是期权的波动率策略？ / 293
七、如何利用铜期权合成期货头寸？ / 295
八、期权交易中会遇到哪些风险？ / 298
九、什么是期权的希腊字母？ / 299
十、期权交易的风险怎样度量？ / 301
十一、期权交易的朋友和敌人有哪些？ / 302
十二、铜期权的交易如何进行风险控制？ / 303
自测题 / 305

第十章　铜期货的交割 / 307

一、铜期货的交割属于哪一类型？ / 307
二、铜期货交割的三日流程具体是怎样的？ / 308
三、铜期货的交割环节有哪些注意事项？ / 310
四、铜期货的交割过程有哪些费用？ / 313
五、铜期货合约中的指定交割仓库有哪些？ / 314
六、铜期货合约中铜的注册商标、包装标准及升贴水标准有哪些？ / 318
七、什么是交割结算价？交割结算价与增值税专用发票有何关系？ / 318
八、什么是期转现业务？应该如何进行？ / 329
九、什么是铜的注册仓单？什么是仓单市场？ / 331
十、什么是保税交割？哪些境外品牌可以参与？ / 334
十一、通过期货交易进行铜的实物交割会不会遇到对方违约？ / 335
自测题 / 336

第十一章 国际铜期货合约概况及市场影响 / 339

一、国际铜期货合约是什么？ / 339
二、国际铜合约设计的主要思路是什么？ / 345
三、境内外客户如何参与国际铜期货交易？ / 347
四、国际铜期货交割流程及注意事项有什么？ / 348
五、哪些品牌可以参与国际铜期货的交割？ / 350
六、国际铜期货目前设有哪些交割仓库？ / 357
七、国际铜期货的主要参与者有哪些？ / 358
八、如何利用国际铜期货的套利机会？ / 359
九、国际铜期货的上市将给市场带来哪些积极影响？ / 363
自测题 / 363

附录 上海期货交易所标准仓单管理办法 / 366

后记 / 375

第一章

认识铜和铜期货

本章要点

本章主要介绍了铜及铜期货的基本知识，阐述了铜的自然属性，铜的冶炼方法以及用途，铜资源的分布，全球范围内铜的生产、消费和进出口情况，并对铜产业链进行了梳理和总结，还重点讲解了废铜的情况及其影响，最后简要介绍了期货市场与期货交易所的概况。

一、铜是一种什么样的金属?

说起铜，我们并不陌生，铜这种金属可谓“历史恒久远，用途永流传”。在我国，4000 多年前的夏朝已经开始使用红铜，后来青铜器被广泛应用。如今，电线、管道、电路板等都用到了铜。

铜，是人类最早发现的金属之一，是自然界中一种常见且重要的有色金属，元素符号为Cu，原子量是63.54，比重为8.92，熔点为1083℃，沸点为2560℃。纯铜呈浅玫瑰色或淡红色，表面形成氧化铜膜后，外观呈紫红色。

铜的英文是“Copper”，源于“Cuprum”，是以产铜闻名的塞浦路斯岛的名字。一般来说，人类得以充分认识的第一种金属是黄金，其次就是铜，铜和黄金是仅有的两种带有除灰、白、黑以外颜色的金属。铜与黄金的合金，可制成各种饰物和器具。

铜在自然界中储量非常丰富，并且加工方便。铜是人类用于生产的第一种金属。最初，人们使用的只是存在于自然界中的天然单质铜，应用方法也比较简单，用石斧把铜砍下来，便可以锤打锻造成多种器物。后来，随着生产力的发展，人们找到了从铜矿中取得铜的方法。自然界中含铜的矿物比较多，而且大多具有鲜艳而引人注目的颜色，例如，金黄色的黄铜矿、鲜绿色的孔雀石、深蓝色的石青等，这些矿石在空气中经过焙烧后便形成氧化铜，然后再用碳还原，就能得到金属铜。

铜是优良的导电和导热体，在现实生活中有很多用途。铜的最大用途是在电气行业，比如制造电缆、电线等，当然，铜在其他方面的应用也很广泛，下面我们会详细介绍铜的用途。

铜是与人类关系非常密切的有色金属，被广泛应用在电气电子工业、能源石化工业、轻工业、机械制造业、交通运输业、建筑工业、国防工业等多个领域。在我国有色金属材料的消费中，铜的消费量仅次于铝。

二、铜的自然属性有哪些？

上面我们讲到，铜在现实生活中有很多用途，各行各业中多多少少都会用到铜，这与铜具有诸多优良自然属性是分不开的。下面我们来简要了解一下铜的自然属性。

（一）铜的自然属性

1. 铜的热导率和电导率都很高，仅次于银，比其他金属高很多，这种特性使铜成为电子电气工业中举足轻重的材料。

2. 铜的化学稳定性较强，具有耐腐蚀性，因此可用于制造接触腐蚀性介质的各种容器，广泛应用于能源及石化工业、轻工业中。

3. 铜的抗张强度大，具有易熔接、可塑性及延展性等特点，纯铜更是具有良好的延展性，可被拉成很细的铜丝，制成很薄的铜箔。铜能与锌、锡、铅、锰、钴、镍、铝、铁等金属形成合金，用于制造机械冶金工业中的各种传动件和固定件。

4. 含铜矿大多具有多彩的外观，可制成建筑和装饰材料。

（二）铜的主要性能

在实际应用中，铜的主要性能有导电性、耐蚀性、结构强度、装饰性，各种特性的应用比例大致如表 1－1 所示。

表 1－1　铜主要性能的应用比例

性能	导电性	耐蚀性	结构强度	装饰性
应用比例	64%	23%	12%	1%

资料来源：上海期货交易所。

三、铜在各行各业的用途主要有哪些？

目前，铜被广泛应用于电气、轻工、机械制造、建筑工业、国防工业等领域，在我国有色金属材料的消费中，铜的消费量仅次于铝。

其中，铜在电气、电子工业中的应用最多、用量最大，占总消费量的一半以上。

总体来看，我国各行业的铜消费量占铜总消费量的比例如表 1－2 所示。

表 1－2　我国各行业铜消费量占铜总消费量的比例

行业	电力	家电	交通运输	建筑	电子	其他
用铜比例（%）	48	15	10	10	8	9

资料来源：上海有色网。

具体来看，铜在各个行业中的应用大致如下。

（一）电气工业中的应用

1. 电力输送。电力输送中需要消耗大量高导电性的铜，铜主要被用于动力电线电缆、变压器、开关、接插元件和连接器等方面。

特高压项目具有长距离大容量传输电力的特点，近年来特高压项目在我国电网投资中的占比不断上升。特高压项目的输电电缆主要采用钢芯铝绞线，因为在架空输电线路中用铝代替铜能够减轻重量。不过，在变电站的建设以及一些电气设备中会用到一定量的铜，比如铜覆钢地网敷设、变压器、换流阀、GIS 等电气设备的安装。据资料显示，一个变电站内要安装 3～6 个变压器，耗铜量在 300～600 吨，1000 公里的特高压项目大概需要 4 个变电站。

2. 电机制造。在电机制造中，高导电和高强度的铜合金被广泛使用，主要用铜部位是定子、转子和轴头等。在大型电机中，绕组要用水或氢气冷却，这就需要很长的中空导线。开发和应用高效电机，是当前世界上的一个热门课题。由于电机内部的能量消耗主要来源于绕组的电阻损耗，因此，增大铜线截面是发展高效电机的一个关键措施。近年来开发出来的某些高效电机的铜绕组的使用量增加了 25%～100%。

3. 通信电缆。20 世纪 80 年代以来，由于光纤电缆具有载流容量大等优点，在通信干线上不断取代铜电缆，故被迅速推广应用。但是，当音频信号和视频信号进入支路、接入终端用户之前，铜仍然以其良好的导电性能和易于分接的特点被广泛应用。随着通信事业的发展，人们对通信的依赖程度越来越大，对光纤电缆和铜电线的需求也不断增加。

（二）电子工业中的应用

1. 电真空器件。电真空器件主要是高频和超高频发射管、波导管、磁控管等，它们需要高纯度无氧铜和弥散强化无氧铜。

2. 印刷电路。铜印刷电路，是把铜箔作为表面，粘贴在作为支撑的塑料板上，用照相的办法把电路布线图印制在铜版上，通过侵蚀把多余的部分去掉，只留下相互连接的电路。对于那些需要精细布置电路的电器，如无线电、电视机、计算机等，采用印刷电路可以节省大量布线和固定回路的劳动，因而得到了广泛应用。

（三）机械和冶金工业中的应用

1. 机械工程。在大多数的机器中一般都有铜制品部件，万吨级的大型挤压机和锻压机的缸套、滑板基本都用青铜制成，铸件重量可达数吨。许多弹性元件，也基本选用硅青铜和锡青铜作为材料。焊接工具、压铸模具等更离不开铜合金。

2. 冶金设备。在冶金工业方面，冶金厂通常都有一个依靠铜来进行工作的庞大的输配电系统和电力运转设备。此外，在火法冶金中，连续铸造技术已占据主导地位，其中的关键部件——结晶器，大都采用铬铜、银铜等高强度和高导热性的铜合金。

3. 合金添加剂。铜是钢铁和铝等合金中的重要添加元素。将少量铜（0.2% ~0.5%）加入低合金结构钢中，可以提高钢的强度及耐大气和海水的腐蚀性能。在耐蚀铸铁和不锈钢中加入铜，可以进一步提高它们的耐蚀性。

（四）建筑和艺术中的应用

1. 管道系统。在发达国家中，铜制供水系统已占很大比重。在美国纽约的号称世界第六高楼的曼哈顿大厦，其中仅供水系统一项，就用去铜管6万英尺。近年来，PPR铜管在中国也开始受到人们的关注，以往只有星级宾馆和高档写字楼才会使用铜管，如今在住宅中使用PPR铜管也变得日益普遍起来。

2. 钱币。自从人类祖先使用钱币进行交易以来，就用铜和铜合金来制造钱币，一直沿袭至今。为了区分各种钱币，可以变换钱币的尺寸，也可以采用不同合金以改变合金色彩，从而达到区分不同面值钱币的目的。

（五）交通工业中的应用

1. 船舶。由于具有良好的耐海水腐蚀性能，许多铜合金，如铝青铜、锰青铜、铝黄铜及镍铜合金等已成为造船的标准材料。一般在军舰和商船的自重中，铜和铜合金的重量占 2% ~3% 。

2. 汽车。一般来说，每辆汽车的用铜量在 10 ~ 21 公斤，具体随汽车类型和大小而异。对于小轿车来说，用铜量占自重的 6% ~9% ，汽车生产过程中，用铜量比较大的部件是散热器以及铜水箱。

3. 飞机。飞机的航行也离不开铜。例如，飞机中的油箱、配线、液压、冷却和气动系统都要使用铜材，轴承保持器和起落架轴承也采用铝青铜管材，导航仪表及众多仪表中也会使用铜弹性元件等。

（六）轻工业中的应用

1. 空调器和冷冻机。空调器和冷冻机主要通过热交换器的蒸发及冷凝作用来实现控温。利用铜的良好加工性能，最近已开发和生产出带有内槽和高翅片的散热管，用于制造空调器、冷冻机、化工及余热回收等装置中的热交换器，可使新型热交换器的总热传导系数提高到用普通管制造的热交换器的两三倍。这一技术的改进可节省 40% 的铜，并使热交换器体积缩小 1/3 以上。

2. 钟表。目前生产的钟表、计时器和有钟表机构的装置，其中大部分的工作部件都用“钟表黄铜”制造。钟表黄铜合金中含 1.5% ~2% 的铅，有良好的加工性能，适合大规模生产。一些著名的大钟都用钢和铜合金制作，如英国“大笨钟”的时针用的就是实心炮铜杆，分针用的是 14 英尺长的铜管。

小贴士

新能源汽车用铜分析

除了上面提及的传统的铜消费领域，近年来，技术进步不断影响和改变人们的生活方式。例如，新能源汽车将逐步取代燃油汽车，通信网络进入5G时代，铜的潜在消费结构也在发生变化。

新能源汽车的市场占有率近年来呈现上升趋势，以特斯拉、比亚迪为龙头的新能源汽车制造商迅速崛起，2019年全球汽车销量为9000万辆，其中，新能源汽车销量达到220万辆。随着欧洲燃油汽车禁售时间的临近，及主要国家和地区如中国、美国、日本及欧盟成员国等都相继出台了各种扶持政策，促进新能源汽车逐步取代燃油汽车成为新的出行交通工具。根据BloombergNEF的预测，预计2040年在路上行驶的汽车中，将有1/3是新能源汽车。

据了解，平均一台混动汽车耗铜60千克，一台纯电动汽车耗铜80千克，相较于一台传统汽车耗铜28千克来讲，未来汽车业耗铜量将有2倍甚至3倍的增长。也就是说，新能源汽车的产量每增加100万台，铜的消费就会提升至少6万吨。新能源汽车离不开充电桩，早在2015年，国务院办公厅就发布了《关于加快电动汽车基础设施建设的指导意见》，要求到2020年基本建成满足超过500万辆电动汽车充电需求的基础设施。家用充电桩用铜量约2千克/个，公共充电站用铜量为7千克/个，直流快速充电站用铜量为25千克/个，因此，可以测算充电桩市场每年要消费铜近万吨。虽然这个数量相较于中国上千万吨铜的年产量来说微乎其微，但是从另一个层面来看，充电桩设施的逐渐完善将在很大程度上提升新能源汽车的消费意愿。

四、铜的冶炼方法主要有哪些?

铜冶炼技术的发展经历了漫长的过程。大体来讲，铜的冶炼方法有火法冶炼和湿法冶炼两种，目前以火法冶炼为主，其产量约占世界铜总产量的85%。

(一) 火法炼铜

铜的火法冶炼一般是先将含铜的原矿石初步选矿得到铜精矿，然后在密闭鼓风炉、反射炉、电炉或闪速炉内进行造锍熔炼，产出的熔锍（冰铜）送入转炉进行吹炼形成粗铜，再在反射炉内经过氧化精炼脱杂，或铸成阳极板进行电解，就可获得品位高达99.9%的电解铜。

该种冶炼方法流程简短，适应性强，铜的回收率可达95%，但因矿石中的硫在造锍和吹炼两阶段作为二氧化硫废气排出，不易回收，易造成污染。近年来，出现了如白银法、诺兰达法等熔池熔炼方法以及日本的三菱法等，火法冶炼正逐渐向连续化、自动化方向发展。

(二) 湿法炼铜

铜的湿法冶炼来自水法炼铜。我国古代劳动人民很早就认识到，在铜盐溶液里可以进行置换反应，通过铁将铜从铜溶液中置换出来，从而在世界化学史上谱写了光辉的一页。

湿法炼铜的原理用化学方程式表示是:

$CuSO_4 + Fe = Cu + FeSO_4$

在许多汉代著作里曾记载“石胆能化铁为铜”的方法。晋葛洪《抱朴子内篇·黄白》中也有“以曾青涂铁，铁赤色如铜”的记载。南北朝时，人们进一步认识到其他可溶性铜盐也能与铁发生置换反应。南北朝的陶弘景曾说:“鸡屎矾投苦酒（醋）中涂铁，皆作铜色。”就是说，不纯的碱式硫酸铜或碱式碳酸铜不溶于水，但可溶于醋，用醋溶解后也可与铁起置换反应。到唐末五代时，湿法炼铜的原理已被应用到生产中，至宋代，炼铜方面更有了新发展，湿法炼铜成为大量生产铜的重要方法之一。

在欧洲，湿法炼铜出现得比较晚。15 世纪 50 年代，人们把铁片浸入硫酸铜溶液，偶尔看到铜出现在铁片表面，还感到十分惊讶，更谈不上应用这个原理来炼铜了。

湿法炼铜的优点是设备简单、易操作，不必使用鼓风、熔炼设备，在常温下就可提取铜，节省燃料，只要有胆矾（$CuSO_4 \cdot 5H_2O$）溶液（俗称“胆水”）的地方，都可应用这种方法来生产铜。

（三）火法炼铜和湿法炼铜两种工艺的比较

1. 火法炼铜的成本要比湿法炼铜的成本高。
2. 湿法冶炼设备更简单，但杂质含量较高。
3. 湿法炼铜有局限性，受制于矿石的品位及类型。

五、国际铜资源主要分布在哪些地区？

（一）地区分布

全球铜蕴藏最丰富的地区共有五个：南美洲秘鲁和智利境内的安第斯山脉西麓、美国西部的洛杉矶和大坪谷地区、非洲的刚果和赞比亚、哈萨克斯坦共和国、加拿大东部和中部。

（二）国家分布

智利是世界上铜资源最丰富的国家，其铜金属储量超过世界总储量的 1/4，澳大利亚以占世界总储量 12.6% 的比例居世界第二位，秘鲁以 10.1% 的比例居世界第三位。此外，美国、中国、俄罗斯、印度尼西亚、波兰、赞比亚、刚果（金）等国也是重要的产铜国。中国、智利、美国、日本是主要的精炼铜生产国，赞比亚和扎伊尔等非洲中部的主要产铜国生产的铜精矿大部分用于出口，德国和比利时则是利用进口铜精矿和粗铜冶炼精铜的生产国。

从全球铜产量的变化来看，1950 年全世界精铜产量只有 315 万吨，到 1974 年就达到了 770 万吨。但两次石油危机导致了铜消费的萎缩，使铜产量大幅下降。20 世纪 90 年代铜产量再次迅速增加，其中，智利于 1999 年超过美国，成为全球最大的精炼铜生产国。2006 年，中国超越智利，精炼铜生产量跃居世界第一位。

我国在 2001 年加入世贸组织之后，整体经济飞速发展，成为驱动世界经济增长的发动机，而铜作为工业品之王，其消费量与产量也水涨船高。2001—2014 年，我国的精铜产量提高了 5 倍。从 2001 年的 152 万吨跃升至 2014 年的 765 万吨，年化复合增长率约为 12%。不过 2015 年后全球经济增长动能放缓，我国推进供给侧改革提升经济增长质量，2015—2019 年我国精炼铜产量仅提高了 100 多万吨，增速降至个位数（见表 1－3）。

表 1－3　　2008—2019 年世界主要产铜国精炼铜产量

国家＼年度	2008	2009	2010	2011	2012	2013	2014	2015	2016	2017	2018	2019
中国（万吨）	379.46	405.13	454.03	516.31	587.91	666.71	764.91	796.36	843.63	888.95	894.95	944.70
智利（万吨）	305.76	327.66	324.39	309.24	290.20	275.49	272.94	268.84	261.25	242.95	246.12	226.91
日本（万吨）	153.98	143.98	154.87	132.83	151.64	146.81	155.42	148.31	155.30	148.81	159.45	149.54
美国（万吨）	128.00	115.67	109.77	103.15	100.14	104.00	109.46	114.05	122.13	107.89	111.11	105.73
俄罗斯（万吨）	91.30	87.40	90.00	91.20	89.09	87.49	89.40	87.62	86.73	94.86	101.98	101.99

续表

年度 国家	2008	2009	2010	2011	2012	2013	2014	2015	2016	2017	2018	2019
德国（万吨）	68.98	66.89	70.43	70.88	68.21	66.69	67.28	67.82	67.15	69.49	67.00	60.02
印度（万吨）	66.92	72.14	64.75	66.16	68.93	61.94	76.45	79.19	76.82	84.49	55.52	42.74
赞比亚（万吨）	57.50	68.96	76.70	51.64	53.02	52.30	49.94	49.56	42.64	46.62	45.82	45.84
韩国（万吨）	53.60	53.20	55.60	59.35	59.00	60.40	60.38	59.47	60.72	66.36	66.50	63.85
波兰（万吨）	52.68	50.25	54.71	57.11	56.58	56.51	57.69	57.44	53.57	52.20	50.19	56.73
澳大利亚（万吨）	50.30	44.60	42.40	47.70	47.68	45.70	51.13	47.50	47.50	38.60	40.76	42.54
全球合计（万吨）	1842.24	1854.99	1921.81	1959.45	2021.19	2095.30	2246.32	2303.52	2322.03	2346.36	2364.99	2361.89
中国占比（%）	20.60	21.84	23.63	26.35	29.09	31.82	34.05	34.57	36.33	37.89	37.84	40.00

注：精炼铜产量包括电解及火法精炼铜，包括来自粗铜、阳极铜和其他一次原料的铜产量，也包括来自废金属和其他相似原料的再生铜，但不包括从二次原料中以简单重熔法回收的铜。

资料来源：智利国家铜业委员会。

在2020年5月的月度报告中，国际铜研究小组公布了2019年12月全球铜市场供需初步数据。2019年全球精铜供应短缺41.4万吨，2018年同期供应短缺39.1万吨，相较于前几年而言，铜的供需缺口有所扩大（见表1－4）。全球经济增速放缓在精铜消费增速中也有所体现，但近年来铜矿石品位下降，新增铜矿山开发项目相对较少，制约了供给端产能的释放。2019 年全年，全球精炼铜消费量 2445.5 万吨，下降了 0.13%，其中，中国的精炼铜消费量为 1262.39 万吨，仅小幅增长 0.98%，主要原因是国际贸易环境复杂多变，国内经济转型升级任务艰巨，整体消费不容乐观。

表 1-4　　2010—2019 年世界铜供求趋势　　（单位：千吨）

年度	2010	2011	2012	2013	2014	2015	2016	2017	2018	2019
全球矿山产量	16044	16056	16687	18185	18426	19149	20402	20082	20577	20553
全球矿山产能	19281	19407	19923	20778	21554	22367	23481	24018	24127	24238
矿山产能利用率	83.2	82.7	83.8	87.5	85.5	85.6	86.9	83.6	85.3	84.8
原生精炼铜产量	15750	16132	16606	17255	18575	18892	19490	19485	20055	19990
再生精炼铜产量	3236	3468	3596	3803	3915	3945	3866	4053	4043	4051
全球精炼铜产量	18987	19599	20203	21058	22490	22838	23357	23538	24098	24041
全球精炼铜产能	23528	23769	24784	25568	26459	26542	26913	27445	27879	28836
精炼铜产能利用率	80.7	82.5	81.5	82.4	85	86	86.8	85.8	86.4	83.4
全球精炼铜消费量	19137	19704	20473	21396	22927	23081	23492	23710	24488	24455
期末精铜库存	1198	1205	1376	1325	1334	1505	1365	1375	1227	1228
期间库存变化	-178	7	171	-52	10	171	-140	10	-148	1
精铜过剩/缺口	-150	-105	-270	-337	-436	-244	-136	-171	-391	-414

注：（1）世界精炼铜的消耗是基于欧盟的表观消费量计算得来；

（2）精炼铜供求的盈余与赤字平衡，是用精炼铜的产量减去精炼铜的消耗而来；

（3）由于统计报告本身的问题，公布的数据是基于预测而来的初步数据，因此前后期会有变化。

资料来源：国际铜研究小组（ICSG）。

小贴士

表观消费量的概念

表观消费量是相对实际消费量的一个概念。表观消费量一般是指国内产量加上净进口量，而实际消费量则是指实际消费的数量。但更为精确的表观消费量还应当加上同期显性库存的变化数量。

投资者在媒体评述中经常可以看到关于表观消费量的评述。例如，2017 年 3 月，中国精炼铜的表观消费量增长较多，精炼铜净进口量的增加及我国铜产量上升为主要原因，同时，国内 3 月铜市场整体需求受下游消费行业补库存的提振也是一个原因。2017 年 8 月，中国精炼铜表观消费量环比减少，主要是因为国内铜产量的下降和进口量的减少，尽管 8 月份中国精炼铜净进口量是环比增加的。

值得注意的是，一般国内统计机构对表观消费量的统计都是指未锻造精铜的消费量，还包括再生铜，但不包括直接以废金属形式应用的铜。

六、国内铜资源主要分布在哪些地区?

我国铜矿资源储量位居世界第七位，铜资源的特点是中小型矿床多，分布广泛，工业类型齐全。其中最主要的铜矿类型有斑岩型、矽卡岩型、层状型（包括变质岩层状型和含铜砂页岩型）、火山沉积型和铜镍硫化物型。这五种类型的铜储量占全国铜矿总储量的 90% 以上。

斑岩型铜矿探明储量在我国各类铜矿中居首位，约占全国总储量的 41%。著名大型矿区有江西的德兴铜厂、富家坞，山西中条山的铜矿峪，黑龙江的多宝山，西藏的江达玉龙等，主要分布在三个成矿带：中亚—蒙古成矿带（包括我国新疆、甘肃、黑龙江）、阿尔卑斯—喜马拉雅成矿带（包括我国滇藏地区），环太平洋成矿带（包括我国东部广大地区）。

我国新近发现的一批铜矿产地和探矿资源主要分布在西部，初步形成了东天山、三江（澜沧江—怒江—金沙江）和雅鲁藏布江三条大型铜矿带，有望形成两三处国家级铜矿勘查开发基地。其中，百万吨级别的铜矿有：

1. 西藏玉龙铜矿：位于西藏自治区昌都地区江达县青泥洞乡境内，其铜金属储量居中国第二位，由西藏玉龙铜业股份有限公司开发。2008 年 10 月，玉龙铜矿一期一步工程竣工投产，已探明铜资源储量 794.88 万吨。

2. 西藏甲玛铜矿：位于拉萨市墨竹工卡县扎西岗乡斯布村普朗沟泽日山，由中国黄金集团所属的西藏华泰龙矿业开发。2010 年 7 月，甲玛铜矿投产。相关数据显示，甲玛铜矿探明及控制资源量 613.8 万吨，露天矿可采年限可持续至 2039 年，地下矿可采年限可至 2049 年。

3. 普朗铜矿：位于云南省迪庆藏族自治州香格里拉市格咱乡境内。2017 年 3 月 16 日投料试车，是中国铜业公司和云铜集团近年来投资最大的资源类项目。据悉，普朗铜矿共探获铜金属储量 480 万吨。

4. 驱龙铜矿：驱龙铜矿区位于西藏自治区墨竹工卡县甲玛乡境内，由西藏巨龙铜业有限公司开发，合计铜资源储量 719 万吨。驱龙铜矿区是中国近年发现的一条重要铜矿带，也是最为重要的超大型矿床，为目前中国最大的斑岩铜钼矿床。

5. 多龙铜矿：多龙铜矿床位于西藏阿里地区改则县物玛乡境内，是我国首个千万吨级的铜矿床。其中，中铝公司在多龙矿区探获的铜金属储量超过 1300 多万吨，另外，四川宏达拥有多不杂、波龙两个探矿权，共计 700 多万铜金属储量。也就是说，整个多龙矿区铜金属储量已超过 2000 万吨，成为我国最具潜力的铜矿资源储备开发基地之一。由此可见，我国未来主要的大型铜矿都在西部高原地区，且规模大、储量多，除铜矿外，西部高原地区的其他金属矿产也十分丰富，是个资源宝地。

据国土资源部储量司资料，截至 2018 年底，全国铜基础储量共 11443.49 万吨，较 2001 年增长 3 倍（注：2001 年铜基础储量为 3083.71 万吨）。目前，铜基础储量主要集中在西北（新疆、西藏、青海、内蒙古巴彦淖尔）、华东（江西、安徽、福建）、东北（黑龙江、内蒙古呼伦贝尔）和西南地区（四川、云南）。

延伸阅读

近年来世界可新建铜矿的基本情况

2020—2025 年，世界上可新建或扩建的铜生产能力在 5 万吨/年以上的大型项目约 40 个。目前，这些项目处于预生产或可行性研究阶段，2020—2025 年预计可新增铜矿生产能力合计约 490 万吨。在表 1－5 中，我们梳理了目前正在开发或即将开发的大型铜矿项目清单。从地区上看，铜矿项目最多的地区还是南美的安第斯山脉，铜矿项目主要分布在智利、秘鲁和厄瓜多尔。此外，欧亚大陆的俄罗斯和蒙古国、大洋洲的澳大利亚，以及非洲的刚果（金）、赞比亚等国家也不乏铜资源储量达到千万吨级别的世界级铜矿山。

表 1－5　世界铜矿项目预计产量（至 2025 年）　（单位：万吨）

铜矿	2020 年	2025 年	公司	国家/地区
Carrapateena	1.625	6.5	OZ Minerals	澳大利亚
Olympic Dam Expansion	0	6.0	BHP Billiton	澳大利亚
Candelaria	17.0	17.8	Lundin	智利
Chuquicamata Underground	10.5	21.0	Codelco	智利
Spence Growth Operation	3.0	18.5	BHP	智利
EI Teniente New Mine Level	0	38.5	Codelco	智利
Collahuasi	0	15.0	Anglo American	智利
Nueva Union	0	5.0	Goldcorp/Teck	智利
Quebrada Blanca Phase II	0	27.8	Teck/Sumitomo	智利
Los Pelambres Expansion Phase I	0	5.9	Antofagasta（60%）Nippon（25%）Mitsubishi（10%）	智利
Centinela Second Concentrator	0	12.0	Antofagasta	智利
Monteverde	0	8.4	Mantos Copper	智利
Toromocho Expansion	3.0	7.0	中国铝业	秘鲁
Quellaveco	0	31.5	Anglo American（60%）Mitsubishi（40%）	秘鲁
Tia Maria	0	10.8	Southern Copper	秘鲁

续表

铜矿	2020 年	2025 年	公司	国家/地区
Los Chancas	0	6.0	Southern Copper	秘鲁
Michiquillay	0	7.0	Southern Copper	秘鲁
Zafranal	0	7.5	Teck（80%）	秘鲁
Mina Justa	0	10.2	Minsur	秘鲁
El Arco	0	17.0	Southern Copper	墨西哥
Mirador	5.0	9.2	铜陵有色	厄瓜多尔
Cobre Panama	27.0	32.0	First Quantum	巴拿马
Casino	0	7.5	Western Copper and Gold	加拿大
Lone Star	1.0	9.0	Freeport – McMoran	美国
Rosemont	0	12.5	Hudbay Mineral	美国
Aktogay I	13.5	9.5	KAZ Mineral	哈萨克斯坦
Aktogay II	0	8.0	KAZ Mineral	蒙古国
Oyu Tologi	14.9	45.0	力拓 66%、蒙古国政府 34%	蒙古国
Tsagaan Suvarga	1.5	6.0	MAK Group	蒙古国
Grasberg Block Cave	35.3	70.0	Freeport – McMoran	印度尼西亚
Khoemacau	0	6.0	Cupric Canyon Capital	博茨瓦纳
Sentinel	23.5	24.5	First Quantum	赞比亚
Katanga	26.0	29.0	KML（Glencore）	刚果（金）
Mopani	8.0	11.0	KML（Glencore）	刚果（金）
Pumpi & Kamasani	2	5.0	Managem Group	刚果（金）
Kamoa – Kakula	0	36.5	Ivanhoe Mines	刚果（金）
Timok	0	16.1	紫金矿业	塞尔维亚
Udokan	2.5	7.0	MMC Norilsk Nickel（87%）	俄罗斯
Tominskoye	0	8.0	Russian Copper Company	俄罗斯

资料来源：由公开资料整理，上海中期期货。

具体来看：

1. 俄罗斯 Udokan 的铜储量约为 1500 万吨，是世界上最大的未开采铜矿之一，由俄罗斯亿万富翁名下的 MMC Norilsk Nickel 经营。

2. 刚果（金）Kamoa – Kakula 铜矿拥有储量 1130 万吨，是全球顶级铜矿项目之一。该项目由紫金矿业、艾芬豪矿业以及刚果（金）政府共同拥有。

3. 墨西哥的 El Arco 铜矿储量约为 1080 万吨，归南方铜业公司所有。

该项目有可能在 2025 年之后年产 19 万吨铜和 10.5 万盎司黄金。

4. 蒙古国的 Oyu Tologi 铜矿储量为 3630 万吨，该巨型铜矿占蒙古国 GDP 的 1/3，由力拓和蒙古国政府共同控股。

5. 澳大利亚的 Olympic Dam 资源储量为 3200 万吨，该项目由必和必拓 100% 控股。

七、世界上主要的铜出口国和进口国有哪些？

由于全球大型铜矿山和铜冶炼产能分布不均，主要是美洲、非洲和大洋洲等铜矿产资源优势地区向冶炼产能较大的亚洲和欧洲地区出口铜精矿。2018 年，全球铜精矿出口量 867 万吨，较 2017 年同比增速 2.97%。

世界上主要的铜出口国有智利、秘鲁、澳大利亚、加拿大和蒙古国，前五大出口国的铜出口量占全球铜出口量的约 70%。智利作为世界上储量最大的铜资源国，其铜储量占全球储量的 20% 以上，其同时也是全球最大的铜精矿出口国，2018 年共出口铜精矿 290.7 万吨，呈现逐年增长趋势，占全球出口铜精矿的 33.5%。2018 年秘鲁铜精矿出口量达 208.5 万吨，占全球的 24%。凭借铜矿资源优势，长期以来智利、秘鲁的铜精矿出口量占据全球前两名，铜精矿产量遥遥领先其他国家。

2018 年全球铜精矿进口量 813.5 万吨，较 2017 年增速 7.7%。世界上主要的铜进口国有中国、日本、西班牙、韩国和德国，前五大进口国占全球铜进口量的 85%。全球最大的铜精矿进口地区为亚洲，主要国家包括中国、日本、韩国和印度。其中，中国和日本为铜精矿最大的进口国，2018 年分别进口铜精矿 500 万吨和 133.5 万吨，亚洲主要四国合计进口铜精矿 648.8 万吨，占全球的 77.5%，其中，中国铜精矿进口量占全球铜精矿进口量的 55%。除亚洲之外，其他铜精矿进口国大都属于欧美地区的全球主要铜消费国家，如西班牙、德国、俄罗斯、巴西等国家，这些国家占欧美地区铜精矿进口量的绝对份额。

2016—2018 年主要经济体精铜年度消费量见图 1-1。

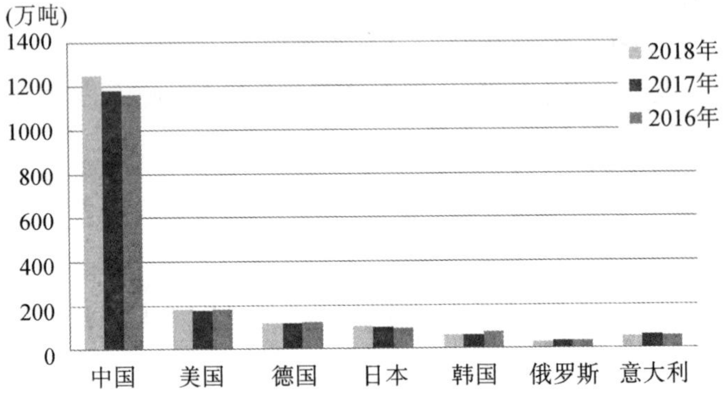

图 1-1　2016—2018 年主要经济体精铜年度消费量

资料来源：上海中期期货。

小贴士

什么是 CSPT

中国是最大的铜消费国，但是由于过度依赖进口，在采购铜精矿的国际谈判中一直处于劣势，直至 CSPT 成立后，中国在铜进口谈判中受制于人的被动局面才终于有所改观。

CSPT 是中国铜原料联合谈判组（China Smelters Purchase Team）的简称。中国是一个铜消费大国，也是一个铜资源匮乏的国家。进入 21 世纪后，随着中国社会经济的快速发展，中国对铜资源的需求量也极速增加。然而，由于过度依赖进口，中国的铜冶炼企业在采购铜精矿的过程中一直受到国外卖家的打压。掌控铜精矿资源的国际贸易商常常利用中国国内企业缺乏沟通、各自谈判的特点，采取轮番压价、囤积铜精矿等手段，压低中国冶炼企业的进口铜精矿加工费，使中国企业蒙受巨大损失。按照 2003 年国际铜精矿加工费的水平，国内冶炼商每生产一吨铜就要亏损 2000 多元。

针对这一状况，2003 年 11 月，占中国铜产量 70% 以上的国内最大的 6 家铜生产商——江西铜业、铜陵有色、云南铜业、大冶有色、金川有色和中条山有色在上海联合成立了 CSPT。此后，又有白银有色集团公司、烟台国润铜业公司、中国黄金集团、紫金矿业等多家国内龙头冶炼企业相继加入 CSPT。截至 2019 年底，CSPT 小组成员已经扩展至 13 家。

CSPT 成立后，在与国外供货商谈判中一直处于被动地位的我国冶炼企业才有了更多的话语较量权。CSPT 通过共同制定《铜原料联合谈判公约》和实施细则、在成员间发布"CSPT 信息周报"等措施来促进中国铜原料市场的透明化，逐渐改善了中国铜工业原料供应进口谈判中受制于人的窘境。

2003 年末，刚刚成立不久的 CSPT 在最高权力机关的总经理会议上做出了联手减产 10% ~15% 的决定，并达成了 2004 年第一季度的铜精矿"加工/精炼费"（即 TC/RC）不低于每吨 25 美元或者每磅 2.5 美分的共识。之后，在国际市场铜原料采购的活动中，出现了有利于我国铜生产企业的转变。

八、铜以及废杂铜的现货市场是怎么样的？

从铜下游加工厂商的原材料需求角度来看，其原材料来源一般有两种：精铜和废铜。

（一）精铜

精铜就是期货交易中所称的电解铜。有一定生产规模的用铜企业通常会直接向国内铜冶炼厂商订货，也有一些大型生产企业会与国内或国外的大型贸易公司通过签订长约或以零单的方式购买进口铜。当然，多数中小型用铜企业主要通过向当地或主要集散地的贸易商购买的方式来获得精铜。

（二）废铜

废铜也称废杂铜。废杂铜的利用途径有两种：一是通过间接利用的方式，即经过阳极炉熔炼之后产生电解铜，也就是我们通常所称的再生精铜；二是通过直接利用的方式，根据分类清晰的废杂铜直接生产出铜材或铜合金产品，有些高品位的废杂铜未经精炼即可被直接生产成铜线、铜锭和铜黑杆。

由于部分废杂铜可以直接用于铜产品的生产，从而具有较高的价值。例如，清洁的 1 级废杂铜的价格一般都在新精炼铜价格的 90% 以上，黄铜新废料的价格也可达到相应黄铜价格的 80% 以上。现货市场上，采购高品位废杂铜用于加工的企业如同在现货市场采购精炼铜一样，一般都是通过向贸易商购买的方式获得。而贸易商获得废杂铜的方式，多数是通过进口途径获得，少数来源于国内的废铜回收，包括进口废旧机械等物资的拆解回收。

（三）铜及废杂铜的现货市场

1. 国内铜的现货市场相对比较分散，尚未形成大型的全国性的电子交易平台。因为铜主要用于工业，所以铜的现货市场以销区为主，集中在制造业相对发达的工业城市，而一些重要口岸城市因为铜的进口成为铜现货贸易的集散地。上海作为老工业基地和重要的进出口口岸城市，是全国铜现货贸易最集中的地区，也是进口铜最主要的集散地。

2. 就废杂铜来说，由于废杂铜已经成为我国铜供应的主要组成部分，目前已形成以废铜直接利用为主、精炼铜为辅的产业结构。长江三角洲、珠江三角洲、环渤海地区是我国经济最发达地区，铜的矿产资源最紧缺的区域，也是我国再生铜和铜加工产量最大的地区。珠江三角洲地区主要进口废料，再进行拆解、分类、销售废铜原料；长江三角洲地区以浙江为代表，利用废杂铜生产铜材及黄铜制品；环渤海地区主要以天津为主，有超过 200 家企业利用废杂铜生产电线电缆。我国废铜产业经过几十年的发展，已经形成了从回收、进口拆解到加工利用的完整产业链，并出现了如浙江台州和宁波、广东南海和清远、天津静海等以进口废料为主及山东临沂、湖南汨罗、河南长葛、辽宁大石桥等以国内回收为主的废杂金属集散地。

小贴士

废杂铜的分类

进口废杂铜分为六类废杂铜和七类废杂铜。

六类废杂铜（即“废六类”，海关编码7404000090）主要包括高品位的1号光亮线、2号铜、紫杂铜、黄杂铜等。其中，高品位的紫铜和分类明确、杂质较少的黄杂铜可以被直接加工利用；部分品位较低的紫杂铜和品位杂乱的黄杂铜则需要重新进行冶炼。

七类废杂铜（即“废七类”，海关编码7404000010）主要包括品位较低的废旧线缆、废电机、废变压器和废五金等，必须经过拆解和分拣等再度加工处理才能被冶炼厂或铜加工厂使用。

九、我国全面禁止废铜进口对市场产生了怎样的影响?

（一）废铜政策的变化

近年来，国家对固体废料进口监管日趋严格。2017 年，我国印发《禁止洋垃圾入境推进固体废物进口管理制度改革实施方案》，并奠定了其后三年（2017—2020 年）的废铜政策主要发展线路和目标。回顾近两年的进口废铜政策变化，即该实施方案目标逐步实现的过程：2017 年 12 月，取消废铜贸易单位代理进口，只允许从事加工利用废铜的企业进口“废七类”；2018 年 12 月 31 日，七类废料从《限制进口类可用作原料的固体废物目录》调整为《禁止进口固体废物目录》，即禁止“废七类”进口；2019 年 7 月 1 日，将“废六类”从《非限制进口类可用作原料的固体废物目录》调入《限制进口类可用作原料的固体废物目录》；2020 年 7 月 1 日，实施再生铜原料标准，我国全面禁止进口固体废物，符合新标准的高质量废铜将通过“再生铜原料”和“再生黄铜原料”名义作为原料产品进口至国内。

(二) 进口废铜政策的影响

自上述政策逐步实施后，近年来进口废铜品位抬升，品质差、污染大的废铜占比不断下降。2018 年进口废铜的平均品位由 2017 年的 37% 升至 52%，2019 年进口废铜的平均品位可达 75% 以上。在进口废铜实物量大幅下降的同时，金属量基本维持不变。

此外，国内拆解厂向周边国家迁移。“废七类”被禁后，国家鼓励国内企业“走出去”，国内拆解厂纷纷转至周边如东南亚等国家建厂，将“废七类”拆解为“废六类”再进入国内。通过对比 2018 年 1 月和 2019 年 1 月“废六类”进口来源国情况，来自马来西亚的“废六类”进口量增加得最为明显，其他亚洲国家如日本、新加坡、韩国的“废六类”进口量占比也都有比较明显的提升。表 1－6 为 2020 年中国废杂铜主要地区进口量情况。

表 1－6　2020 年中国废杂铜主要地区进口量情况

国家/地区	进口量（吨）	占比（%）
马来西亚	171883.71	18.21
日本	146246.44	15.50
美国	99986.53	10.59
中国香港	86101.49	9.12
英国	56195.83	5.95
澳大利亚	28603.26	3.03
西班牙	26159.75	2.77
德国	24618.84	2.61
韩国	19518.19	2.07
荷兰	16042.16	1.70

资料来源：中国海关统计。

（三）再生资源新标准出炉

2019 年 12 月 31 日，再生黄铜原料和再生铜原料标准细则公布，标准对于再生铜原料的铜含量、金属回收率、夹杂物含量等都做了详细的规定。2020 年 10 月 16 日，生态环境部等发布《关于规范再生黄铜原料、再生铜原料和再生铸造铝合金原料进口管理有关事项的公告》。该公告指出，符合《再生黄铜原料》（GB/T 38470 - 2019）和《再生铜原料》（GB/T 38471 - 2019）标准的再生黄铜原料、再生铜原料不属于固体废物，可自由进口。

据此，界定为原料的再生铜将不按固体废物进行管理，而是纳入一般原料进口管理范畴，保障高品质的金属原料能够进入国内市场，以缓解我国金属资源短缺情况。

十、铜产业链的结构是怎样的？

铜产业链的结构示意图如图 1 - 2 所示。

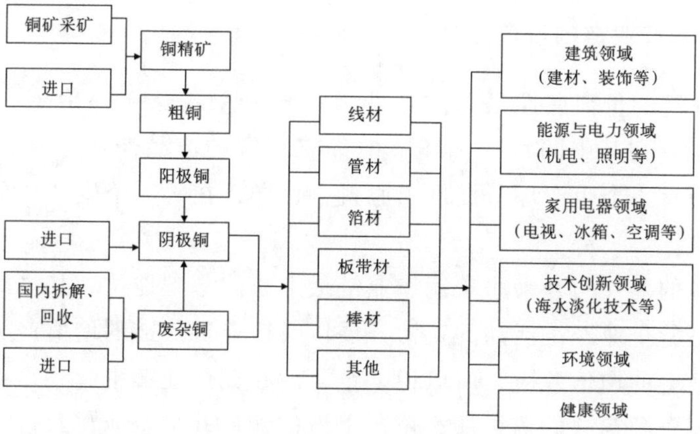

图 1 - 2 铜产业链的结构

资料来源：上海中期期货。

铜产业链本质是用于描述一个具有和铜有内在联系的企业群结构，它存在两维属性：结构属性和价值属性。

（一）铜产业链的结构属性

在铜的产业链中，第一个环节——铜矿的开采是铜产业经济的起点，因为铜矿资源是整个产业链的基础支柱，是中下游企业的基本原料来源。铜精矿可以由铜矿开采或从其他国家进口获得。

在铜产业链的中游部分，铜冶炼加工企业是主要角色。开采和进口的铜矿石按铜的质量分成了不同的等级，铜精矿通过熔炼、电解分别生产出粗铜、阳极铜、阴极铜，其中阴极铜作为加工企业的主要原材料，可以通过精铜矿冶炼获得，还可以通过进口及回收废杂铜获得。阴极铜可以加工制成线材、管材、板带材等半成品，进而流通进入下游企业。

产业链下游利用中游企业生产出的半成品原料进行进一步加工，制成社会各领域中的必需品，如建筑业中的建材、能源领域中的机电设备、家用电器中的冰箱、空调等产品。同时，废旧物资当中的铜还可以通过拆解回收利用，循环进入产业链中的冶炼加工企业，充当生产原材料，一些高纯度的废杂铜也会直接进入下游应用领域。实际上，人类自从认识铜开始，被发现的铜当中的80%至今一直在为人们所用。

（二）铜产业链的价值属性

铜产业链的价值属性是以“产业链结构开采→选矿→冶炼→加工→贸易”为基础，在其中的每一个环节中都有相应的产品产出，并且前一个环节的产品为后一个生产环节提供了原料，这样，在每一个生产环节中都会产生价值增值。

铜资源的勘探与开采居于铜产业链最上游的基础地位，其供给能力将直接影响到下游企业经济活动的正常开展以及产业价值链的增值，进而影响到整个铜产业链的增值效应，所以说，铜资源在铜产业链中起到显著的传递作用。如果铜资源稀缺的话，那么位于上游的铜矿开采企业将获得大部分的行业利润，而产业链中游的冶炼企业就只能赚取一定额度的粗炼与精炼加工费用，下游加工贸易企业由于生产的产品种类繁多，各个产品的毛利润不同，利润也会有所不同。

我国是一个制造业大国，目前正处于城镇化的发展进程当中，对铜的需求量较大，而我国自身铜资源并不丰富，所以需要依靠进口各种大量铜矿资源来弥补供给能力的短缺，如需要进口大量的铜的原材料铜精矿、精炼铜（阴极铜）及废杂铜等。因此，中国是国际市场上铜资源的重要买家。

延伸阅读

国内铜加工业面临的新形势

随着全球经济的发展，我国铜加工业也发展迅猛，目前，我国已成为世界上重要的铜材生产、消费和贸易大国，产量已连续15年居世界第一位，而且铜加工品种不断增加，产品质量逐年提高，工艺技术创新十分活跃，现代化的铜加工工业体系已初步建立和形成。综合来看，目前国内铜加工业面临的新形势如下：

（一）进口持续保持增长，出口呈恢复性增长

国际货币基金组织（IMF）于2020年4月发布新一期《世界经济展望报告》。该报告认为，由于新冠疫情全球范围的暴发，需要实施隔离、封锁和广泛的关闭措施以减缓病毒传播。因此，卫生危机正对经济活动产生严重的影响。新冠疫情导致全球增长预测工作面临巨大不确定性，2020年全球经济的恶劣程度超过始于2008年的全球金融危机。新冠疫情已导致2020年全球经济急剧收缩。2021年全球经济将实现局部复苏，随着政策支持措施帮助经济活动恢复正常，全球经济预计在2021年将增长5.8%。

尽管新冠疫情这一全球公共卫生事件对铜加工业产生了不小影响，但是随着全球大规模经济刺激政策，以及中国“稳增长、调结构、促消费”的方针路线的实施，经济有望逐步回暖，这必将刺激铜材产销。2019年，中国电力投资、电网建设、汽车、家用电器、电子通信、机械制造以及日用消费品仍然是铜消费增长的主要领域。其中，中国45%的

铜下游需求源自电力行业，新冠疫情暴发以来，2020年国网初步安排电网投资额4500亿元，比年初计划的4080亿元上调10%，而且不少新兴产品和高端产品供不应求，铜材消费市场刚性需求仍然很大，如海洋工程、船舶制造等。

（二）响应低碳经济，产业面临升级

随着环境保护意识的增强，风能、太阳能、核能等清洁能源的开发与利用越来越受到重视，低碳经济将深刻影响中国乃至世界。2020年我国确定单位GDP二氧化碳排放量比2005年下降40%~45%，为低碳技术、新能源技术的发展和应用提供了很多机会。

随着全球环境保护意识的增强和能源紧缺情况的日趋严重，终端工业制造品越来越走向环保和节能，这使得铜加工的低端产品需求逐步萎缩，同时，高端产品需求将增加，这对铜加工产品的质量和加工技术都提出了更高的要求。因此，在未来相当长的一段时间内，我国铜加工业将在产业结构及生产能力上有较大的优化和提升空间。

十一、铜现货合同交易的优缺点是什么？

前面我们介绍的都是关于铜现货的一些基础知识，了解这些知识有助于铜现货的供给方和需求方更好地进行交易。既然是交易，就离不开签订合同，因为对于规模较大的交易商来说，一笔交易从开始谈判到最终执行往往需要很长的时间，为了规范买卖双方的行为，交易双方一般在谈判之后就会签订一份合同。这在大宗商品交易中几乎是一种惯例，这种交易方式一般称为现货合同交易。

案例 1－1

江苏省××实业发展有限公司（甲方）与上海××金属有限公司（乙方）在 2020 年 11 月 10 日签订了一份铜购销合同。合同的主要内容为：甲方向乙方购买精铜 100 吨，质量标准为符合国标 GB/T467－1997 的标准阴极铜，价格为 54000 元/吨，共计价款为 540 万元，该价款包括包装物及到达甲方所在地的运输费，交货期为 2020 年 12 月 1 日至 5 日，发货点为乙方车站，到达点为甲方车站。甲方在签订合同时付给乙方每吨 2000 元共计 20 万元作为定金，收到乙方托运单后付清余款。如甲方中途违约，定金作为违约金，乙方不予返还；如乙方违约，除应该退还定金外，还应该支付甲方违约金 20 万元作为赔偿。

上面讲的是铜现货合同交易中的一个小例子，从中我们可以看出，对于需要进行大宗商品交易的双方来说，现货合同交易的特点是：交货期通常在订立合同的一段时间之后，因此，现货合同通常也称为远期合同。

它的优点是：买卖双方可以灵活地根据自身需要签订合同，并且由于价格提前商定好了，就等于锁定了买卖价格，即使以后市场价格出现不利于自己的波动也不用担心。

尽管现货合同有以上优点，但在实际运作中，也存在缺点，尤其是要面临许多风险，其中，最大的风险就是当市场行情变化剧烈时产生的违约风险。比如，如果到了 12 月份交货时，精铜的价格上升到 57000 元/吨，乙方可能就会想，按原来的价格卖给甲方太亏了，如果卖给其他人 57000 元/吨，即使付给甲方 2000 元/吨的违约金也是划算的；反之，如果精铜价格跌到 51000 元/吨，那么甲方可能也会出现违约的念头。

因此，我们可以看出，在实际应用中，现货合同交易这种方式还存在一系列的缺陷和风险，其中最主要的风险就是担心对方不履行合同从而造成违约风险，而期货交易的标准化合约及交易所担保履约的特征就使期货交易的风险大大降低。

十二、在现货市场之外为什么要进行铜的期货交易?

铜期货市场是从现货市场发展而来的，但期货市场中的交易又与现货市场中的交易有许多不同之处。此外，在现货交易中同样存在与期货交易相类似的电子交易市场，它们的某些交易特征与期货交易相似，具有同样的交易模式（市场自动撮合交易：市场的电子交易系统按照价格优先、时间优先的原则对所有交易商的购买或销售指令进行排序，当购买价大于或等于销售价时自动成交，这也是电子交易市场的主要方式），而交易集中化、合约的高度标准化、对冲机制、保证金制度、现代结算与无负债制度、合约商品的标准化等特征，也与期货交易基本相似。

但是，期货交易和电子交易存在本质上的不同。

首先，与期货市场相比，电子交易市场缺乏公开、公平、公正的市场氛围。期货交易是在公开、公平、公正的“三公”原则下进行交易的，这一点在《期货交易管理条例》中有明确规定：从事期货交易活动，应当遵循公开、公平、公正和诚实信用的原则，禁止欺诈、内幕交易和操纵期货交易价格等违法行为。而电子交易市场缺乏这种公正、公开、公平的交易原则，一些电子交易市场时常会出现交易大户或内幕人员恶意操纵商品远期合约价格，致使期货市场本身具有的平衡供求、抑制价格波动的功能丧失，并且给现货市场价格造成很大的冲击，也造成不小的负面影响。

其次，期货交易所是全国范围内的大市场，市场容量大，流动性充沛。目前国内已经设有三家商品期货交易所和一家金融期货交易所，即上海期货交易所、大连商品交易所、郑州商品交易所和中国金融期货交易所。这四家期货交易所是在中国境内统一的进行上市期货品种交易的场所。四个市场的交易量超过万亿元，并且交易种类没有重叠，扩大了市场交易的流动性。电子交易市场的交易就远不及期货市场交易，一方面是国内多个地区设有同一个品种的交易市场，使市场份额被拆分；另一方面由于市场的区域化管理，贸易商跨市场操作的积极性易被打消，加之市场管理规范程度受限，所以参与交易的人数大打折扣。

最后，期货交易较电子交易市场来说，具有良好的规范性。除了上面提到的公开、公平、公正的交易原则外，在电子交易市场中，当交易商在交易过程中违约，市场对违约交易方既无足够的制约手段，也不具备代为承担违约责任的能力，致使守约方的利益得不到充分保证。根据《期货交易管理条例》的规定：如果会员在期货交易中违约，期货交易所先以该会员的保证金承担违约责任；保证金不足的，期货交易所应当以风险准备金和自有资金代为承担违约责任，并由此取得对该会员的相应追偿权。

十三、什么是期货市场和期货交易所？

前面我们讲了铜现货交易的一些情况以及除了现货交易外为什么还要进行铜的期货交易，其中也讲到了关于期货市场的一些知识，下面我们就来系统地介绍一下什么是期货市场。

期货市场，简单来说就是进行期货合约交易的市场，它的交易对象是交易所统一制定的标准化合约。期货市场是按照“公开、公平、公正”原则，在现货市场基础上发展起来的高度组织化和高度规范化的市场形式。它既是现货市场的延伸，又是市场的又一个高级发展阶段。2009 年中国期货市场成为全球大宗商品期货市场最大的亮点，超过美国成为全球第一大商品期货市场。

从组织结构上看，广义上的期货市场包括期货交易所、结算所或结算公司、经纪公司和期货交易员，狭义上的期货市场仅指期货交易所。

接下来我们介绍一下什么是期货交易所。期货交易所是专门进行期货合约买卖的场所，按组织结构不同，一般可以分为会员制和公司制两种。会员制交易所由会员共同出资联合组建，每个会员享有同等的权利与义务，交易所会员有权利在交易所内直接参加交易，同时必须遵守交易所的规则，交纳会费，履行应尽的义务。公司制期货交易所通常由若干股东共同出资组建，以营利为目的，股份可以按照有关规定转让，盈利来自在交易所进行的期货交易过程中收取的各种费用。

我国境内现在共有五家期货交易所，分别是上海期货交易所、大连商品交易所、郑州商品交易所、中国金融期货交易所和广州期货交易所。五家交易所采取两种不同的组织结构。上海期货交易所、大连商品交易所和郑州商品交易所三家交易所采取会员制；2006 年 9 月 8 日成立的中国金融期货交易所是公司制交易所；2021 年 4 月 19 日成立的广州期货交易所服务绿色发展，是我国第一家混合所有制交易所。

铜期货合约是在上海期货交易所上市交易的，所以在实际交易中，铜期货经常被简称为“沪铜”。

小贴士

SHFE 的铜期货在全球铜市场中的地位

上海期货交易所目前上市交易的有色金属品种有铜、铝、锌、铅、镍、锡。上海期货交易所的期货价格发现功能得到了广泛认可，铜期货的“上海价格”已经成为中国国内铜市场的权威报价，并成为全球三大铜定价中心之一。

自测题

1. (　　) 的导电和导热能力在金属中仅次于银。

A. 镍　　B. 铝

C. 钢　　D. 铜

2. 铜是与人类关系非常密切的有色金属，在我国有色金属材料的消费中仅次于 (　　)。

A. 镍　　B. 铝

C. 钢　　D. 铁

3. 铜主要性能的应用比例最大的是 (　　)。

A. 导电性　　B. 耐蚀性

C. 结构强度　　D. 装饰性

4. 铜主要性能的应用比例最小的是（　　）。

A. 导电性　　B. 耐蚀性

C. 结构强度　　D. 装饰性

5. 我国各行业中铜消费占铜总消费量的比例最大的行业是（　　）。

A. 机械制造　　B. 建筑

C. 电子及电气　　D. 交通运输

6.（　　）是世界上铜资源最丰富的国家，其铜金属储量约占世界总储量的1/4。

A. 美国　　B. 赞比亚

C. 智利　　D. 秘鲁

7. 世界上最大的铜出口国是（　　）。

A. 智利　　B. 赞比亚

C. 澳大利亚　　D. 秘鲁

8.（　　）的化学稳定性较强，具有耐腐蚀性，因此可用于制造接触腐蚀性介质的各种容器，广泛应用于能源及石化工业、轻工业中。

A. 镍　　B. 铝

C. 铜　　D. 铁

9. 铜的冶炼方法目前以（　　）为主，其产量约占世界铜总产量的85%。

A. 粗炼法　　B. 精炼法

C. 湿法冶炼　　D. 火法冶炼

10. 2002年之后，（　　）的铜消费就超过了美国，跃居世界第一位。

A. 中国　　B. 秘鲁

C. 智利　　D. 赞比亚

11. 清洁的一级废铜的价格一般都在新精炼铜价格的（　　）以上。

A. 60%　　B. 70%

C. 80%　　D. 90%

12.（　　）作为老工业基地和重要的进出口口岸城市，是全国铜现货贸易最集中的地区，也是进口铜最主要的集散地。

A. 天津　　B. 上海

C. 沈阳　　D. 深圳

13. 在废杂铜市场中，交易比较活跃的品种是紫杂铜，铜含量在（　　）左右。

A. 60%　　B. 70%

C. 80%　　D. 90%

14. 近年来，中国废杂铜市场得到了快速发展，目前中国铜消费近（　　）来自废杂铜的回收和利用。

A. 1/2　　B. 1/3

C. 1/4　　D. 1/5

15. 在铜的产业链中，第一个环节——（　　）是铜产业经济的起点。

A. 铜矿的进口　　B. 铜矿的出口

C. 铜制品的回收　　D. 铜矿的开采

16. 为了规范买卖双方的行为，交易双方一般在谈判之后就会签订一份合同。这在大宗商品交易中几乎是一种惯例，这种交易方式一般称为（　　）。

A. 期货交易　　B. 远期交易

C. 现货合同交易　　D. 期权交易

17. 铜期货是在（　　）上市交易的。

A. 郑州商品交易所　　B. 大连商品交易所

C. 上海期货交易所　　D. 中国金融期货交易所

18. 下列（　　）采取的不是会员制。

A. 郑州商品交易所　　B. 大连商品交易所

C. 上海期货交易所　　D. 中国金融期货交易所

参考答案

1. D　2. B　3. A　4. D　5. C　6. C　7. A

8. C　9. D　10. A　11. D　12. B　13. C　14. B

15. D　16. C　17. C　18. D

第二章

解读铜期货合约和交易规则

本章要点

本章主要介绍了上海期货交易所上市交易的铜期货标准合约，对合约的具体内容、交割品级、保证金制度、交易盈亏结算、限仓制度、强制平仓制度等内容进行了说明，还介绍了铜期货市场的参与者类型、避险保值功能、发展趋势等，同时介绍了国外主要的铜期货交易所，又对伦敦金属交易所（LME）及纽约商品交易所（COMEX）的交易规则进行了概述。

一、什么是铜期货合约？

在上一章中，我们讲到期货市场就是进行期货合约交易的市场，它的交易对象是交易所统一制定的标准化合约，而铜期货合约就是上海期货交易所制定的铜的标准化合约。

目前，国内上市的商品期货、期权有84个品种，金融期货、期权有10个品种，铜期货是在上海期货交易所上市的品种，表2－1就是上海期货交易所铜期货的标准合约文本。

表2－1　上海期货交易所阴极铜标准合约（2020年8月31日发布）

交易品种	阴极铜
交易单位	5吨/手
报价单位	元（人民币）/吨
最小变动价位	10元/吨
涨跌停板幅度	上一交易日结算价±3%
合约交割月份	1～12月
交易时间	上午9：00～11：30，下午1：30～3：00和交易所规定的其他交易时间
最后交易日	合约交割月份的15日（遇法定假日顺延）
交割日期	最后交易日后连续三个工作日
交割品级	标准品：阴极铜，符合国标GB/T467－2010中1号标准铜（Cu－CATH－2）规定，其中主成分铜加银含量不小于99.95%
	替代品：阴极铜，符合国标GB/T467－2010中A级铜（Cu－CATH－1）规定，或符合BS EN 1978：1998中A级铜（Cu－CATH－1）规定
交割地点	交易所指定交割仓库
最低交易保证金	合约价值的5%
交割方式	实物交割
交割单位	25吨
交易代码	CU
上市交易所	上海期货交易所

资料来源：上海期货交易所。

关于这个合约文本，在铜期货的实际交易中，投资者需要注意的有这么几点：

1. 交易时间是周一到周五的上午 9：00－11：30、下午 1：30－3：00 及晚上 9：00 至次日凌晨 1：00（节假日除外）。

2. 根据规定，期货交易所可以在合同文本所规定的每日价格最大波动限制基础上，对每日最大波动限制也就是涨跌停板进行调整。关于结算价，上海期货交易所、郑州商品交易所和大连商品交易所规定，当日结算价是指某一期货合约当日成交价格的成交量的加权平均价；当日无成交价格的，以上一交易日的结算价作为当日结算价。

3. 上海期货交易所规定，铜期货合约的交易保证金最低为合约价值的 5%，但期货公司为了控制风险，保障客户利益，一般规定的保证金要比 5% 高，且随着合约到期日的临近，保证金会逐步提高。关于这点，下文还会有详细的描述。

铜期货的交易可以理解为将铜的标准化合约在期货交易所进行买卖。例如：2020 年 6 月 9 日，某企业在上海期货交易所购买（买入）5 张（手）CU2009 的铜标准化合约，价格为 50000 元/吨。也就是说，2020 年 6 月 9 日，某企业以 50000 元/吨的价格购买了 25 吨（=5 吨/手 ×5 手）在 2020 年 9 月合约到期进行交割的上海期货交易所要求的阴极铜。在这个小例子中，该企业在期货市场上进行的交易就是铜的期货交易。

对于铜的期货交易，交易所已经指定了所交易铜的品级为标准阴极铜，符合国标 GB/T467－2010 中 1 号标准阴极铜的规定，其中，主成分铜加银含量不小于 99.95%。同时，期货合约对铜的交割时间、交割地点、最少交割数量以及交割品级的替代品等事宜都进行了约束，这与我们现货交易中可以由买卖双方约定交割地点、时间以及数量是截然不同的。

小贴士

期货合约中的主要条款设计

期货合约各项条款的设计对期货交易各方的利益以及期货交易能否

活跃至关重要。一般来说，期货合约中的条款设计主要有以下内容：

1. 交易数量和单位条款：每种商品的期货合约都规定了统一的、标准化的数量和数量单位，统称“交易单位”。

2. 质量和等级条款：商品期货合约规定了统一的、标准化的质量等级，一般采用被国际上普遍认可的商品质量等级标准。

3. 最小变动价位条款：指期货交易时买卖双方报价所允许的最小变动幅度，每次报价时价格的变动必须是这个最小变动价位的整数倍。

4. 每日价格最大波动幅度限制条款：指交易日期货合约的成交价格不能高于或低于该合约上一交易日结算价的一定幅度，达到该幅度则暂停该合约的交易。

5. 最后交易日条款：指期货合约停止买卖的最后截止日期。每种期货合约都有一定的限制，到了合约月份的一定日期，就要停止合约的买卖，准备进行实物交割。

6. 交割地点条款：期货合约为期货交易的实物交割指定了标准化的、统一的实物商品的交割仓库，以保证实物交割的正常进行。

7. 交割期条款：交割日期是指将合约标的物所有权进行转移，以实物交割或现金交割方式了结未平仓合约的时间。

延伸阅读

期货交易的基本特征

期货交易的基本特征可以归纳为以下几个方面：

（一）合约标准化

期货交易是通过买卖期货合约进行的，而期货合约是标准化的。期货合约标准化指的是除了价格外，期货合约的所有条款都是预先由期货交易所规定好的，具有标准化的特点。期货合约标准化给期货交易带来极大便利，交易双方不需要对交易的具体条款进行协商，节约交易时间，减少交易纠纷。

（二）交易集中化

期货交易必须在期货交易所内进行。期货交易所实行会员制，只有会员方能进场交易。那些处在场外的广大客户若想参与期货交易，只能委托期货经纪公司代理交易。所以，期货市场是一个高度组织化的市场，并且实行严格的管理制度，期货交易最终在期货交易所内集中完成。

（三）双向交易和对冲机制

双向交易，也就是期货交易者既可以买入期货合约作为期货交易的开端（称为“买入建仓”），也可以卖出期货合约作为交易的开端（称为“卖出建仓”）。与双向交易的特点相联系的还有对冲机制。在期货交易中，大多数交易者并不是通过合约到期时进行实物交割来履行合约，而是通过与建仓时交易方向相反的交易来解除履约责任。具体来说，就是买入建仓之后可以通过卖出相同合约的方式解除履约责任，卖出建仓后可以通过买入相同合约的方式解除履约责任。期货交易的双向交易和对冲机制的特点，吸引了大量期货投机者参与交易，投机者的参与大大增加了期货市场的流动性。

（四）杠杆机制

期货交易实行保证金制度，也就是说，交易者在进行期货交易时只需缴纳少量的保证金，一般为成交合约价值的5%～10%，就能完成数倍乃至数十倍的合约交易，期货交易的这种特点吸引了大量投机者参与期货交易。期货交易具有的以少量资金就可以进行较大价值额的投资的特点，被形象地称为“杠杆机制”。期货交易的杠杆机制使期货交易具有高风险、高收益的特点。

（五）每日无负债结算制度

期货交易实行每日无负债结算制度，也就是说，在每个交易日结束后，对交易者当天的盈亏状况进行结算，在不同交易者之间根据盈亏进行资金划转，如果交易者亏损严重，保证金账户资金不足时，则要求交易者必须在下一日开市前追加保证金，以做到每日无负债，从而保证期货市场的正常运转。

二、铜期货合约中对铜的质量有哪些规定？

在期货交易所进行合约设计的过程中，一般都会遵循安全稳健的原则，以确保期货合约规则设计与铜现货市场容量相适应，同时，也要遵循现货交易习惯的原则，以使期货市场功能得到更好的发挥，保障现货产业客户套期保值交易的顺利进行。因此，在设计铜期货合约时，上海期货交易所借鉴了LME、COMEX等国外期货交易所的合约设计经验，在合约标的物的质量标准等方面，注意兼顾国内与国际的贸易习惯。

上海期货交易所阴极铜标准合约中规定了铜品种的质量标准。

（一）标准品

标准阴极铜，符合国标GB/T467－2010中1号标准铜（Cu－CATH－2）的各项规定，其中，主成分铜加银含量不小于99.95%。

（二）替代品

A级铜（Cu－CATH－1）可替代交割，LME注册品牌但未在上海期货交易所注册的不能用于替代交割。

上海期货交易所阴极铜标准合约附件对铜品种的质量进行了更具体的

说明：

1. 1 号标准铜（Cu－CATH－2）的各项规定，其中，主成分铜加银含量不小于 99.95%。

2. 外形及块重。可用于交割的阴极铜应为块状，每块重量不小于 15 千克，中心部位的厚度不小于 5 毫米。

3. 每张仓单的溢短不超过 ±2%，磅差不超过 ±0.1%。

4. 每一仓单的铜，必须是同一生产企业生产、同一牌号、同一注册商标、同一质量品级、同一块形、捆重近似的商品组成。

5. 每一仓单的阴极铜，必须是上海期货交易所批准的注册品牌，须附有质量证明书。

6. 仓单必须由上海期货交易所指定交割仓库按规定验收合格后出具。

上海期货交易所规定，用于实物交割的阴极铜，必须是交易所注册的品牌。高纯阴极铜可替代交割。具体的注册品牌和升贴水标准，由交易所另行规定并公告。

三、铜期货交易和铜现货交易有哪些不同？

期货交易与现货交易是密不可分的。期货是由现货发展而来的，没有期货交易，现货交易的价格波动风险将难以回避；若没有现货交易，期货交易就没有了产生的根基。因此，期货交易与现货交易互相补充，共同构成了有效、完整的市场系统。

其实，我们知道，铜期货是期货交易的诸多品种中的一个，那么铜期货交易和现货交易的区别也就是期货交易和现货交易的区别，这些区别主要包含以下几个方面。

（一）期货交易与现货交易的对象不同

现货交易买卖的直接对象是商品本身，因此，铜的现货交易主要是以买卖铜为主。而期货交易买卖的直接对象是期货的标准化合约。从这个角度讲，铜期货买卖的不是货而是铜的标准化合约。

此外，现货交易涵盖全部商品，可以说，有商品就有现货交易，而期货合约只局限于部分商品。换句话说，并不是所有商品都能够成为期货交易的品种。目前国内可以进行期货交易的品种只有铜、铝、锌等金属，少量化工产品和部分农产品。

（二）期货交易与现货交易的目的不同

现货交易的目的是获得或者出让商品的所有权，是一手钱一手货交易，是满足买卖双方需求的直接手段，例如，铜是电缆电线企业的生产原料，因此，该企业需要在现货市场上购买铜。

而期货交易的目的一般不是为了获得商品本身，更多的是为了转移风险或者追求风险收益。根据期货交易的目的不同，期货交易者通常可分为套期保值者、投机者和套利者。套期保值者的目的是通过期货交易转移现货市场的价格风险；投机者的目的是为了从期货市场的价格波动中获得风险利润；套利者是为了从期货市场的价格波动中获得风险收益。上面提到的电缆电线企业也会在期货市场上购买铜合约，其目的是为了规避铜价大幅上涨的风险。

（三）期货交易与现货交易方式及交易场所不同

现货交易一般不受时间、地点的限制，交易灵活方便，随机性强，一般是一对一谈判签订合同，具体内容由双方商定。而期货交易则必须在高度组织化的期货交易所内以公开、公平竞争的方式进行交易。

（四）期货交易与现货交易的结算方式不同

现货交易是货到款清，一般是一次性付款结算方式，同时也有货到付款以及信用交易中的分期付款方式等。而期货交易由于实行保证金制度，实行每日无负债结算制度，所以以结算价为依据每日结算盈亏。

（五）期货交易与现货交易的保障制度不同

现货交易由《合同法》等法律保护，合同不兑现即违约时要通过法律或仲裁的方式来解决。而在期货交易中，由于结算机构代替了原始对手，结算机构成为所有合约卖方的买方、所有合约买方的卖方，因此，对手违约的风险已经完全由结算机构承担。

小贴士

期货交易与现货交易、远期交易的区别

为了方便广大读者更直观地了解期货交易与现货交易、远期交易的区别，我们用表2－2、表2－3来说明。

表2－2　期货交易与现货交易的区别

项目	期货交易	现货交易
交易对象	标准化合约	商品
交割时间	存在时间差，商流和物流相分离	即时或很短时间内成交，商流和物流在时空上也基本一致
交易目的	转移风险或追求风险收益	获得或让渡商品所有权
交易场所与方式	交易所集中交易，公开竞价	场所和方式无特定限制
结算方式	每日无负债结算	一次性结算为主，货到付款或分期结算为辅

资料来源：中国期货业协会。

表2－3　期货交易与远期交易的区别

项目	期货交易	远期交易
交易对象	标准化合约	非标准化合约，合同要素由买卖双方商定
交易目的	转移风险或追求风险收益	获得或让渡商品所有权

续表

项目	期货交易	远期交易
功能作用	规避风险或价格发现	具有一定的转移风险的作用
履约方式	对冲平仓、到期交割	商品交收
信用风险	非常小	较高
保证金制度	一般为合约价值的5% ~10%	双方协商确定

资料来源：中国期货业协会。

小贴士

期货市场的产生与发展

1848 年，美国芝加哥期货交易所（CBOT）成立，标志着期货交易的开始。期货交易的产生，不是偶然的，是在现货远期合约交易发展的基础上，基于广大商品生产者、贸易商和加工商的广泛实践而产生。1833 年，芝加哥已发展成为一个国际国内贸易中心。美国南北战争之后，芝加哥由于其优越的地理位置发展成为一个交通枢纽。

到了 19 世纪中叶，芝加哥已成为重要的农产品集散地和加工中心，大量的农产品在芝加哥进行买卖，人们沿袭古老的交易方式，在大街上面对面讨价还价进行交易。但是这样形成的价格波动异常剧烈。在收获季节，农场主都运粮到芝加哥，市场供过于求，导致价格暴跌，使农场主常常连运费都收不回来。然而，到了第二年春天谷物匮乏时，加工商和消费者又难以买到谷物，价格飞涨。长此以往，人们认为应该建立一种有效的市场机制以防止价格的暴涨暴跌，同时也应建立更多的储运设施。

为了解决这个问题，谷物生产地的经销商应运而生。当地经销商设立了商行，修建起仓库，来收购农场主的谷物，然后分批上市。这样一来，就存在两个问题：一是需要向银行贷款以便从农场主手中购买谷物储存；二是在储存过程中要承担巨大的谷物过冬的价格风险，而有时巨大的价格波动很可能使经销商无利可图。解决这两个问题的最好的办法是“未买先卖”，以远期合约的方式与芝加哥的贸易商和加工商联系，以转移价格风险和获得贷款，这样，现货远期合约交易便成为一种普遍的交易方式。

农产品期货诞生以来的一百多年里，期货交易的对象不断扩大，种类日益繁多。有传统的农产品期货，如谷物、棉花、小麦、油菜籽、燕麦、黄豆、玉米、糖、咖啡、可可、猪、猪肚、活牛、木材等期货，也有金属期货，如黄金、白银、铂、铜、铝等期货，还有方兴未艾的能源期货，如原油、汽油等期货。此外，还有20世纪70年代后迅速崛起的金融期货，如外汇、利率、股票指数等期货。

延伸阅读

国际期货市场的发展趋势

自19世纪中叶美国芝加哥期货交易所创办以来，期货市场已有一百多年的历史，但期货市场大发展还是20世纪70年代金融期货出现以后的事情。总体来看，国际期货市场的近期发展主要呈现以下几个趋势。

（一）品种不断更新

19世纪，期货市场基本上都是围绕商品期货进行的，主要有农产品、金属、能源等大宗商品；20世纪70年代后，随着利率、股票和股票指数、外汇等金融期货的推出，全球期货市场进入了一个崭新的时代。目前，新的金融衍生产品仍不断出现。

（二）期货交易所合并

各国期货交易所进行竞争的重要手段之一是通过合并来扩大市场规

模，提高竞争能力。如日本的商品期货交易所最多时曾达27家，到1990年，通过合并减少到16家，1997年11月减至7家，形成以东京工业品交易所、东京谷物商品交易所为中心的商品期货市场。在欧洲，伦敦国际金融期货期权交易所于1992年兼并了伦敦期权市场，1996年又收购了伦敦商品交易所，其1996年的交易量首次超过历史悠久的芝加哥商业交易所。在美国，1994年，纽约商业交易所与纽约商品交易所实现合并，成为以金属和燃料油为主的期货交易所。2007年起，芝加哥期货交易所（CBOT）与芝加哥商业交易所（CME）合并形成CME集团。

（三）科学技术扮演越来越重要的角色

20世纪90年代初，为了满足欧洲及远东地区投资者在本地时间进行芝加哥期货交易所和芝加哥商业交易所上市合约交易的需要，这两家交易所与路透社合作，推出了全球期货电子交易系统（GLOBEX）。此后，其他交易所纷纷效仿，开发出各自的电子交易系统，如伦敦国际金融期货期权交易所的APT系统、法国国际期货交易所的NSC系统等。这些系统不仅高效快捷、操作方便，而且使全球24小时不间断交易成为现实。

（四）加强监管、防范风险成为共识

作为一个高风险的市场，各国政府监管部门对期货市场无一例外地进行严格监管。特别是1995年英国巴林银行倒闭事件发生后，从监管部门到交易所及投资者，都对期货市场的风险更加重视，对期货交易中的合约设计、交易、结算、交割等环节进行深刻的反思和检讨，以求控制风险，更好地发挥期货市场的功能。

四、铜期货的交易者种类有哪些？

在铜的期货交易中，投资者由于进入期货市场的目的不同，因此其采用的期货交易方法也不相同。期货投资者主要有套期保值者、投机者和套利者三大类，这里简要概括一下他们的特征。

（一）套期保值者

铜的套期保值，是指在买进或卖出铜现货的同时，在期货市场上卖出或买进铜的期货合约，在期货合约到期后，因铜价格变动在现货买卖上造成的亏损可由期货合约交易的盈利来进行弥补。

铜的套期保值者可以通过期货市场买卖铜期货合约，从而规避现货市场中价格波动的风险。假定某汽车零件生产企业签订了生产 1000 辆小轿车金属件合约，3 个月后交货。生产 1000 辆小轿车预计使用 2 万吨铜。目前，国际铜价始终处于上涨趋势，所以该汽车零件生产企业可以在期货市场上按照月度生产计划购买期货合约，在铜现货采购完成的同时在期货市场上卖出已有合约平仓，实现套期保值。这种套期保值可以用来规避铜价格上涨的风险。

铜的套期保值的应用非常广泛。铜的生产经营企业面临铜价波动的风险最终可分为两种：一种是担心未来铜价上涨；另外一种是担心未来铜价下跌。因此，期货市场上铜的套期保值可以分为两种最基本的操作方式，即买入铜的套期保值和卖出铜的套期保值。

在后面第五章中我们将对铜的套期保值交易进行详细讲解。

（二）投机者

铜的投机者是指在铜期货市场上通过“买空卖空”“卖空买空”，希望以较少的资金来博取利润的投资者。投机者愿意承担铜期货价格变动的风险，一旦预测铜期货价格将上涨，投机者就会买进铜期货合同；一旦预测铜期货价格将下降，投机者就会卖出铜期货合同，待价格与自己预料的方向变化一致时，再抓住机会进行对冲平仓。

通常铜的投机者是风险偏爱者，在期货市场上要冒较大的风险。在期货市场中，铜的投机者和套期保值者同样具有举足轻重的作用，投机者能提高市场流动性，保障期货市场发现价格功能的实现。

在后面第六章中我们将对铜的投机交易进行详细讲解。

（三）套利者

铜套利交易丰富和发展了铜期货投机交易的内容，使铜期货投机交易不再局限于铜期货合约绝对价格水平的变化，而是更关注铜期货合约的相对价格水平的变化。套利交易对铜期货市场的稳定发展有积极的意义，套利的作用主要表现在两个方面：一方面，套利提供了风险对冲的机会；另一方面，套利有助于合理铜价水平的形成。

铜的套利交易具有套利交易的固有特点：首先，风险较小。其次，套利交易成本较低。

铜的套利交易作为一种铜的投机方式，其在期货市场中的作用与纯粹的投机有相似之处，表现为：套利交易会增强铜市场流动性，活跃远期月份合约。铜的套利者的交易量一般较大，他们通过在不同合约上建立正反头寸的交易行为，可以有效地增强铜期货市场的流动性。尤其是跨期套利，注重同时在近月和远月合约上操作，就更加带动了远月铜合约的交易。

此外，铜的套利交易也有助于实现铜的价格发现功能，具有使扭曲的铜价回复正常的功能。市场价格的扭曲表现为相关合约价差的波动超过正常范围，此时套利交易者会大量卖出相对价高的合约，并买进相对价低的合约，大量套利行为的存在往往会将铜价拉回到正常水平。

在后面第七章中我们将对铜的投机交易进行详细讲解。

五、铜期货为什么是企业避险保值的风险管理工具？

在市场经济中，供求因素的变化、市场竞争的加剧都使生产经营者不可避免地会遇到各种各样的风险，如信用风险、经营风险、价格风险，其中，经常面临的风险就是价格波动风险。

在市场经济条件下，铜价随供求关系变化，当供求关系尖锐时，将会出现铜价大幅波动现象。对于铜的生产加工企业，以及拥有铜并打算出售的企业个人来说，不利的价格变化可能会导致收益减少或者成本提高，严重的可能会导致亏损甚至破产。而期货市场规避风险的功能，可以为铜的生产经营企业转移或者分散价格风险提供良好的途径。

在期货市场上，铜的生产经营企业可以通过对铜期货进行套期保值来实现规避铜价波动的风险。在国际化程度较高的铜期货市场，长期以来一直活跃着大量以套保为主要目的的交易商。

例如，原料采购是铜加工企业的一项极其重要的工作，在此环节中，电解铜的质量、价格、货款等方面都可能存在风险。通过上面的讲解，我们知道，充分利用期货市场，进行买进套期保值操作，可以有效地规避原料采购环节中上述一系列可能出现的风险。

目前，全国铜行业中 80% 左右的国有大中型企业参与了铜期货交易，江西铜业、铜陵铜业等公司已把参与套保交易作为管理企业财务、有效控制成本或锁定预期利润的有效工具。例如，江西铜业通过套保，不仅确保了 100% 的货款回笼率和产销率，而且使企业自觉以市场为指导，不断强化成本管理。此外，期市套保也有利于企业经营理念的提升和员工市场意识的提高，使企业有效提升了成本管理水平。

六、铜现货企业除了套保还能通过哪些途径进行对冲避险?

铜作为重要的工业原材料，在现货市场上价格波动日益频繁，使相关企业对铜价风险管理的关注度不断提高。在国外，企业普遍采用期货或其他衍生金融工具来进行风险管理，而国内目前主要还是以商品期货避险为主，只能利用有限的金融衍生产品工具进行套期保值。随着我国金融衍生品市场的不断发展，未来将有更多的风险管理金融工具为相关企业提供服务。

通常，处于铜产品上游下产业链的企业面临的主要风险就是价格波动风险。在国际市场上，管理风险的主要工具，除了铜期货以外，通常还有期权、远期和互换等。

远期合约是一种最为简单的衍生金融工具。远期合约一般是在远期电子市场内进行，属于现货市场的范畴。在上海等铜的主要现货市场或集散地，尚未形成大规模的有色金属远期电子市场。尽管国内有些商品的远期市场采用了与期货市场相类似的交易机制，但远期市场的远期合约与期货交易所交易的期货合约还是存在很大的差异。铜的期货合约是在期货交易所交易的标准化合约，相应的远期合约的价格被称为期货价格。期货交易所通过当日无负债结算制度和保证金制度运作，由于期货的流动性比同类的远期合约要好，而且当期货合约出现对方违约的情况下，交易所将保证合约得到清偿。

互换合约是指交易双方达成协议并在一定的期限内转换彼此金融资产的一种交易。20 世纪 80 年代以来，互换交易已经成为国际资本市场的最主要内容。常见的有利率互换合约、货币互换合约等。这种互换合约在铜的风险管理中应用较少。

关于期权，我们将在第三章进行系统介绍。

七、国内铜期货的交易市场在哪里？

铜期货是上海期货交易所上市的品种。

上海期货交易所是受中国证券监督管理委员会（以下简称“中国证监会”）集中统一监管的期货交易所，宗旨是服务实体经济。根据公开、公平、公正和诚实信用的原则，上海期货交易所组织经中国证监会批准的期货交易，目前已上市铜、铝、锌、铅、镍、锡、黄金、白银、螺纹钢、线材、热轧卷板、原油、燃料油、石油沥青、天然橡胶、纸浆、20 号胶、不锈钢、低硫燃料油、国际铜 20 个期货品种以及铜、天然橡胶、黄金、锌、铝共 5

个期权合约。

上海期货交易所在中国证监会党委的领导下，履行市场一线监管职责，服务实体经济和国家战略，坚持以世界眼光谋划未来，以国际标准建立规则，以本土优势彰显特色，做好“寻标、对标、达标、夺标”四篇文章，持续推进产品多元化、市场国际化、信息集成化、技术强所、人才兴所、全面风险管理六大战略，努力提高服务实体经济的能力和水平，以及在全球范围内的影响力。

上海期货交易所现有会员197家，其中期货经纪公司会员占75%以上。截至2020年底，上海期货交易所铜期货交割仓库共18家，存放点共23个（其中，上海10个，江苏省5个，浙江省3个，广东省4个，江西省1个）。

八、国外铜期货的交易市场有哪些？

国外铜期货的交易市场主要有两个：一个是伦敦金属交易所（London Metal Exchange），即日常交易中人们经常提及的LME；另一个则是纽约商品期货交易所（New York Mercantile Exchange），即COMEX。

（一）最大的铜期货交易所

LME是世界上最大的铜期货交易所，成立于1876年，其年交易额达2万多亿美元。世界上大部分的重要矿业公司和金属生产商及许多与金属贸易相关的制造厂商都是伦敦金属交易所的会员。这主要是因为LME合约的设置、定价机制、结算制度等可以很好地适应铜企业的交易需求，不仅业务上与LME现货流转及现金流相匹配，而且LME会员可以向客户提供信用额度，这极大地提升了市场的流动性。因此，全球铜的生产商、消费商和贸易商都不同程度地参与和利用LME市场。LME市场的A级电解铜的合约规则如表2－4所示。

表 2-4 LME 铜期货的合约规则

合约数量单位	25 吨
报价	美元/吨
价格波动最低幅度	0.5 美元/吨
交割日期	3 个月内任何一个交易日 3 个月至 6 个月的每周周三 6 个月至 123 个月的每个月的第三个星期三
交易时间	电子盘（LME Select）：1：00～19：00 场内交易（Ring Trading）：11：40～17：00 场外交易（Inter－office Telephone Trading）：24 小时 注：以上交易时间以伦敦时间为准
涨跌幅限制	无

资料来源：伦敦金属交易所（上海中期期货研究所译）。

此外，LME 市场在推出铜期货合约的基础上，为适应市场的需求以及为参与者提供更多有效的保值工具，又先后推出了交易期权（Traded Options）和交易平均价期权（Traded Average Price Options，TAPOs）。TAPOs 合约是对现有的 LME 铜期货和期权合约的补充，以 LME 铜月度平均结算价（Monthly Average Settlement Price，MASP）为基础。因此，市场参与者可以充分利用期货合约与期权合约的不同组合，根据自身需求构造独特的保值策略或投资组合。

（二）COMEX 铜市场

COMEX 铜成交量较 LME 铜成交量小。纽约商品交易所进行期货交易的铜，一般是高级电解铜，但其他品质的铜通过折算后也可以进行交割。除此之外，COMEX 还进行铜的期权交易。COMEX 铜期货合约规则如表 2－5 所示。

表 2－5　　COMEX 铜期货合约规则

商品	高级铜
交易所	COMEX
合约大小	25000 磅（公差度 ±2%）
报价方式	美元/磅
最小价格变动	0.0005 美元/磅（每张合约 12.50 美元）
每日停板额	动态参考价格的 10%
交割品质	1 号电解铜
交易时间	纽约时间周日下午 6：00 至周五下午 5：00
合约月份	连续 24 个月及 63 个月内的 3 月、5 月、7 月、9 月、12 月
最后交易日	交割月的倒数第三个交易日

资料来源：纽约商品交易所（上海中期期货研究所译）。

九、为什么要了解和关注国际市场的铜期货?

上海期货交易所 SHFE 的铜价格是国内市场价格的风向标，而 LME 铜价则是国际市场价格的权威。铜是市场化程度较高的原材料之一，因此其国内价格与国际价格的相关性很强。据统计，SHFE 铜价与 LME 铜价的相关系数要大大高于 SHFE 铜与国内其他期货品种的相关系数。

近年来，SHFE 铜交易对 LME 铜的行情影响也越来越大，二者相互影响、相互制约。SHFE 铜与 LME 铜价格的高度相关，说明该商品国内市场与国际市场基本接轨，国内价格不易被操纵。二者价格走势的基本一致，为国内投资者判断行情提供了更多的依据。另外，由于汇率、时间差以及不同市场的现货升贴水，LME、COMEX 和 SHFE 之间经常存在一些跨市场套利的机会，为不少贸易商和交易商的跨市套利运作提供了可能性与更多的机会。

小贴士

北美最大的铜期货交易市场——COMEX

COMEX是纽约金属交易所（New York Commodity Exchange, Inc.）的简称，它和NYMEX（New York Mercantile Exchange, Inc.）于1994年合并组成全球最具规模的商品交易所——纽约商品交易所。根据纽约商品交易所的界定，它的期货交易分为NYMEX及COMEX两大分部，其中，COMEX是北美最大的铜期货交易市场。除了铜之外，COMEX里进行交易的期货和期权合约还有金和银等。COMEX的黄金期货交易市场为全球最大，它的黄金交易往往可以主导全球金价的走向，买卖以期货及期权为主，实际上黄金实物的交收占很小的比例。

NYMEX里进行交易的期货和期权合约有原油、汽油、燃油、天然气、电力等，还有期货合约煤、丙烷、钯等。该交易所的欧洲布伦特原油和汽油也是通过公开竞价的方式来进行交易的。

十、LME的铜期货和SHFE的铜期货有哪些差别？

LME是世界上最大的铜交易市场，其合约具有独特的结构，LME铜期货合约与SHFE铜期货合约的主要区别体现在以下几个方面：

（一）合约交易单位

LME的合约交易单位为25吨，SHFE的交易单位为5吨。这是由国内外不同的投资主体结构决定的。LME市场的投资主体是大企业、银行、基金，因此25吨的交易单位与交割单位相一致；而SHFE的投资主体中，中小投资者居多，个人投资者占比较大，为提高市场的流动性，所以缩小了交易单位，以吸引中小投资者，因此SHFE将交易单位设为5吨。但是，为了保持与国际市场的连通性，SHFE 的交割单位仍为 25 吨。

（二）合约到期日

LME 市场每日都是到期日，每日都可以进行交割；而 SHFE 每月只有一个到期日，每月交割日有固定期限。从到期日结构上看，LME 更接近现货市场而非期货市场，这种合约结构下交易的流动性与 LME 交易机制密切相关。

（三）交割仓库

LME 交割仓库分布于各大洲，SHFE 则仅限于国内主要铜生产及贸易流通地区。这在一定程度上表明 LME 是个世界性的市场，而 SHFE 还只是区域性市场。

十一、如何解读 LME 的铜期货合约？

在当今世界经济一体化的背景下，国内市场铜价与国际铜价的正相关度较高，无论是上游的铜矿企业、中间贸易商，还是下游的铜消费企业，都可能面临与铜相关的进出口贸易，这就可能产生在国际铜市场进行交易的现象，因此，我们有必要对国际铜期货市场交易中需要注意的事项进行了解。以全球最大的铜期货交易市场——伦敦金属交易所铜期货为例，需要注意以下几个方面：

（一）交易方式

伦敦金属交易所的交易方式分为三类，即传统的场内公开价交易、场外的办公室交易以及“LMESELECT”交易。LME 每天都会公布一系列官方价格，被业内作为铜现货合同定价的依据。

（二）交易时间

LME 的交易时间如下：

1. LMES，电子盘（Lme - Select），1：00—19：00。

2. LME，场外交易（Inter Office Market，又称为办公室即电话交易），24 小时不间断。

3. 场内交易（Ring Trading & KERB Trading），交易时间为 11：40—17：00。

需要注意的是，由于英国在夏天使用夏令时，所以，交易的北京时间将提前 1 小时。

（三）交易规则

伦敦金属交易所不实行涨跌停板制度。

（四）风险控制

所有的清算均通过 LME 清算所（LME Clear）来完成。买卖双方均要在 LME Clear 存入能够代表合理预期的合约金额的每日最大变化值的保证金。每天的合约价值根据当天 17：00 LME 的收市价格重新计算。如果保证金低于合约价值，保证金必须补足。LME 的合约采取浮动盈亏，即不采用当日现金结算制度，这不同于其他许多交易所。

（五）合约和仓单

在伦敦金属交易所进行交易的铜合约标的物为阴极铜，即 A 级铜，质量标准必须符合下面的一种：

1. BS EN 1978：1998 - Cu - CATH - 1。

2. GB/T467 - 2010 - Cu - CATH - 1。

3. ASTM B115 - 10 - cathode Grade 1。

A 级电解铜的标准合约一手单位 25 吨。履行合约的方式有两种：到期实物交割或者到期前平仓。

值得注意的是，相对于其他期货市场而言，LME 有一个独特的规则：合约到期才进行结算。从开仓到合约到期，一直需要初始保证金和维持保证金，但并不结算盈亏——即使头寸提前平仓了，差价也要等到期以后才结算。所开头寸如果不在到期日前对冲，就必须进行实物交割。一个头寸的最后交易日是从合约到期日倒数第三个交易日。

（六）LME 的交割

与国内交易所不同，LME 三个月期货合约是连续的合约，所以每日都有交割，但根据持仓不同有所区别：持仓在三个月内的，任何一个交易日均可要求交割；持仓在三个月至六个月的，合约交割日为每个星期三；六个月以上至 123 个月的，合约交割日为每个月第三个星期三。所有交割的铜必须有伦敦交易所核准认可的 A 级铜的牌号，符合标准交割品级。

延伸阅读

LME 场内交易时间的细分

LME 场内交易是圈内（Ring）交易和 Kerb 交易的统称。在 Ring 交易时间内，每种金属轮流交易，分别单独进行 5 分钟的交易；在 Kerb 交易时间内，所有金属可以同时进行交易。

LME 场内交易时间细分见表 2－6 至表 2－9（伦敦时间）：

第一节

表 2－6　Ring 1（11：40～11：45）

钢坯	11：40～11：45
铝合金、北美特种铝合金	11：45～11：50
锡	11：50～11：55
原铝	11：55～12：00
铜	12：00～12：05
铅	12：05～12：10
锌	12：10～12：15
镍	12：15～12：20
钴、钼	12：20～12：25
休息	12：25～12：30

表 2-7 **Ring 2（12：30~13：15）**

铜	12：30~12：35
铝合金、北美特种铝合金	12：35~12：40
锡	12：40~12：45
铅	12：45~12：50
锌	12：50~12：55
原铝	12：55~13：00
镍	13：00~13：05
铝升水	13：05~13：10
钢坯	13：10~13：15
休息	13：15~13：25
Kerb（混合品种交易）	13：25~13：35
休息	13：35~15：00

第二节

表 2-8 **Ring 3（15：00~15：35）**

铅	15：00~15：05
锌	15：05~15：10
铜	15：10~15：15
原铝	15：15~15：20
锡	15：20~15：25
镍	15：25~15：30
铝合金、北美特种铝合金	15：30~15：35
休息	15：35~15：50

表 2-9 **Kerb（15：50~17：00）**

锌停止交易	16：00
锡停止交易	16：10
铅和钢坯停止交易	16：20
钴、钼停止交易	16：25
原铝停止交易	16：35
铝升水、铝合金、北美特种铝合金停止交易	16：40
铜停止交易	16：50
镍停止交易	17：00

十二、铜期货的交易保证金比例是如何规定的？

上海期货交易所发布的阴极铜标准合约文本中规定了铜期货合约的最低交易保证金为合约价值的5%。按规定，期货公司向投资者收取的保证金比例不得低于期货交易所。此外，根据不同的市场状况，具体月份铜期货合约的保证金收取比例还会发生变化。

下面按照《上海期货交易所风险控制管理办法》（2020 年 4 月 24 日起实施）介绍上海期货交易所交易保证金制度中铜期货合约交易保证金比例的调整原则。

1. 交易所根据某一期货合约上市运行的不同阶段（即从该合约新上市挂牌之日起至最后交易日止）制定不同的交易保证金收取标准（见表 2－10）。原因是，距交割月份越近，交易者面临到期交割的可能性就越大，为了防止实物交割中违约情况的发生，促使不愿进行实物交割的交易者尽快平仓了结，交易保证金收取比率会随着交割临近而提高。

表 2－10　铜期货合约上市运行不同阶段的交易保证金收取标准

交易时间段	铜期货交易保证金比例（%）
合约挂牌之日起	5
交割月前第一月的第一个交易日起	10
交割月份第一个交易日起	15
最后交易日前二个交易日起	20

资料来源：上海期货交易所。

当某一期货合约达到应该调整交易保证金的标准时，交易所应当在新标准执行前一交易日的结算时对该合约的所有历史持仓按新的交易保证金标准进行结算，保证金不足的，应当在下一个交易日开市前追加到位。

在进入交割月份后，卖方可以用标准仓单作为与其所示数量相同的交割月份期货合约持仓的履约保证，其持仓对应的交易保证金不再收取。

关于铜期货合约上市以后运行时间段的划分方法，我们可以举一个小例子来说明：如 CU2005 合约，其运行阶段是 2019 年 5 月 16 日至 2020 年 5 月 15 日，其中，2019 年 5 月 16 日为该合约新上市挂牌之日，2020 年 5 月 15 日为最后交易日，2020 年 5 月 14 日为最后交易日前一个交易日，2020 年 5 月 13 日为最后交易日前二个交易日，2020 年 5 月为交割月份，2020 年 4 月为交割月前第一月，2020 年 3 月为交割月前第二月，2020 年 2 月为交割月前第三月，如图 2－1 所示：

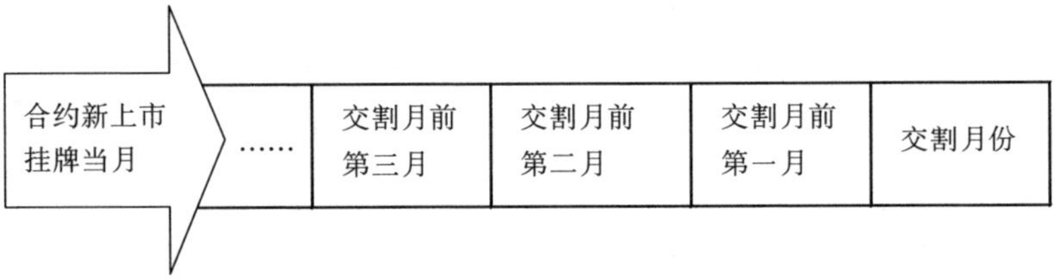

图 2－1　铜期货合约上市运行时间段划分

2. 当铜期货合约按结算价计算的价格变化，连续三个交易日（即 D1、D2、D3 交易日）的累计涨跌幅（N）达到 7.5%，或连续四个交易日（即 D1、D2、D3、D4 交易日）的累计涨跌幅（N）达到 9%，或连续五个交易日（即 D1、D2、D3、D4、D5 交易日）的累计涨跌幅（N）达到 10.5% 时，交易所可以根据市场情况，采取提高交易保证金比率、限制部分会员或全部会员出金、暂停部分会员或全部会员开新仓、调整涨跌停板幅度、限期平仓、强行平仓等措施中的一种或多种措施，以控制风险。但调整后的涨跌停板幅度不超过 20%。

3. 涨（跌）停板单边无连续报价（以下简称“单边市”）是指某一期货合约在某一交易日收盘前 5 分钟内出现只有停板价位的买入（卖出）申报，没有停板价位的卖出（买入）申报，或者一旦出现卖出（买入）申报即成交但未打开停板价位，且最新价与涨（跌）停板价格一致的情况。对铜期货市场出现连续同方向单边行情时的市场风险，交易所将采取以下风险控制办法。

当某期货合约在某一交易日（该交易日称为 D1 交易日，D1 交易日后的连续五个交易日分别称为 D2、D3、D4、D5、D6 交易日，D1 交易日前一交易日称为 D0 交易日）出现单边市，该期货合约 D2 交易日涨跌停板幅度和交易保证金比例按下述方法调整：

（1）涨跌停板幅度在 D1 交易日涨跌停板幅度的基础上增加 3 个百分点；

（2）交易保证金比例在 D2 交易日涨跌停板幅度的基础上增加 2 个百分点，但调整后的交易保证金比例低于 D0 交易日结算时的交易保证金比例的，按 D0 交易日结算时该期货合约交易保证金比例收取。

D1 交易日为该期货合约上市挂盘后第一个交易日的，该期货合约 D1 交易日交易保证金比例视为该期货合约 D0 交易日结算时的交易保证金比例。

4. 当铜期货合约交易出现交易所认定的异常情况时，交易所可按照规定的程序调整交易保证金的比例。

《上海期货交易所风险控制管理办法》规定，对同时适用该办法规定的两种或两种以上交易保证金比例的，其交易保证金按照规定交易保证金比例中的最高值收取。

十三、如何计算铜期货的交易盈亏？

目前，我国期货交易实行的是每日无负债结算制度，也就是指在每个交易日结束后，期货公司要对交易者当天的盈亏状况进行结算，最基本的包括盈亏计算、权益计算、保证金计算以及资金余额计算四项内容。这些内容在交易结算单中都会有所反映。

中国期货保证金监控中心提供两种盈亏计算方式的账单查询：逐笔对冲和逐日盯市，可供客户选择。这两种模式下计算出的客户权益是完全一致的，且不影响当日出入金、手续费、保证金占用、可用资金、追加保证金、风险度等参数的金额或数字，两种模式的差异仅在于逐日盯市模式不显示浮动盈亏，而逐笔对冲模式是显示浮动盈亏的。

要理清逐日盯市模式下的结算过程以及结算账单的明细状况，首先需要了解结算的相关概念：

1. 当日结算价是指每天交易结束后计算投资者盈亏的基准价格。

2. 交易保证金是指客户存入期货公司专用结算账户中确保合约履行的资金，是已被合约占用的保证金。

当日交易保证金 = 当日结算价 × 当日交易结束后的持仓总量 × 交易保证金比例

案例 2-1

某客户当日结算准备金为 900000 元，当日续存资金（入金）100000 元，当天无出金。开仓买入铜期货合约 40 手（5 吨/手），成交价 40000 元/吨，同一天该客户平仓卖出 20 手铜期货合约，成交价 40300 元/吨，当日结算价为 40400 元/吨，交易保证金比例为 10%，手续费率为 0.04%，平今免手续费，则客户当日结算情况为：

手续费 = 成交价 × 交易量 × 手数 × 手续费率

= 40000 × 5 × 40 × 0.0004 = 3200（元）

平仓盈亏 =（平仓价 − 开仓价）× 平仓量

=（40300 − 40000）× 20 × 5 = 30000（元）

浮动盈亏（持仓盈亏）=（结算价 − 开仓价）× 持仓量

=（40400 − 40000）×（40 − 20）× 5 = 40000（元）

期末余额（逐笔结算）= 期初余额 + 入金 − 出金 − 手续费 + 平仓盈亏

= 900000 + 100000 − 0 − 3200 + 30000 = 1026800（元）

客户权益（逐笔结算）= 期末余额 + 持仓盈亏 = 1026800 + 40000

= 1066800（元）

未平仓合约保证金（当日交易保证金）= 40400 × 20 × 5 × 10%（保证金）

= 404000（元）

可用资金 = 客户权益 − 持仓保证金 = 1066800 − 404000 = 662800（元）

可提资金 = 可用资金 - 未平仓合约保证金 × 期货公司设定的百分比

$= 662800 - 404000 \times 20\% = 582000$（元）

资金使用率 = 未平仓合约保证金/客户权益 $= 404000/1066800 \times 100\%$

$= 37.87\%$

该客户的交易结算单见表 2-11。

表 2-11　期货公司一般交易结算单

	资金项目	金额
	期初余额	900000
+	入金	100000
-	出金	0
+	调整	0
-	其他收支	0
-	手续费（0.04%）	3200
+	平仓盈亏	30000
=	期末余额	1026800
+	持仓盈亏	40000
=	客户权益	1066800
-	未平仓合约保证金	404000
=	可用资金	662800
	可提资金	582000
	质押金额	0
	追加金额	0
	资金使用率	37.87%

资料来源：上海中期期货。

第二日，客户以 40500 元/吨的价格将剩余的 20 手铜期货合约平仓，当日结算后：

平仓盈亏 = $(40500 - 40000) \times 20 \times 5 = 50000$（元）

客户权益 $= 1026800 + 50000 - 40500 \times 20 \times 5 \times 0.0004 = 1075180$（元）

逐日盯市情况：

第一日，客户权益 = 期初权益 +/- 当日盈亏 + 入金 - 出金 - 手续费

= 900000 + (30000 + 40000) + 100000 - 0 - 3200

= 1066800（元）

可用资金 = 客户权益 - 持仓保证金 = 1066800 - 404000 = 662800（元）

第二日，平仓盈亏 =（40500 - 40400）×20×5 = 10000（元）

客户权益 = 期初权益 +/- 当日盈亏 + 入金 - 出金 - 手续费

= 1066800 + 10000 + 0 - 0 - 40500×20×5×0.0004 = 1075180（元）

实质上两种模式所反映的实际权益是一样的，只不过是报表的形式不同。

结算完毕后，如果客户的结算准备金余额低于最低余额标准，期货公司需要对客户追加保证金以控制风险，期货公司发出追加保证金通知后，客户必须在下一交易日开市前补足至结算准备金最低余额。未能补足的，若结算准备金余额大于零而低于结算准备金最低余额，则该账户不得开新仓；若结算准备金余额小于零，则交易所将按风险控制管理规定执行强行平仓。

小贴士

盘中和盘后如何了解期货账户状况

在交易时间，投资者可通过网上交易系统查询账户动态状况。每日收盘后，期货公司会对客户当天交易进行结算，并将结算结果发送到中国期货保证金监控中心。一般情况下，当天17：00以后登录中国期货保证金监控中心，可在“投资者查询系统”中查询和收取当天交易结算单、追加保证金通知书和其他通知。需要注意的是，客户应当仔细核对自己的账单，如有异议，应当在规定时间内提出，否则视为确认期货公司发送的交易结算结果和通知内容。

此外，每个月初登录中国期货保证金监控中心“投资者查询系统”，还可以查询到上个月的账单。

小贴士

如何使用中国期货保证金监控中心投资者查询系统

中国期货保证金监控中心的网址是 www. cfmmc. com，其中的“投资者查询系统”有明显的链接图标，投资者可以登录进行查询。

登录“投资者查询系统”所需的用户名和初始密码，由期货公司在与客户签订期货经纪合同时提供。需要注意的是，客户首次登录时，应当及时修改初始密码，以后登录时使用自己的用户名和修改后的密码。此外，中国期货保证金监控中心仅保存最近两个月的交易结算单，所以如果投资者要保存自己的账单，需要及时下载保存。

十四、限仓制度对铜期货交易有什么意义？

上海期货交易所对铜期货合约实行投机头寸限仓制度。限仓是指交易所规定会员或客户对某一期货合约单边持仓的最大数量。

限仓实行以下基本制度：

1. 根据不同期货品种的具体情况，分别确定每一品种每一月份合约的限仓数额。

2. 某一月份合约在其交易过程中的不同阶段，分别适用不同的限仓数额，进入交割月份的合约限仓数额将从严控制。

3. 采用限制会员持仓和限制客户持仓相结合的办法，控制市场风险。

交易所规定，如果同一客户在不同期货公司开了多个交易编码，各交易编码上所有铜的持仓头寸的合计数，不得超出一个客户的限仓数额。

此外，交割月前第一月的最后一个交易日收盘前，各会员、各客户在每个会员处铜期货合约的投机持仓应当调整为 5 手的整倍数（遇市场特殊情况无法按期调整的，可以顺延一天）；进入交割月后，铜期货合约投机持仓应当是5手的整倍数，新开仓、平仓也应当是5手的整倍数。

铜期货合约在不同时期限仓的具体比例和数额见表2－12。

表2－12　　铜期货合约在不同时期限仓的具体比例和数额

<table>
<tr><td rowspan="3"></td><td colspan="2">合约挂牌至交割月份</td><td colspan="2">合约挂牌至交割月前第二月的最后一个交易日</td><td>交割月前第一月</td><td>交割月份</td></tr>
<tr><td rowspan="2">某一期货合约持仓量</td><td>限仓比例（%）</td><td rowspan="2">某一期货合约持仓量</td><td>限仓比例（%）和限仓数额(手)</td><td>限仓数额（手）</td><td>限仓数额（手）</td></tr>
<tr><td>期货公司会员</td><td>非期货公司会员、客户</td><td>非期货公司会员、客户</td><td>非期货公司会员、客户</td></tr>
<tr><td rowspan="2">铜</td><td rowspan="2">≥8万手</td><td rowspan="2">25</td><td>≥8万手</td><td>10</td><td rowspan="2">3000</td><td rowspan="2">1000</td></tr>
<tr><td><8万手</td><td>8000</td></tr>
</table>

资料来源：上海期货交易所。

延伸阅读

强制平仓交易制度

强行平仓是指当会员、客户违规时，交易所对其有关持仓实行平仓的一种强制措施，主要目的是为了控制市场风险。

（一）需要强行平仓的情况

当会员、客户出现下列情况之一时，交易所应对其持仓实行强行平仓：

1. 会员结算准备金余额小于零，并未能在规定时限内补足的；
2. 持仓量超出其限仓规定的；
3. 相关品种持仓没有在规定时间内按要求调整为相应整倍数的；
4. 因违规受到交易所强行平仓处罚的；
5. 根据交易所的紧急措施应当予以强行平仓的；
6. 其他应当予以强行平仓的。

（二）强行平仓的执行原则

强行平仓先由会员自己执行，除交易所特别规定外，时限一律为开市后第一节交易时间内。若时限内会员未执行完毕，则由交易所强制执行。因结算准备金小于零而被要求强行平仓的，在保证金补足前，禁止相关会员开仓交易。

自测题

1. 上海期货交易所是受中国证监会集中统一监督管理的期货交易所，宗旨是服务实体经济，下列（　　）不是上期所的交易品种。

A. 铜　　B. 黄金

C. 燃料油　　D. 大豆

2.（　　）是世界上最大的铜期货交易市场，成立于1876年，交易品种有铜、铝、铅、锌、镍和铝合金。

A. SHFE　　B. LME

C. COMEX　　D. CBOT

3. 上期所铜期货合约的交易单位为（　　）吨/手。

A. 5　　B. 10

C. 2　　D. 6

4. 目前（　　）拥有世界上成交量最大的黄金期货合约。

A. CME　　B. LME

C. COMEX　　D. NYMEX

5. 1876年成立的开金属期货交易之先河的期货交易所是（　　）。

A. CBOT　　B. LME

C. COMEX　　D. NYMEX

6.（　　）不仅对现货商具有规避风险的作用，而且对期货商的期货交易也具有一定程度的规避风险的作用，相当于为高风险的期货交易买上一份保险。

A. 现货交易　　B. 远期交易

C. 期货交易　　D. 期权交易

7. 下列关于期货交易和期权交易说法错误的是（　　）。

A. 目前国际期货市场上只有少量期货品种引进了期权交易方式

B. 期权合约最早在芝加哥期货交易所上市

C. 期权交易与期货交易都具有规避风险、提供套期保值的功能

D. 期权交易不仅对现货商具有规避风险的作用，而且对期货商的期货交易也具有一定程度的规避风险的作用

8. LME 铜期货合约的合约数量单位为（　　）吨。

A. 5　　B. 25

C. 10　　D. 20

9. LME 铜期货合约的涨跌幅限制为（　　）。

A. 3%　　B. 4%

C. 没有涨跌幅限制　　D. 5%

10. 上期所铜期货合约的最低保证金比例是（　　）。

A. 3%　　B. 4%

C. 5%　　D. 6%

11. 我国《期货交易管理条例》规定，期货交易所实行当日无负债结算制度，期货交易所应当在（　　）及时将结算结果通知会员。

A. 当日　　B. 次日

C. 3 日内　　D. 4 日内

12. 期货交易所将会员的合约强行平仓后，强行平仓的有关费用和发生的损失由（　　）承担。

A. 期货交易所　　B. 该会员所代理的客户

C. 期货公司　　D. 该被强行平仓的会员

13. 标准仓单是由（　　）制定的，在交割仓库完成入库商品验收，确认合格后签发给货物卖方的实物提货凭证。

A. 交割仓库　　B. 期货交易所

C. 期货公司　　D. 交易所会员

14. 在伦敦金属交易所，铜的期货交易始于（　　）年。

A. 1876　　B. 1877

C. 1878　　D. 1879

15. 上海期货交易所发布的阴极铜标准合约文本中规定了铜期货合约的最低交易保证金为合约价值的（　　）。

A. 3%　　B. 4%

C. 5%　　D. 6%

16.《上海期货交易所风险控制管理办法》规定，对同时适用该办法的两种或两种以上的交易保证金比例，其交易保证金按照规定交易保证金比例中的（　　）收取。

A. 最高值　　B. 最低值

C. 平均值　　D. 中位数

17. 交割月前第一月的最后一个交易日收盘前，各会员、各客户在每个会员处的铜、铝、锌期货合约的投机持仓应当调整为（　　）的整倍数。

A. 1 手　　B. 2 手

C. 3 手　　D. 5 手

18. 期货会员的结算准备金（　　）时，该期货结算结果即被视为期货交易所向会员发出的追加保证金通知。

A. 低于最低余额　　B. 高于最低余额

C. 等于最低余额　　D. 为零

19. 连续竞价制属于传统的竞价方式，在（　　）期货市场较为流行。

A. 中国　　B. 东南亚

C. 日本　　D. 为零

20. 期货公司向客户收取的保证金属于（　　）所有。

A. 经纪人　　B. 会员

C. 客户　　D. 结算公司

参考答案

1. D	2. B	3. A	4. C	5. B	6. D	7. A
8. B	9. C	10. C	11. A	12. D	13. B	14. B
15. C	16. A	17. D	18. A	19. B	20. C	

第三章

解读铜期权合约与交易规则

本章要点

本章主要介绍了期权的基本概念、期权的分类和性质、期权与期货的关系，又介绍了期权的交易场所、影响期权价格的因素等，同时引出了期权的发展和趋势、期权定价理论的发展等。在此基础上，本章又介绍了上海期货交易所上市交易的铜期货期权合约，对合约的具体内容进行了分析和讲解，概述了操作方面的知识和注意事项。

一、什么是期权？

期权（Options），又叫选择权，是指期权的买方有权在约定的时间内，按事先确定的价格，买入或者卖出一定数量某种资产的权利。交易必然包含买卖双方。期权的买方向卖方支付一定数量的金额后获得在未来约定的时间按照约定的价格向对方购买或出售一定数量标的物的权利，但不负有必须这样做的义务。当期权的买方选择执行这项权利时，期权的卖方必须履行约定。

这里讲的铜期权是指挂钩铜期货合约的期权。对于期权来说，一般会涉及以下基本要素和概念。

标的资产：又叫标的物，是期权合约的标的，是约定期权买方行使权利时所购买或出售的资产。

权利金：即期权的价格，是期权买方为获取在约定期限内按约定价格购买或出售标的资产的权利而支付给卖方的费用。

行权价：期权买方行使期权约定权利的行为叫作行权；行权时采用的价格叫行权价，也叫执行价，是期权约定权利义务的价格。

行权方向：指期权买方行权时的操作方向。期权买方的权利可以是买入标的资产，也可以是卖出标的资产。所以，行权方向有买入和卖出两种。

到期时间：期权的权利义务约定都是有时限的，到期之后，期权买方可以选择行权或者放弃，之后权利义务不再存在。

波动率：是描述金融资产价格波动程度的指标，也是描述期权的一个关键要素。历史波动率是指描述标的过去一段时间内价格波动情况的指标，其数值可以根据标的历史价格计算出来。隐含波动率是描述期权的一个指标，其数值是根据期权交易价格按照一定的模型倒推出来的波动率。

内在价值：也叫内涵价值，指期权买方立即行权时可以获得的行权收益。

时间价值：期权价格减去内在价值，就是期权的时间价值，即标的未来走势不确定给期权买方带来的价值。

以上这些概念看起来有点复杂，其实当我们慢慢拉开认识期权的帷幕时就会发现，期权其实就在我们身边。

小贴士

期权的起源与发展

期权是个看似陌生却古老的名词，它的起源最早可以追溯到《圣经·创世纪》中关于合同制的一个协议。大约在公元前1700年，雅克布为和舅舅拉班的小女儿结婚而签订了同意免费为其工作7年的协议，以获得结婚许可。在这个故事中，雅克布7年劳作应得的报酬就是“权利金”，以此换来结婚的“权利”，而非义务。

千年之后的公元前7世纪，亚里士多德在他的著作《政治学》中提到了一个古希腊哲学家泰勒斯的故事。某年泰勒斯预测来年雅典的橄榄将迎来大丰收。当时要想榨取橄榄油，人们就不得不使用橄榄榨油器。于是泰勒斯租了全村所有的榨油器，支付了一小笔“权利金”，用于锁定并垄断了明年榨油器的使用权。一年后，橄榄丰收，泰勒斯靠高价卖出榨油器的使用权而获利丰厚。

到了公元18世纪时，期权被引入金融市场。早期的股票期权交易都不是标准化的公开交易，比较分散。直到1973年4月26日，芝加哥期权交易所（Chicago Board Options Exchange，CBOE）经美国证券交易委员会（SEC）批准成立，同时推出了标准化的股票认购期权合约。这才是标志着有组织、标准化期权交易时代的开始。

时至今日，在全球金融市场中，衍生品作为最重要的组成部分，越来越受到投资者的关注。期权，作为全球最活跃的衍生品之一，广泛应用于风险管理、资产配置和产品创新等领域，其市场价值已在全世界范围内得到广泛认同。目前，期权与期货被视为全球衍生品市场的两大基石。

二、期权的交易市场在哪里？

从期权的发展历史可以看出，期权起初都在私下交易，由交易者双方约定权利义务，具有个性化的特征。随着期权市场的发展和交易规模的不断扩大，各期权合约的共性不断增多，这些共性被人们归纳总结，进而逐渐形成标准化。同时，人们迫切需要金融和法律体系保障期权的行权履约，于是一些期权品种被设计成标准化的金融产品，在交易所挂牌交易，这就是“场内期权”的由来。

而在交易所之外，交易者之间签署合同、约定个性化的期权合约，则被称为“场外（Over－the－counter，OTC）期权”，也叫柜台交易期权。它是根据双方洽谈，按照双方需求自行制定交易条款的期权合约。一般来说，场外期权的交易规模、交易品种和结构远丰富于场内期权。

回到场内期权，除芝加哥期权交易所外，在美国期权市场的带动下，世界各国相继开始筹备自己的期权交易市场。1976 年 2 月，澳大利亚悉尼股票交易所推出了期权合约；1978 年，荷兰阿姆斯特丹交易所开业以后迅速与悉尼、芝加哥等地的期权、证券交易所一起发展了期权结算中心，欧洲各地也相继开展了证券期权交易。就在世界各地发展金融期权市场之际，美国芝加哥期货交易所、芝加哥商业交易所、纽约商业交易所则将期权交易引入农产品、能源等大宗商品中，极大地推动了商品期权的发展。

1995 年，香港联合证券交易所推出了亚洲第一只股票期权。股票期权推出后，成交十分火爆，很快就成为中国香港最重要的金融衍生品之一。随后，1997 年日本大阪和东京证券交易所分别推出了股票期权。进入 21 世纪后，亚太地区股票期权市场的发展步伐不断加快，印度、韩国分别在 2001 年、2002 年推出了股票期权业务。

相较之下，我国期权市场起步较晚，不论是场外期权还是场内期权的品种丰富度方面都与国际市场存在一定差距。近几年，我国期权市场发展提速，目前已上市了 24 个场内期权品种（见表 3－1），还有若干品种处于上市筹备期。我国第一个场内期权品种，是在上海证券交易所上市的上证 50ETF 期权，而后三家商品期货交易所、一家金融期货交易所和两家证券交易所陆续挂牌上市了 23 个场内期权品种。

表 3－1　　　　国内上市期权品种（截至 2020 年 7 月 30 日）

序号	期权名称	标的	交易所	上市时间
1	上证 50ETF 期权	上证 50ETF，510050	上海证券交易所	2015 年 2 月 9 日
2	豆粕期货期权	豆粕期货合约	大连商品交易所	2017 年 3 月 31 日
3	白糖期货期权	白糖期货合约	郑州商品交易所	2017 年 4 月 19 日
4	铜期货期权	铜期货合约	上海期货交易所	2018 年 9 月 21 日
5	玉米期货期权	玉米期货合约	大连商品交易所	2019 年 1 月 28 日
6	棉花期货期权	棉花期货合约	郑州商品交易所	2019 年 1 月 28 日
7	天然橡胶期货期权	天然橡胶期货合约	上海期货交易所	2019 年 1 月 28 日
8	铁矿石期货期权	铁矿石期货合约	大连商品交易所	2019 年 12 月 9 日
9	精对苯二甲酸期货期权	精对苯二甲酸期货合约	郑州商品交易所	2019 年 12 月 16 日
10	甲醇期货期权	甲醇期货合约	郑州商品交易所	2019 年 12 月 16 日
11	黄金期货期权	黄金期货合约	上海期货交易所	2019 年 12 月 20 日
12	沪深 300 股指期权	沪深 300 指数	中国金融期货交易所	2019 年 12 月 23 日
13	沪深 300ETF 期权	华泰柏瑞沪深 300ETF，510300	上海证券交易所	2019 年 12 月 23 日
14	沪深 300ETF 期权	嘉实沪深 300ETF，159919	深圳证券交易所	2019 年 12 月 23 日
15	菜籽粕期货期权	菜籽粕（菜粕）期货合约	郑州商品交易所	2020 年 1 月 16 日
16	液化石油气期货期权	液化石油气期货合约	大连商品交易所	2020 年 3 月 31 日
17	动力煤期货期权	动力煤期货合约	郑州商品交易所	2020 年 6 月 30 日
18	聚丙烯期货期权	聚丙烯期货合约	大连商品交易所	2020 年 7 月 6 日
19	聚氯乙烯期货期权	聚氯乙烯期货合约	大连商品交易所	2020 年 7 月 6 日
20	聚乙烯期货期权	聚乙烯期货合约	大连商品交易所	2020 年 7 月 6 日
21	铝期货期权	铝期货	上海期货交易所	2020 年 8 月 10 日
22	锌期货期权	锌期货	上海期货交易所	2020 年 8 月 10 日
23	棕榈油期货期权	棕榈油期货	大连商品交易所	2021 年 6 月 18 日
24	原油期货期权	原油期货	上海期货交易所	2021 年 6 月 21 日

资料来源：上海期货交易所、大连商品交易所、郑州商品交易所、中国金融期货交易所、上海证券交易所。

延伸阅读

国内外期权市场的发展趋势

对比场内期权市场的火爆，场外期权的发展更为迅速。无论是成交量的大幅上升，还是品种及模式的多元化发展（包括个股期权、商品期权、外汇期权及利率期权等），都显示出市场对期权的认可和需求。特别是近年来，我国场外期权市场发展出“保险+期货”“农民收入保障计划”“精准扶贫试点”等扶贫助农模式、服务实体企业的“场外期权”等创新举措，以及与银行相关的收益凭证、结构化理财产品等，都大大拓展了期权的应用范围，提升了其经济意义。场内场外期权市场协同发展，并行不悖，共同推进了我国金融衍生品市场的快速发展。

2020年上半年，因受到突发公共卫生事件、新冠肺炎疫情的影响，全球市场波动。此时，期权等衍生品市场的作用越来越凸显，境内外主要交易所的期权交易量均显著增长。根据美国期货业协会（FIA）公布的数据显示，2020年1月至6月全球81家交易所场内期货和期权交易量达到创纪录的218.69亿手，同比增长32.1%。其中，期权成交量为96.20亿手，同比增长32.43%。国内方面，根据中国期货业协会（中期协CFA）的数据显示，2020年上半年，沪深300股指期权累计成交503.87万手，累计成交总额366亿元，商品期权总成交量突破3542万手，较2019年同期大增150%。

三、期权与期货有何不同？

目前，市场上主要有四大类金融衍生品：远期、期货、期权和互换。在本书第一章我们简要介绍了期货，那期权与期货有着怎样的联系和区别呢？

就交易场所而言，场内期权合约和期货合约一样，都是在交易所交易的标准化合约，可以双向操作，既可以买又可以卖，均通过结算所统一结算。期权中又有以期货为标的的期货期权，它交易的是未来买卖一定数量期货合约的权利。

此外，期货与期权还有以下几点不同之处。

（一）交易对象不同

期货交易的是具体合约，合约标的物是实物商品或金融工具；而期权交易的是某种权利，权利挂钩的标的物不仅限于期货，还有其他标的资产。

（二）买卖双方的权利与义务

期货交易双方的权利与义务对等，交易到期双方都要承担交割义务；如不愿参与交割，则必须在到期前平仓合约。期权买卖双方的权利与义务不对等，期权买方有权利无义务，可以选择行使权利或者放弃；期权卖方有义务无权利。

（三）保证金制度的区别

由于权利与义务的要求，期货交易买卖双方都要根据期货合约价值缴纳保证金；而期权买方无须缴纳保证金，对应期权的卖方必须缴纳一定的保证金，以保证履行期权合约。

（四）收益的对称性不同

期货交易为零和甚至负和交易，双方盈亏对称。期权买方最大损失为权利金，但收益跟随标的市场价格波动，可能会很大；期权卖方最大收入为权利金，损失跟随标的市场价格波动，也可能非常大。

（五）交易了结方式的不同

期货投资者可以通过对冲平仓或实物交割两种方式了结持仓。期权交易者可通过对冲平仓、行使权利或到期放弃行使权利三种方式了结交易。

四、期权可以分为哪几类?

(一) 按照挂钩标的资产类型分类

期权按照挂钩标的资产的类型，可分为权益指数类期权、个股期权、利率期权、外汇期权、商品期权和其他期权等。权益指数类期权包括 ETF 期权、股指（股票指数）期权、股指期货期权等。商品期权又可分为商品期货期权、商品现货期权。细分之下又有能源期权、农产品期权、贵金属期权等。

(二) 按照交易方向分类

所有期权都可以有买入和卖出两个方向，买入期权的为权利方，卖出期权的为义务方。按照买入方权利分，期权可以分为看涨期权和看跌期权。

1. 看涨期权，又叫认购期权，指期权的买方付出权利金，有权按照约定的价格和时间，从期权卖方手中买入规定数量的标的资产的期权合约。期权的卖方收到权利金，但是负有被行权的义务。期权买方行权时，期权卖方必须按照行权价卖出规定数量的标的资产。

2. 看跌期权，又叫认沽期权，指期权的买方付出权利金，有权按照约定的价格和时间，向期权卖方卖出规定数量的标的资产的期权合约。期权的卖方收到权利金，但是负有被行权的义务。期权买方行权时，期权卖方必须按照行权价买入规定数量的标的资产。

(三) 按照行权方式分类

按照期权的行权方式，主要可以分为欧式期权、美式期权等。

1. 欧式期权，指期权的买方只能在约定时间（期权到期时）执行自己权利的期权合约。

2. 美式期权，指期权的买方在持有期权时可以随时执行自己权利的期权合约。

3. 百慕大期权，介于欧式期权与美式期权之间，允许持有人在期权有效期内某几个特定日期执行自己的权利。比如，期权的到期时间是 3 年，但只有每年的最后一个月才能行使自己的权利。

（四）按照期权交易场所分类

按照期权的交易场所，期权可以分为场内期权和场外期权。

1. 场内期权，指在交易所内挂牌交易的、标准化设计的期权合约产品。

2. 场外期权，指在交易所以外交易的、非标准化的期权合约，是根据交易双方洽谈、按照双方需求自行制定交易条款的期权合约产品。

（五）按照期权买卖时的价值分类

按照期权买卖时的价值，即行权价与标的资产价格的关系，期权可以分为平值期权、实值期权和虚值期权。

1. 平值期权，是指行权价与标的资产的当前市场价格一致的期权。

2. 实值期权，也叫价内期权，是指行权价与标的资产的当前市场价格相比较为有利（如果立即行权可以获得相应收益）的期权。如果是看涨期权，那么行权价小于标的资产价格的期权为实值期权，即可用低于市价的价格买入标的；如果是看跌期权，那么行权价大于标的资产价格的期权为实值期权，即可用高于市价的价格卖出标的。

3. 虚值期权，也叫价外期权，是指行权价与标的资产的当前市场价格相比较为不利（如果立即行权将导致亏损）的期权。如果是认购期权，那么行权价大于现行标的资产价格的期权为虚值期权，即需要高于市价的价格买入标的；如果是认沽期权，那么行权价小于现行标的资产价格的期权为虚值期权，即需要低于市价的价格卖出标的。

五、影响期权价格的因素有哪些？

影响期权价格的基本因素主要有标的价格、执行价（行权价）、隐含波动率、期权到期时间、市场无风险利率、标的物在持有期的收益（如有）。

（一）标的价格和行权价

标的价格即标的物的市场价格，它与期权的行权价是影响期权价格的两个重要因素。两者的相对关系不仅决定着期权的内在价值，而且影响着时间价值。行权价与标的物市场价格的相对差额决定了内在价值的有无及大小。就看涨期权而言，市场价格超过行权价越多，内在价值越大；超过越少，内在价值越小；当市场价格等于或低于行权价时，内在价值为零。

（二）隐含波动率

隐含波动率是将市场上的期权交易价格代入期权定价模型反推出来的波动率数值。它是期权定价模型中最重要的变量。在其他因素不变的条件下，隐含波动率增加，标志着标的物价格向上、向下波动的幅度增加，而且期权的权利金也会随着隐含波动率的升高而变大。

（三）到期时间

到期时间，即期权合约的有效期，是指距离期权合约到期日前剩余的时长。在其他因素不变的情况下，一般来说，期权的有效期越长，其时间价值也就越大。

（四）无风险利率

无风险利率水平会影响期权的价值。当利率提高时，期权的时间价值会减少；反之，当利率下降时，期权的时间价值则会增加。不过，利率水平对期权时间价值的整体影响还是十分有限的。

（五）标的物在持有期的收益

有些标的物在持有期间可能会有一定的收益，比如股票的分红收益，持有的国债或外汇的利息收入。收益的大小也会对期权的价格有一定影响。

小贴士

期权定价理论的发展

1973年，美国芝加哥大学教授 Fischer Black 和 Myron Scholes 发表《期权定价与公司负债》一文，提出了著名的 Black – Scholes 期权定价模型，在学术界和实务界引起了强烈反响，Myron Scholes 因此获得了1997年的诺贝尔经济学奖。B – S 模型利用复制资产和无套利假设的方法，得出了反映期权价格与标的价格、时间之间的微分方程，并求解出著名的 B – S期权定价公式。

虽然 B – S 模型从面世以来已经成为投资者比较期权市场价格和做市商制定基准价格的重要依据，但学界还是不断提出更多期权定价模型。其中最著名的是1979年由 J. Cox、S. Ross 和 M. Rubinstein 三人提出的二叉树模型。之后，在二叉树模型的基础上又提出了三叉树模型。

随着期权市场发展越来越迅速、交易策略越来越复杂，美式期权、奇异期权等各种新产品不断涌现，像传统欧式期权那样能用解析定价的期权合约已经越来越少。随着计算机技术的进步，学界和业界都开始运用各类数值方法对期权进行定价，最常用的两种方法是蒙特卡罗方法和有限差分方法。蒙特卡罗方法主要适用于衍生品收益与标的资产的历史价格有关或者有多个标的资产的情形，其基于风险中性理论，用算术平均代替理论的期望值，用离散代替连续，起到简化近似的效果。有限差分方法则适用于期权持有者可以提前行权的美式期权，或其他需要在到期日之前做出某种决定的衍生产品，通过数值求解微分方程（用差分方程替代微分方程）的方式达到定价的目的。随着期权的种类和策略的不断发展衍化，期权定价理论也在不断发展、不断进步。

六、铜期权合约是什么?

2018 年 9 月 21 日，铜期权在上海期货交易所挂牌交易，当时的期权合约文本如表 3 – 2 所示：

表 3 – 2　上海期货交易所阴极铜期货期权合约
（发布日期：2018 年 9 月 21 日）

合约标的物	阴极铜期货合约（5 吨）
合约类型	看涨期权、看跌期权
交易单位	1 手阴极铜期货合约
报价单位	元（人民币）/吨
最小变动价位	1 元/吨
涨跌停板幅度	与阴极铜期货合约涨跌停板幅度相同
合约月份	与上市标的期货合约相同
交易时间	上午 9：00～11：30，下午 13：30～15：00 及交易所规定的其他时间
最后交易日	标的期货合约交割月前第一月的倒数第五个交易日，交易所可以根据国家法定节假日调整最后交易日
到期日	同最后交易日
行权价格	行权价格覆盖阴极铜期货合约上一交易日结算价上下 1 倍当日涨跌停板幅度对应的价格范围。行权价格≤40000 元/吨，行权价格间距为 500 元/吨；40000 元/吨＜行权价格≤80000 元/吨，行权价格间距为 1000 元/吨；行权价格＞80000 元/吨，行权价格间距为 2000 元/吨
行权方式	欧式，买方可以在到期日 15：30 之前提出行权申请或放弃申请

续表

交易代码	看涨期权：CU－合约月份－C－行权价格 看跌期权：CU－合约月份－P－行权价格
上市交易所	上海期货交易所

资料来源：上海期货交易所。

2020年8月3日，上海期货交易所又发布了修订后的阴极铜期货期权合约：

“一、《上海期货交易所阴极铜期货期权合约》中关于最小变动价位的修订自2020年9月2日（周三）起实施；

二、《上海期货交易所阴极铜期货期权合约》中关于合约月份的修订，自2020年11月17日（周二）新挂牌期货合约CU2111对应的期权合约开始实施，其中，合约月份大于等于CU2111的期货合约对应的期权合约适用修订后的规定，合约月份小于CU2111的期货合约对应的期权合约适用修订前的规定；

三、《上海期货交易所阴极铜期货期权合约》中关于行权方式的修订，自2021年11月16日（周二）新挂牌期货合约CU2211对应的期权合约开始实施，其中，合约月份大于等于CU2211的期货合约对应的期权合约适用修订后的规定，合约月份小于CU2211的期货合约对应的期权合约适用修订前的规定。”

修订后的文本详见表3－3。

表3－3　上海期货交易所阴极铜期货期权合约

（发布日期：2020年8月3日）

合约标的物	阴极铜期货合约（5吨）
合约类型	看涨期权、看跌期权
交易单位	1手阴极铜期货合约
报价单位	元（人民币）/吨
最小变动价位	2元/吨
涨跌停板幅度	与阴极铜期货合约涨跌停板幅度相同

续表

合约月份	最近两个连续月份合约，其后月份在标的期货合约结算后持仓量达到一定数值之后的第二个交易日挂牌。具体数值，交易所另行发布
交易时间	上午 9：00 ~ 11：30，下午 13：30 ~ 15：00 及交易所规定的其他时间
最后交易日	标的期货合约交割月前第一月的倒数第五个交易日，交易所可以根据国家法定节假日调整最后交易日
到期日	同最后交易日
行权价格	行权价格覆盖阴极铜期货合约上一交易日结算价上下 1 倍当日涨跌停板幅度对应的价格范围。行权价格 ≤ 40000 元/吨，行权价格间距为 500 元/吨；40000 元/吨 < 行权价格 ≤ 80000 元/吨，行权价格间距为 1000 元/吨；行权价格 > 80000 元/吨，行权价格间距为 2000 元/吨
行权方式	美式，买方可以在到期日前任一交易日的交易时间提交行权申请；买方可以在到期日 15：30 之前提出行权申请或放弃申请
交易代码	看涨期权：CU – 合约月份 – C – 行权价格 看跌期权：CU – 合约月份 – P – 行权价格
上市交易所	上海期货交易所

资料来源：上海期货交易所。

下面解释一下合约文本中的基本概念和变动情况。

交易单位：1 手铜期货对应 5 吨阴极铜，1 手铜期权也对应 5 吨阴极铜。期权的合约单位与挂钩期货的合约单位保持一致。

最小变动价位：铜期货的最小变动价位是 10 元/吨。铜期权的最小变动价位最初设计为 1 元/吨，后改为 2 元/吨。

合约月份：原条文中铜期权的合约月份与标的期货月份一致，有 12 个月份的期权挂牌，后改为上市最近两个连续月份合约，其他合约月份视标的期货持仓量挂牌，总的挂牌合约月份减少。

到期日：期权合约到期日就是该期权的终止日，这一天以后权利方就不再拥有权利，义务方也不再承担义务。铜期权的到期日为对应标的期货合约交割月份前一个月的倒数第 5 个交易日。

行权方式：铜期权合约的行权方式由欧式改为美式，买方可在到期日15：30之前提出行权申请或放弃申请。

七、如何理解铜期权合约的细则

（一）铜期权的交易编码

为了更好地理解铜期权交易编码，我们可举例说明：

“CU-2008-C-45000”
1. 铜期权 ⇩ ⇩ ⇩ ⇩ 的含义是挂钩CU2008合约、执行
标的 月份 类型 行权价
价为45000元/吨的看涨期权。

“CU-2009-P-50000”
2. 铜期权 ⇩ ⇩ ⇩ ⇩ 的含义是挂钩CU2009合约、执行
标的 月份 类型 行权价
价为50000元/吨的看跌期权。

（二）如何理解铜期权的行权价格

行权价格区间：当前挂牌的期权合约行权价格至少要覆盖标的期货昨日结算价上下浮动1倍当日涨跌停幅度，当不能满足该条件时，交易所会加挂期权合约。

期权的行权价间距：是指相邻两个行权价格之间的差，行权价格一般是行权价间距的整数倍。交易所可以根据市场情况对行权价格间距和行权价格的覆盖范围进行调整。对于铜期权，行权价格覆盖阴极铜期货合约上一交易日结算价上下1倍当日涨跌停板幅度对应的价格范围。

行权价格≤40000元/吨，行权价格间距为500元/吨；

40000元/吨<行权价格≤80000元/吨，行权价格间距为1000元/吨；

行权价格>80000元/吨，行权价格间距为2000元/吨。

（三）如何计算铜期权的涨跌停幅度

涨跌停幅度：铜期权的涨跌停幅度与标的期货涨跌停幅度相同。比如，前一交易日 CU2009 铜期货合约结算价为 50000 元/吨，对应 CU2009C50000 期权合约结算价为 1712 元/吨，铜期货涨跌停幅度（比例）为 8%，那么 CU2009C50000 合约的涨停价 = 1712 + 50000 × 8% = 5712 元/吨；如果计算出来的跌停价小于 0 时，取期权的最小报价单位 2 元/吨作为跌停价。

（四）铜期权行权时的注意事项

铜期权的买方行权之后会得到相应的铜期货头寸（多头或空头），因此需要事先准备好期货头寸开仓所需的保证金；铜期权的卖方履约时将获得与买方相反的铜期货（空头或多头）。铜期权买方可以在当天交易时间和到期日 15：30 之前进行行权申请或放弃申请。对于铜期权行权风险，一方面需要提前准备好资金作为行权后铜期货头寸开仓保证金，避免行权失败；另一方面，铜期权在 T 日行权后获得的铜期货头寸，需要在 T +1 日才能平仓了结，会面临铜期货价格波动的风险。

小贴士

交易所对铜期权保证金计算的规定

为保证期权的顺利履约，期权交易实行保证金制度。期权的卖方需要缴纳一定数量的保证金。交易所收取卖方保证金的标准为下列两者中较大者：

1. 卖方保证金 = 期权合约结算价 × 标的期货合约交易单位 + 标的期货合约交易保证金 - （1/2） × 期权合约虚值额

2. 卖方保证金 = 期权合约结算价 × 标的期货合约交易单位 + （1/2） × 标的期货合约交易保证金

其中：

看涨期权合约虚值额 = Max（行权价格 - 标的期货合约结算价，0） × 标的期货合约交易单位

看跌期权合约虚值额 = Max（标的期货合约结算价 - 行权价格，0）×标的期货合约交易单位

针对期权交易不同的持仓组合，交易所可规定不同的交易保证金收取标准；期货公司收取投资者的保证金一般会高于交易所标准。对于期权卖方来说，如果出现资金不足，则必须按照规定追缴保证金，否则持有的头寸可能会被强行平仓。

八、如何看懂铜期权的 T 型报价图？

铜期权的 T 型报价如图 3 - 1 所示，上边横向菜单部分主要显示期权标的铜期货的日内交易特征，在标的栏选择沪铜以及月份，即可以选定以该月期货合约为标的的期权报价界面。

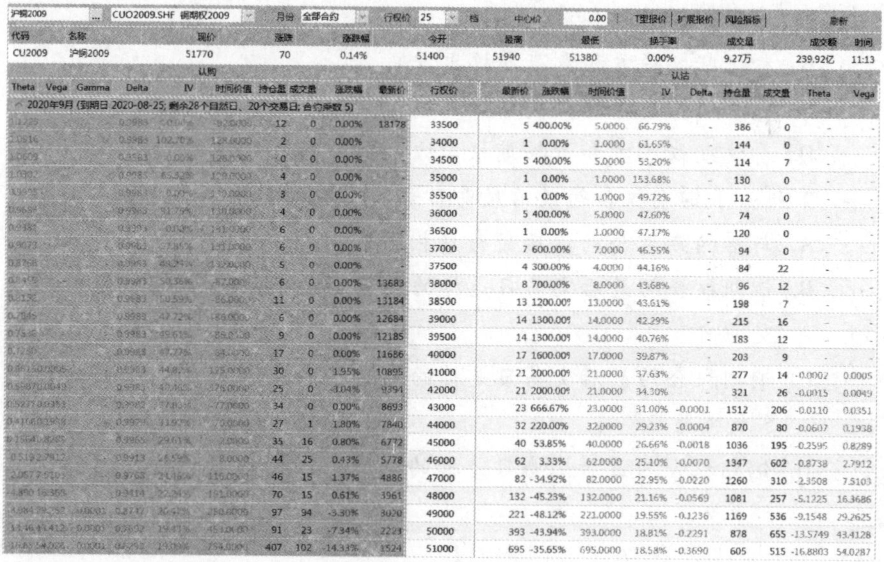

沪铜2009 ... CUO2009.SHF 铜期权2009　月份 全部合约　行权价 25 档　中心价 0.00　T型报价 | 扩展报价 | 风险指标 | 刷新

代码	名称	现价	涨跌	涨跌幅	今开	最高	最低	换手率	成交量	成交额	时间
CU2009	沪铜2009	51770	70	0.14%	51400	51940	51380	0.00%	9.27万	239.92亿	11:13

2020年9月（到期日 2020-08-25；剩余28个自然日、20个交易日；合约乘数 5）

认购 Theta	认购 Vega	认购 Gamma	认购 Delta	认购 IV	认购 时间价值	认购 持仓量	认购 成交量	认购 涨跌幅	认购 最新价	行权价	认沽 最新价	认沽 涨跌幅	认沽 时间价值	认沽 IV	认沽 Delta	认沽 持仓量	认沽 成交量	认沽 Theta	认沽 Vega
[illegible]	[illegible]	[illegible]	[illegible]	[illegible]	[illegible]	12	0	0.00%	18178	33500	5	400.00%	5.0000	66.79%	-	386	0	-	-
[illegible]	[illegible]	[illegible]	[illegible]	[illegible]	[illegible]	2	0	0.00%	-	34000	1	0.00%	1.0000	61.65%	-	144	0	-	-
[illegible]	[illegible]	[illegible]	[illegible]	[illegible]	[illegible]	0	0	0.00%	-	34500	5	400.00%	5.0000	53.20%	-	114	7	-	-
[illegible]	[illegible]	[illegible]	[illegible]	[illegible]	[illegible]	4	0	0.00%	-	35000	1	0.00%	1.0000	153.68%	-	130	0	-	-
[illegible]	[illegible]	[illegible]	[illegible]	[illegible]	[illegible]	3	0	0.00%	-	35500	1	0.00%	1.0000	49.72%	-	112	0	-	-
[illegible]	[illegible]	[illegible]	[illegible]	[illegible]	[illegible]	4	0	0.00%	-	36000	5	400.00%	5.0000	47.60%	-	74	0	-	-
[illegible]	[illegible]	[illegible]	[illegible]	[illegible]	[illegible]	6	0	0.00%	-	36500	1	0.00%	1.0000	47.17%	-	120	0	-	-
[illegible]	[illegible]	[illegible]	[illegible]	[illegible]	[illegible]	6	0	0.00%	-	37000	7	600.00%	7.0000	46.55%	-	94	0	-	-
[illegible]	[illegible]	[illegible]	[illegible]	[illegible]	[illegible]	5	0	0.00%	-	37500	4	300.00%	4.0000	44.16%	-	84	22	-	-
[illegible]	[illegible]	[illegible]	[illegible]	[illegible]	[illegible]	6	0	0.00%	13683	38000	8	700.00%	8.0000	43.68%	-	96	12	-	-
[illegible]	[illegible]	[illegible]	[illegible]	[illegible]	[illegible]	11	0	0.00%	13184	38500	13	1200.00%	13.0000	43.61%	-	198	7	-	-
[illegible]	[illegible]	[illegible]	[illegible]	[illegible]	[illegible]	6	0	0.00%	12684	39000	14	1300.00%	14.0000	42.29%	-	215	16	-	-
[illegible]	[illegible]	[illegible]	[illegible]	[illegible]	[illegible]	9	0	0.00%	12185	39500	14	1300.00%	14.0000	40.76%	-	183	12	-	-
[illegible]	[illegible]	[illegible]	[illegible]	[illegible]	[illegible]	17	0	0.00%	11686	40000	17	1600.00%	17.0000	39.87%	-	203	9	-	-
[illegible]	[illegible]	[illegible]	[illegible]	[illegible]	[illegible]	30	0	1.95%	10895	41000	21	2000.00%	21.0000	37.63%	-	277	14	-0.0002	0.0005
[illegible]	[illegible]	[illegible]	[illegible]	[illegible]	[illegible]	25	0	-3.04%	9394	42000	21	2000.00%	21.0000	34.30%	-	321	26	-0.0015	0.0049
[illegible]	[illegible]	[illegible]	[illegible]	[illegible]	[illegible]	34	0	0.00%	8693	43000	23	666.67%	23.0000	31.00%	-0.0001	1512	206	-0.0110	0.0351
[illegible]	[illegible]	[illegible]	[illegible]	[illegible]	[illegible]	27	1	1.80%	7840	44000	32	220.00%	32.0000	29.23%	-0.0004	870	80	-0.0607	0.1938
[illegible]	[illegible]	[illegible]	[illegible]	[illegible]	[illegible]	35	16	0.80%	6772	45000	40	53.85%	40.0000	26.66%	-0.0018	1036	195	-0.2595	0.8289
[illegible]	[illegible]	[illegible]	[illegible]	[illegible]	[illegible]	44	25	0.43%	5778	46000	62	3.33%	62.0000	25.10%	-0.0070	1347	602	-0.8738	2.7912
[illegible]	[illegible]	[illegible]	[illegible]	[illegible]	[illegible]	46	15	1.37%	4886	47000	82	-34.92%	82.0000	22.95%	-0.0220	1260	310	-2.3508	7.5103
[illegible]	[illegible]	[illegible]	[illegible]	[illegible]	[illegible]	70	15	0.61%	3961	48000	132	-45.23%	132.0000	21.16%	-0.0569	1081	257	-5.1225	16.3686
[illegible]	[illegible]	[illegible]	[illegible]	[illegible]	[illegible]	97	94	-3.30%	3020	49000	221	-48.12%	221.0000	19.55%	-0.1236	1169	536	-9.1548	29.2625
[illegible]	[illegible]	[illegible]	[illegible]	[illegible]	[illegible]	91	23	-7.34%	2223	50000	393	-43.94%	393.0000	18.81%	-0.2291	878	655	-13.5749	43.4128
[illegible]	[illegible]	[illegible]	[illegible]	[illegible]	[illegible]	407	102	-14.33%	1524	51000	695	-35.65%	695.0000	18.58%	-0.3690	605	515	-16.8803	54.0287

图 3 - 1　铜期权 T 型报价图

资料来源：Wind 资讯、上海中期期货。

下边横向菜单和竖向行权价阶梯形成了著名的T型报价，左侧为看涨期权，右侧为看跌期权，横向菜单描述期权的特征，如最新价、涨跌幅、成交量、持仓量、时间价值等，也可以点击菜单进行栏目替换，根据投资者的需要选择想要了解的期权要素。

自测题

1. 1手铜期权合约对应（　　）。

   A. 5手铜期货合约　　B. 10吨铜

   C. 5吨铜　　D. 1手铜期货合约

2. 铜期权上市初期暂时设计为欧式期权，期权买方（　　）行权。

   A. 可以在到期前任一交易日　　B. 可以在到期后规定的交易日

   C. 只能在到期日当天　　D. 只能在到期日前一天

3. 期货期权行权后，（　　）获得期货多头持仓。

   A. 看涨期权买方和看跌期权卖方

   B. 看跌期权买方和看涨期权卖方

   C. 看涨期权买方和看跌期权买方

   D. 看跌期权买方和看跌期权卖方

4. 下列关于铜期权合约最后交易日表述正确的是（　　）。

   A. 与标的期货合约最后交易日相同

   B. 铜期权合约最后交易日是标的期货合约交割月前一个月的第5个交易日

   C. 铜期权合约最后交易日是标的期货合约交割月前二个月的倒数第5个交易日

   D. 铜期权合约最后交易日是标的期货合约交割月前一个月的倒数第5个交易日

5. 期权交易，是（　　）的买卖。

   A. 权利　　B. 标的资产

   C. 权力　　D. 期货

6. 期权的行权价格是指（　　）。

A. 期权成交时标的资产的市场价格

B. 买方行权时买入或卖出标的资产的价格

C. 买方行权时标的资产的市场价格

D. 卖方行权时标的资产的市场价格

7. 在看跌期货期权中，如果买方要求执行期权，则买方将获得标的期货合约的（　　）部位。

A. 多头　　B. 开仓

C. 空头　　D. 平仓

8. 期权按照行权价格与标的物价格的关系划分，可分为（　　）。

A. 看涨期权、看跌期权　　B. 实值期权、平值期权和虚值期权

C. 美式期权和欧式期权　　D. 期货期权和现货期权

9. 现在铜期权的最小变动价位是（　　）。

A. 0.1 元/吨　　B. 0.5 元/吨

C. 1 元/吨　　D. 2 元/吨

10. 其他都不变，对于看涨期权而言，剩余到期时间越长，期权价值（　　）。

A. 不变　　B. 无法确定

C. 越小　　D. 越大

11. 每天可交易的铜期权合约的行权价格应至少覆盖标的期货前一日结算价上下（　　）涨跌停板幅度对应的价格范围。

A. 2 个　　B. 1.5 个

C. 1 个　　D. 3 个

12. 看跌期权的买方平仓时（　　）。

A. 买入看跌期权　　B. 卖出看涨期权

C. 买入看涨期权　　D. 卖出看跌期权

13. 在标的期货合约保证金不变的情况下，下列（　　）可能需要追加保证金。

A. 卖出看跌期权，标的期货合约价格上涨

B. 卖出看涨期权，标的期货合约价格上涨

C. 买入看跌期权，标的期货合约价格下跌

D. 买入看涨期权，标的期货合约价格下跌

14. 投资者卖出看涨期权，就具备按行权价格（　　）。

A. 买入期权标的物的义务　　B. 买入期权标的物的权利

C. 卖出期权标的物的权利　　D. 卖出期权标的物的义务

15. 铜期权新月份合约在（　　）挂牌上市。

A. 标的期货合约挂盘交易的下一交易日

B. 标的期货合约上市的交易日

C. 标的期货合约有成交后的下一个交易日

D. 标的期货合约持仓量达到一定数值后的第二个交易日

16. 以下关于铜看涨期权空头的表述，正确的是（　　）。

A. 支付权利金，负有履约义务 B. 支付权利金，拥有买权

C. 获得权利金，拥有卖权　　D. 获得权利金，负有履约义务

17. 在期权交易中，（　　）需要缴纳保证金。

A. 买方　　B. 卖方

C. 买卖双方均需缴纳　　D. 买卖双方均不需缴纳

18. 投资者卖出看跌期权，获得的最大收益是（　　）。

A. 无穷大　　B. 标的资产的市场价格

C. 权利金　　D. 零

19. 如不计交易费用，买进看涨期权的最大亏损为（　　）。

A. 权利金　　B. 标的资产跌幅

C. 行权价格　　D. 标的资产涨幅

20. 下面关于铜期货和铜期权的关系的描述中，说法正确的是（　　）。

A. 铜期货可以买空卖空，而铜期权则不可以

B. 铜期货和铜期权买卖双方的权利都是对称的

C. 铜期货合约交割标的为铜，铜期权合约交割的为铜期货合约

D. 铜期货和铜期权的买卖双方均需要缴纳保证金

参考答案

1. D	2. C	3. A	4. D	5. A	6. B	7. C
8. B	9. D	10. D	11. C	12. D	13. B	14. D
15. B	16. D	17. B	18. C	19. A	20. C	

第四章

影响铜期货价格的主要因素

本章要点

本章重点介绍了影响铜期货价格的主要因素，这些因素包括宏观经济政策与形势、铜市场本身的供求关系、各国的进出口政策、铜消费的拓展与替代性、基金的交易方向、相关商品价格波动以及汇率波动等。同时，本章介绍了价格分析的基本流派和方法，以及如何找出影响铜价变化的主线。

一、影响铜期货价格波动的主要因素有哪些？

影响铜期货价格的主要因素有很多，大体可以归为宏观经济形势、生产成本、供求关系、进出口政策、铜消费的拓展和替代、基金交易方向、相关商品价格以及汇率波动八个方面。

（一）宏观经济形势

作为一种重要的原材料，铜的需求与国内外经济形势呈现较强的正相关性。一般说来，铜的需求量随着经济的增长而增长，因经济的下滑而出现回落。例如，2008 年全球金融危机爆发，全球铜需求量大幅下跌，致使铜期货价格直线滑落。而近几年，随着国内国外宏观经济增速有所放缓、中美贸易争端以及全球新冠疫情暴发等“黑天鹅”事件的不断发生，铜价整体呈现偏弱震荡的走势。因此，若想对铜期货的价格有一个整体上的把握，投资者必须要关注全球重要地区的经济增长，以及重要国家、地区的工业生产增加值、CPI 数据、失业率等数据。

（二）供求关系

供求关系是影响铜价的根本因素。若某一时段内，铜的供应大于需求，则将引发价格的下跌；当铜的需求大于供应，则将引发价格的上涨。从经济学角度来看，价格的上涨将降低对铜的需求，同时会增加供应，价格的下跌将提升对铜的需求，同时会降低供应。这在近 20 年中已数次得到了印证：1994～1995 年，国内外铜价大幅上扬，提高了铜生产商的利润，大量投资资金随即涌入铜矿开采行业，导致 20 世纪末的最后两年铜产量大幅增加。1997 年爆发的亚洲金融危机深深抑制了铜需求，铜价应声自高位滑落，并拖累铜生产企业纷纷减产或停产。2008 年之后，随着中国 4 万亿元刺激政策的实施，工业规模大幅扩张，极大地带动了基本金属的消费情况，也带动铜价强势反弹。2016 年我国开展供给侧改革，整体行业经历一轮产能出清以及补库存周期，但由于国内经济向高质量转型期间对铜的总需求增长放缓，铜价经历上涨周期后再次震荡走弱。

从供给和需求这两方面来看，需要重点关注的数据如下：铜供应可以大致分为铜矿的产能及开工率、铜冶炼企业的产能及开工率、精炼产量、废铜的回收数量等；铜需求大致可以分为消费、进出口以及 GDP 增速、景气指标等一些宏观数据。

另外，库存也是供求关系的重要体现。当库存增加时，意味着供需相对缓和，库存减少则意味着供需相对紧张。由此可见，通过观察铜库存的变化，投资者可以很直观地了解铜现货的供需状况，并可将其作为判断铜价走势的一个重要方面。

（三）生产成本

生产成本，是判断商品市场价格水平的基准，每种商品的成本构成都有所不同。铜的生产过程包括很多步骤，对于从开采到冶炼再到电解的整个过程，受矿山品位、矿床深度等多种因素的影响，一般难以准确计量冶炼的完全成本。因此，业内平时谈论最多的是铜的加工费，即 TC/RC。关于铜的生产成本的计算方法，下文会为大家详细介绍。

一般情况下，铜现货的价格是在生产成本上方运行，但也有低于生产成本的时刻，此时，企业会因为经营亏损而逐渐减少生产，由此导致的供给减少最终会推动价格重新回到生产成本上方的水平。虽然期货价格衡量的是几个月以后的商品价格，但是，几个月以后的生产成本与目前的生产成本非常接近。因此，我们在进行期货价格与生产成本比较时，可近似地将期货价格与目前的生产成本进行比较。

（四）进出口政策

包括关税政策在内的进出口政策，对于铜的进出口成本有着直接影响，因而进出口政策的倾斜，将直接影响铜进出口的数量，从而达到调节国内供需的目的。

根据海关总署最新发布的《2020 年进口暂定税率等调整方案》，对铜相关产品进出口税率维持不变：进口方面，对精炼铜、电解精炼用铜阳极等执行零关税；出口方面，高纯精炼铜、铜母合金等税率为 5%，对其他阴极铜及型材实施 10% 的出口税率，对电解精炼用铜阳极等征收 15% 的出口税率。这无疑有力地保障了国内铜的供应，满足我国对铜的大量需求。

（五）铜消费的拓展和替代

消费是影响铜价的另一个基本面因素。随着铜行业的发展，铜的应用领域和用途也在发生着变化。比如，20 世纪 90 年代，管道用铜在以美国为代表的发达国家的建筑行业中得到了广泛的应用，也正因为如此，美国新屋开工率已经成为投资者关注的重要指标。2003 年以来，我国电力及房地产等行业发展迅速，用铜量随之不断提高，成为激励铜价上行的重要因素。2015 年开始，我国大力发展清洁能源，2020 年提出力争 2030 年前碳达峰，2060 年前实现碳中和的远景发展目标。在电源投资领域，风电和光电的装机量相比火电得到快速提升，其用铜需求强度大概是火电装机的 4 ~6 倍。在汽车制造领域，新能源汽车逐渐对传统燃油车形成替代，用铜量大概是后者的 2 ~3倍。随着时代的发展，铜的消费不断迸发出新的增长点，但铜在某些领域也将逐步被其他材料所替代。

（六）基金交易方向

基金参与期货市场的历史可以追溯到 20 世纪 40 年代。1949 年，美国海登斯通证券公司建立全球第一家期货基金以来，期货基金规模便不断发展壮大。

从商品基金的投资策略划分来看，基金主要分为两大类：一类是被动管理型基金，最早的商品 ETF 可以被追溯到 2004 年，是由 World Gold Trust Service LLC 推出的 SPDR Gold Trust 黄金 ETF。此后商品 ETF 市场不断壮大，不论产品数量还是产品规模都持续增加。2020 年 6 月，美国商品 ETF 的数量达到 106 只，资产管理规模达到 1262 亿美元。另一类是主动管理型基金，如宏观对冲基金（Macro Fund），主要用于战略投资，投资时限较长，管理规模较大，从几十亿至上百亿美元不等；又如 CTA（Commodity Trading Advisors）所管理的技术型基金，主要是从技术分析入手进行短线操作，其规模一般在 1 亿美元左右。

由于期货基金对铜期货价格有着较大的影响力，且基金对于宏观经济、基本面的判断较普通投资者更为准确，因此，一般可以通过观察美国商品期货交易委员会（CFTC）发布的非商业头寸来判断铜价的大致走向。

（七）相关商品价格

在国际大宗商品市场，原油是最为活跃的品种之一。作为重要的工业原材料，原油的供需可直接折射全球的经济形势，即原油价格的涨跌在一定程度上反映了经济发展的快慢。

比较国际原油价格与铜期货价格，不难发现两者之间由于同是反映经济形势这一共同点而呈现出正相关性，尽管两者短期波动方向并不完全相符，但趋势却基本一致。

（八）汇率

国际铜价一般以美元标价，比如伦敦金属交易所（LME）铜期货以“美元/吨”标价，纽约商业交易所（COMEX）铜期货以“美元/磅”标价。国际市场美元、欧元、日元及其他主流货币均实行浮动汇率制。货币之间的汇率经常发生较大的波动，从而影响铜期货价格的波动。

从历史数据来看，美元对铜期货价格的影响超过了其他货币，美元汇率的下跌往往支持铜价上行。尽管如此，仍需要强调的是，美元并不是构成铜价上涨或者下跌的唯一因素，投资者需要“因时制宜”，并结合其他方面进行综合分析。

二、宏观经济形势怎样影响铜期货价格?

宏观经济形势是影响铜期货价格的非常重要的因素。实际上，由于铜价与宏观经济景气度密切相关，上海期货交易所与伦敦金属交易所的期铜价格走势，也被很多机构作为判断宏观经济形势的重要晴雨表使用。

研究宏观经济形势有很多方法，其中比较简单有效的是经济周期理论。经济周期理论指的是经济运行中周期性出现的经济扩张与经济紧缩交替更迭、循环往复的一种现象。习惯上，人们将其划分为繁荣、衰退、萧条和复苏四个循环往复的阶段。

经济周期四个阶段的交替更迭，对铜价产生至关重要的影响。在宏观经济处于衰退的阶段，社会总需求严重萎缩，产品和产能大量过剩，铜价进入下跌周期。随着宏观经济从衰退进入谷底，过剩产能得到清理，库存得以不断缓慢消耗，铜价进入低位长期筑底的过程，总供给和总需求达到一个新的平衡点。当宏观经济进入重新扩张的阶段后，随着需求的上升，供给呈现不足的情况，此时，铜价会在总体供不应求的状态下缓慢上升；当宏观经济形势进入快速发展即顶峰的阶段，总需求呈现爆炸式上升，铜价也将快速攀升，甚至会出现非理性的疯狂上涨。在这样的情况下，必然导致生产大量增加，供给超过需求，一旦有触发下跌的事件，泡沫就可能破裂。于是，新一轮的衰退、萧条、复苏、繁荣周期再次开始。

正是由于铜价与国民经济存在密切的关系，因此，铜价的走势变化可以作为研判宏观经济形势的参考。有关研究表明，上海沪铜指数与上证指数在走势上有显著的趋同性，当沪铜指数与上证指数出现背离时，投资者可以借此来判断，铜价是否接近阶段性底部或者顶部。

根据宏观经济或宏观经济指标来研究铜价的方法还有很多，比如一段时期内货币投放量的变化也会对铜价产生影响，货币投放量增大，在刺激经济的同时，可能也会刺激铜价的走强。如果国家实行紧缩调控政策，则往往会对铜价产生重大打压。

诚然，也许没有一种方法可以准确地使人们预知铜期货价格的未来，但如果尽可能地掌握更多的信息，掌握更多的分析方法，那么，投资者就可以更加准确地把握铜期货价格的变化趋势，使自己在交易中处于较为有利的地位。

小贴士

铜价牛市中的“中国因素”

中国作为初级产品的消费大国，对全球商品市场的供求格局和市场价格的影响力不断加深，并成为拉动世界经济增长的一个关键因素，这便是媒体上常见的“中国因素”。近些年在铜等基础金属的牛市行情中，中国对基本金属不断增长的需求，即“中国因素”被认为是推动金属价格大幅上涨的动力之一。但值得注意的是，中国的消费增量以及经济政策在某一阶段确实可能影响铜价波动，甚至影响铜价的短期趋势，但通常情况下，这些因素不会被市场作为对铜价的恒定影响因素来看待。

三、铜的生产成本是怎样构成的？

前面提到过，我国所需的铜大量依赖进口，对外依存度较高，因此，我们先来看一下国内进口铜的生产成本是如何计算的。一般来说，计算进口铜的生产成本要先计算铜的进口成本，铜的进口成本指的是国内铜的冶炼企业进口铜精矿的成本，它的计算方法，简单来讲，就是用 LME 的价格减去合同中谈好的铜综合冶炼费的价格，而国内铜的生产成本，就是在进口成本的基础上再加上国内冶炼费用。考虑到汇率问题，国内铜的生产成本可用公式表示如下：

铜的生产成本 =（LME 现货均价 - TC/RC）× 汇率 + 国内的冶炼成本

公式中需要解释的有三点：LME 现货均价、TC/RC 和汇率。

1. LME 现货均价，指的是前一个月的 LME 现货均价。

2. TC/RC，简单来说，就是加工费用，是矿产商和贸易商向冶炼厂支付的将铜精矿加工成精铜的费用。其中，TC 为粗炼费，RC 为精炼费。TC 以美元/吨铜精矿报价，而 RC 以美分/磅精铜报价，这两者之间的比价关系是：1 美分/磅 = 22.046 美元/吨。将 TC 和 RC 化成统一的单位，并进行相加，就构成了一个完整的费用。

一般来说，当 TC/RC 比较高时，表明铜精矿的供应充足，冶炼企业能够在谈判中占据主动；反之，TC/RC 比较低时，表明供应短缺，矿山在对冶炼厂的谈判中占据主动。

下面说一下国内铜的冶炼费是如何计算的。由于在粗炼过程中有一个含铜量和回收率的问题，所以要先将 TC 换算成以“美分/磅”为单位，并与同样单位的 RC 相加，这就是铜的综合冶炼费用。为了计算方便，需要再乘以 22.046 换算成以“美元/吨”为单位，然后再乘以国内人民币兑美元汇率，最后得出的就是国内铜的冶炼费。

假设铜精矿的含铜量为 30%，冶炼回收率为 96.5%，则国内铜冶炼费的计算公式为：

国内铜冶炼费 =〔TC/(22.046 ×0.3 ×0.965) + RC〕×22.046 ×国内人民币兑美元汇率

举例来说，如果合同中订明的 TC/RC 为“55 美元/5.5 美分”，那么国内铜冶炼费的计算公式为：

国内铜冶炼费 =〔55/(22.046 ×0.3 ×0.965) +5.5〕×22.046 ×国内人民币兑美元汇率 =311 美元/吨 ×国内人民币兑美元汇率

3. 汇率，一般使用在岸人民币汇率。

上述讲的是进口铜的生产成本，此外，还有小部分是依靠国内自产精矿冶炼的精铜，这部分生产成本极其低廉，与 LME 现货价格并无直接的联系，若不含副产品，其生产成本平均大概是 35000 元/吨。

四、铜的生产成本对铜期货的价格有没有影响？

一般情况下，铜的价格在生产成本上方运行，但也有低于生产成本的时候，此时，企业会因为经营亏损而逐渐减少生产，而由此导致的供给减少最终会推动价格重新回到生产成本上方。

虽然期货价格衡量的是几个月以后的商品价格，但是，几个月以后的生产成本与目前的生产成本非常接近，因此，我们在分析期货价格与生产成本的关系时，可近似地将期货价格与目前的生产成本进行比较。

以 2008 年铜期货价格的大幅下跌为例。2008 年 10 月，由美国次贷危机引发的金融危机在全球范围内爆发，LME 铜价大幅下挫，并于 2008 年 12 月 24 日创出 2817.5 美元/吨的阶段性新低。该价格接近于当时全球精铜的普遍生产成本，但在随后的几个交易日里，铜价迅速反弹，并在全球量化宽松货币政策的大背景下，展开了历时一年多的牛市之旅。2020 年 3 月，全球新冠疫情暴发，各国采取封锁、隔离等措施来控制疫情传播，使铜需求大幅下滑。LME 铜价最低跌至 4371 美元/吨，约有 10% 的矿山出现亏损，后随着各国陆续重启经济，铜价展开反弹。图 4－1 是期货价格与生产成本的关系图。

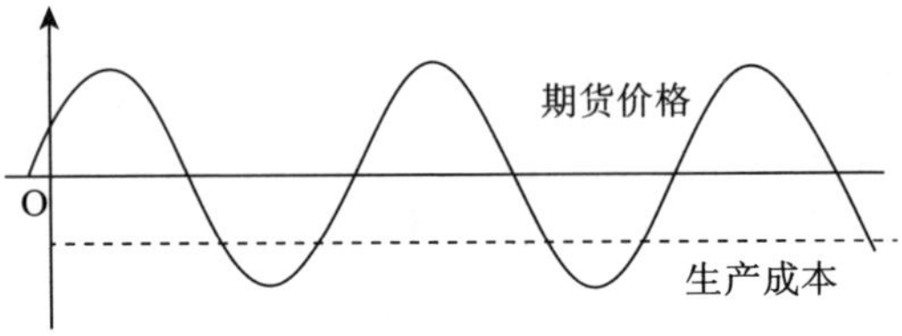

图 4－1 期货价格与生产成本的关系

资料来源：上海中期期货。

小贴士

硫酸价格对铜生产成本的影响

硫酸是采用铜精矿冶炼铜过程中的副产品，也称为有色冶炼烟气制酸，原料来自矿石中的硫，所以原材料成本为零，其生产成本主要是水、电、催化剂等辅助材料。利用回收废杂铜生产精炼铜的过程中不会有硫酸产生。烟气制酸成本优势明显，粗略估算一下，一般生产 1 吨硫酸的成本仅在 100～200 元，而采用铜精矿，则生产 1 吨铜时可产出 4 吨酸。

硫酸生产对于冶炼企业来说影响很大。在硫酸市场价格较高时，可以为企业带来额外的利润，但在硫酸市场价格低迷时，也可能为企业带来亏损，尤其是在市场需求不足的时候，因为硫酸不易储藏，如果冶炼企业发生硫酸胀库，将会导致企业停产。

五、如何从供求关系来判断铜价走势？

供求关系是影响铜价走势的关键因素之一。通常情况下，当市场供给大于需求时，价格容易下跌，当市场供给小于需求时，价格容易走高。现阶段，由于我国在精铜进口上采取零关税的政策，并且每年需要从国外进口大量的精铜，因此，国内外铜期货市场呈现高度统一的态势。在通过供求关系分析铜价走势时，我们可以从全球和国内两个方面进行研究。

表4－1为国有研究机构安泰科在2020年6月份对全球精铜市场供求状况的分析和预估。从表4－1中我们可以看出，近几年全球精铜市场处于供求紧平衡的状态，而2020年新冠疫情的暴发令供应过剩程度重新扩大，但在全球力度空前的财政及货币政策加持下，铜价已经走出低谷。

表4－1　　全球精铜供求平衡情况　　（单位：万吨）

时间	产量	消费量	供需平衡
2016年	224.9	222.1	2.8
2017年	228.8	226.7	2.1
2018年	233.1	232.2	0.9
2019年	235.6	233.6	2.0
2020年1月至5月（E）	95.2	88.9	6.3

资料来源：安泰科、上海中期期货。

近年来，由于“中国因素”对铜价的影响越来越大，因此，了解中国市场的供求状况是把握铜市场供求关系不可或缺的一部分，而这层关系集中体现在中国对国外精铜的采购力度上。

表4－2为国有研究机构安泰科在2020年6月份对中国精铜市场供求状况的分析以及预估。从表4－2中可以看出，中国每年要从国外市场上大量采购精铜，也就是说，中国对进口精铜存在很高的依存度。因此，进口量的多少成为判断全球铜市供求关系的重要方面。

表4－2　　中国精铜供需平衡表　　（单位：万吨）

时间	产量	净进口	消费量	供需平衡
2016年	76.48	31.17	103.1	4.55
2017年	80.07	29.06	107.4	1.73

续表

时间	产量	净进口	消费量	供需平衡
2018年	84.42	34.71	111.7	7.43
2019年	89.6	32.34	112.6	9.34
2020年1月至5月（E）	7.3	2.6	9.3	0.6

资料来源：安泰科、上海中期期货。

一般而言，每年的4月至6月是国内市场的传统消费旺季。在这段时间，中国市场对精铜采购量的大小显得更为重要。通过分析铜消费旺季中国市场采购情况的强劲与否，我们可以大致判断全年铜价运行区间。另外，在观察精铜进口量的情况时，一个值得注意的现象是，每年都有那么一段时间，这段时间里，内外盘的套利窗口会打开，而由套利引发的进口往往会在此后几个月的进口数据中显现出来。

当然，要全面且深入地了解全球铜市场的供求关系，除了了解全球精铜的供求情况外，全球废铜以及铜精矿的供求情况也值得研究。

六、如何从铜的库存数量来判断铜市场的供求状况？

库存，顾名思义是指仓库中的存货。在判断铜市场的供求状况时，我们所指的库存包含两方面内容：一个是显性库存，另一个是隐性库存。一般而言，显性库存是指上海期货交易所、伦敦金属交易所等交易所报告的库存，这些库存数据相对比较容易获得。隐性库存是指在整个生产流通领域中很难精确统计的库存。

在判断铜市场的供求状况时，分析库存数据是一项非常重要的工作。因为库存是衡量供求关系的一个良好指标。当市场供过于求时，库存会相应增加；当市场供不应求时，库存会相应减少。从这一层关系来看，市场供求紧张与否是因，库存数量变化是果。我们可以根据库存数量的多少和变化去反推判断市场供求情况。

案例 4－1

2008 年全球金融危机爆发后，整个实体经济对铜的消费骤减，企业库存高企。相对应的上海期货交易所、伦敦金属交易所显性库存大幅增加。伴随着库存大幅增加这一现象，铜价一路下探并一度跌破 3000 美元/吨的行业平均成本价。在这一过程中，我们可以通过库存增加这一现象来推断当时的现货市场可能处在供过于求的状态，然后通过这一结论进一步推理出铜价有可能受到供过于求的利空影响而出现下跌。

上面举的是一个用显性库存变化来判断铜市场供求关系的例子。实际过程中，通过调研铜应用领域不同细分行业中代表企业的库存情况，往往也能大致推断出整个铜应用领域的供求状况，再结合交易所公布的显性库存数据，就能更好地把握铜价的运行方向。

小贴士

显性库存和隐性库存

铜的显性库存是指存放在各交易所指定注册仓库中的铜库存。

由于全球主要的铜期货交易所为伦敦金属交易所（LME）、上海期货交易所（SHFE）和纽约金属交易所（COMEX），所以这三家交易所公布的铜库存之和，就是通常所说的铜的显性库存。

上海期货交易所每周五定期公布当周指定交割仓库库存信息，包括铜库存数量、注册成仓单的铜库存数量以及可用库容量信息等。

伦敦金属交易所在每天盘前公布前一交易日的铜库存，纽约金属交易所的铜库存信息也是一日一报。

这其中需要注意的是度量单位方面的差别。伦敦金属交易所和上海期货交易所公布的铜库存度量单位是“标准吨”，而纽约金属交易所公布的铜库存度量单位是“短吨”。1 短吨 =0.907 吨。

铜的隐性库存是相对于显性库存而言的，是指交易所公布的显性库存以外的社会铜库存。对隐性库存进行评估，是进行供求关系分析时必须注意的一个环节。隐性库存包括冶炼厂商尚未销售的铜库存，也包括下游加工厂商为了生产而准备的原材料等。

比如说，2009 年市场处于低利率、信贷宽松的背景下，在铜等金属价格不断回升及金属市场总体看涨的氛围下，冶炼厂商、贸易商及下游加工厂商手中都囤积了一部分铜，由于这些铜并未存放在期货交易所定点仓库，所以都是隐性库存。有市场人士估计，到 2009 年底，中国铜隐性库存量可能高达 160 万吨。隐性库存之所以被称为隐性，就是因为这个数据无从查证。由于隐性库存难以统计，目前国内还没有一家权威的机构定期发布隐性库存统计数据。

一般来说，当社会流动性充裕，市场看涨情绪浓重的时候，隐性库存并没有流入市场的冲动，而若市场出现加息预期、银行信贷收紧、铜价出现大幅调整迹象时，隐性库存则会释放出来，给铜价带来直接的压力。

七、如何从进出口数据来判断铜市场的供求状况？

一种商品的进出口数据，可以在一定程度上反映该商品的供给和需求情况。实际上，进出口数据更多的是体现需求变化，比如就铜而言，如果一段时间内进口量持续增加，或许可以表示为国内对铜的需求比较旺盛，如果一段时间内铜出口量持续增加，或许可以表示为国际市场对铜的需求比较旺盛。需求的变化是影响价格变动的主要因素，因此关注海关进出口数据，可以间接了解国内国际铜市场的基本面情况。

我国是全球最大的制造业大国，对铜这类基础商品的需求量很大，国内开采和生产无法自给自足，需要大量进口。一般来说，我国主要从智利、日本等国进口精铜，因此，关注每月海关公布的进出口数据就显得尤为重要，进口量的增加和减少直接反映出国内市场对于铜的需求情况。表 4-3 是 2019 年中国精炼铜的进出口量情况。此外，从图 4-2 也可以看出，近些年来，我国精铜的月度净进口量基本维持稳定状态，这主要是因为我国经济发展由“高增速”向“高质量”转型，房地产、基础设施建设等行业的用铜量增速放缓所致。

表 4-3　2019 年中国精炼铜进出口量情况（按国别或地区）（单位：万吨）

进口		出口	
智利	109.11	中国台湾	10.37
哈萨克斯坦	28.37	越南	6.47
日本	18.47	泰国	5.18
秘鲁	16.89	印度尼西亚	3.25
韩国	15.32	韩国	3.16

资料来源：中国海关。

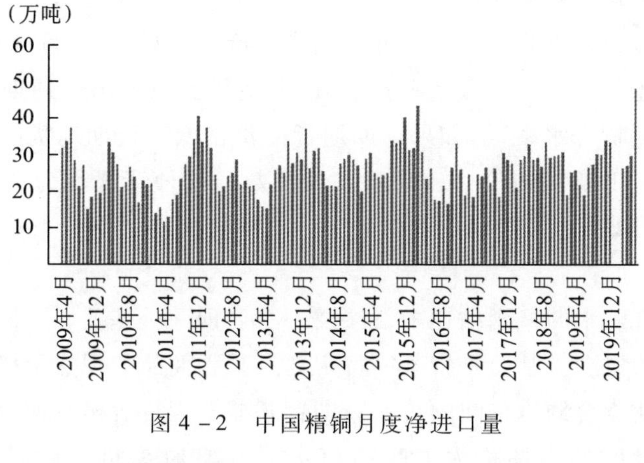

图 4-2　中国精铜月度净进口量

资料来源：Wind、上海中期期货。

获取进出口数据的方法比较简单，我国海关每月都会公布两项与铜相关的进出口数据。其中一项是每月中旬公布的“未锻造铜及铜材进口量”的数据，该项目记录的是国内冶炼厂来料加工的进口需求量；另外一项是每月20日左右公布的“阳极铜、铜合金、精炼铜、废铜以及铜矿砂等进出口数据”，由于这个数据包含的品种多而详细，因此显得更为重要。

海关公布的数据有一定的滞后性，因此作为一个铜期货的专业投资者，仅仅事后了解海关进出口数据还是不够的。尽早得知进出口状况，可以帮助我们更准确地把握市场情况，因此投资者可以利用多种途径侧面了解铜的进出口情况，比如可以通过贸易商了解船期，也可以了解运保费的情况、国内现货升贴水的变化情况、定点仓库和保税区仓库的动态等。

八、如何从现货铜对期货铜的升贴水情况来判断现货铜的消费状况？

从现货铜对期货铜的升贴水情况可以大致看出现货消费的状况，这虽然并不十分精确，但至少可以在一定层面上反映现货铜的状况。

首先要明确升贴水的含义，在期货市场上，如果现货的价格低于期货的价格，或者远期期货的价格高于近期期货的价格，则基差为负数，这种情况叫“期货升水”，也称“现货贴水”；远期期货价格超出近期期货价格的部分，称为“期货升水率”。如果远期期货的价格低于近期期货的价格，或者现货的价格高于期货的价格，则基差为正数，这种情况称为“期货贴水”，或称“现货升水”；远期期货价格低于近期期货价格的部分，称为“期货贴水率”。

在上述升贴水的概念描述中，涉及一个名词——基差，下面我们就来阐述一下基差的概念。基差是指某一特定地点某种商品的现货价格与同种商品的某一特定期货合约价格间的价差，即：基差 = 现货价格 - 期货价格。基差有时为正（此时的市场称为“反向市场”），有时为负（此时的市场称为“正向市场”），因此，基差是期货价格与现货价格之间实际运行变化的动态指标。

理论上认为，期货价格是市场对未来现货市场价格的预估值，期货价格和现货价格之间存在密切的联系。由于影响因素的相近，期货价格与现货价格往往表现出同升同降的关系，但由于影响因素又不完全相同，因此，两者的变化幅度也不完全一致。

基差可分为负数、正数及零三种情况。

（一）基差为负的正向市场（现货贴水或期货升水）

由于持有铜现货需花费一定的费用，也就是说，存在持仓费的问题，持仓费一般包括仓储费、保险费和利息等费用，因此，期货价格通常要高于现货价格，基差为负值。这是较为正常的情况，因此，要想准确判断铜的消费状况，还得依赖库存数据及进出口数据等。

（二）基差为正的反向市场（现货升水或期货贴水）

出现这种情况有两种原因：一是近期铜的消费量非常大，对铜的需求非常迫切，远大于近期产量及库存量，使现货价格大幅度增加，高于期货价格，从而基差为正；二是预计将来铜的供给会大幅度增加，导致期货价格大幅度下降，低于现货价格，从而基差为正。但我们需要注意的是，反向市场中并非意味着持有铜现货没有持仓费的支出，只要持有现货并储存到未来某一时期，仓储费、保险费、利息成本的支出就是必不可少的。

（三）基差为零的情况

需要注意的是，无论是正向市场还是反向市场，随着期货合约到期的临近，持仓费逐渐减少，基差均会趋向于零。

九、铜的进出口贸易状况对铜期货的价格有什么样的影响?

我国作为世界上最大的铜消费国，铜资源短缺现象比较突出。目前，国内铜矿自给率仅为20%～30%。我国经济体量不断壮大，国内对铜产品的需求持续高涨，这直接影响到对国际铜矿的需求，如果世界主要产铜国家出现铜精矿供应偏紧的状况，国际铜价势必会被推高。中国海关每月发布的未锻造铜及铜材进口数据和废铜进口数据都值得我们去关注。一般来说，根据当月进口数量就可以推断出目前国内铜市场是过剩或是短缺状态，但是我们要排除季节性因素的干扰，每年七八月份是铜消费的淡季。

另外，通过观察可以发现，国内外铜价的比值也能反映出国内市场的进口需求状况。如果市场紧缺到需要进口的程度，比值会随之上升到进口条件形成的水平；如果国内市场过剩到需要出口的程度，比值会下降到出口条件形成的水平；如果国内市场可以自给自足，那么比值则可能在理论比值区间内上下波动。当进口比值升高到有一定套利空间时，贸易商、生产商及投资者都会进行跨市套利，买入 LME 铜抛出 SHFE 铜，这势必会对上海期货交易所的期铜价格形成一定压力；反之，当进口比值下降到有一定套利空间时，贸易商、生产商及投资者都会买入 SHFE 铜而抛出 LME 铜，这又会抬升上海期货交易所的期铜价格。

除此之外，国家对进出口关税的调整也会直接影响进出口贸易情况，如果国家上调出口退税率，我国冶炼企业会加紧出口铜材，其积极性大幅提高。如果国家上调进口关税，我国冶炼企业或贸易商会减少进口铜的数量，而改为买入国产铜以求更便宜的成本。

十、国家对铜以及铜制品的进出口有哪些政策?

目前，我国快速的工业化进程引起每年铜消费的大幅增加，而国内铜产量远不能满足正常需求的增长，所以我国每年都需要从国外进口大量的铜和铜材。因此，进出口关税成为影响铜价的一个重要因素。

进口方面，2006 年 10 月 1 日，中国对从智利进口的金属、矿产品等项目实施零关税的政策，但从其他地区进口的精炼铜依然征收 2% 的进口关税。2008 年 1 月 1 日，中国财政部统一取消了精炼铜进口关税。直至目前，我国依然维持着精炼铜的零进口关税。

采取零进口关税后，我国铜的进口成本有所降低。例如：2020 年 7 月 1 日 LME 3 个月铜价收于 6056 美元/吨，调期费为 -10.25 美元/吨，提单报价 88.5 美元/吨，增值税 13%，美元兑人民币汇率为 7.07，每吨铜运至国内需要杂费 200 元/吨。若需缴纳 2% 的关税，每吨铜的进口成本为 50308 元，取消 2% 的关税后，每吨铜的进口成本可以降至 49325 元。

出口方面，中国财政部在《2008 年关税实施方案》中，将 2008 年高纯阴极铜的出口关税税率由原来的 10% 降为 5%。最新发布的《2020 年关税实施方案》中有关铜的出口关税维持不变，表 4-4、表 4-5 为 2020 年铜及相关产品进出口关税一览表。

表 4-4　　2020 年进口商品暂定税率

税则号列	商品名称	最惠国税率（%）	2020 年暂定税率（%）
74020000	未精炼铜、电解精炼用铜阳极	2	0
74031111	精炼铜阴极，按重量计铜含量超过 99.9935% 的	2	0
74031119	其他精炼铜阴极	2	0
74031190	精炼铜阴极型材	2	0
74040000	铜废碎料	1.5	0
74081900	其他含氧量小于 5PPM 的精炼铜丝	4	2

资料来源：中国海关。

表 4-5　　2020 年出口商品暂定税率表

税则号列	商品名称	出口税率（%）	2020 年暂定税率（%）
74020000	未精炼铜、电解精炼用铜阳极	30	15
74031111	高纯阴极铜（铜含量不低于 99.9999%）	30	0
74031111	高纯阴极铜（铜含量高于 99.9935%，但低于 99.9999%）	30	5
74031119	其他阴极精炼铜	30	10

续表

税则号列	商品名称	出口税率（%）	2020 年暂定税率（%）
74031190	精炼铜的阴极型材	30	10
74031200	精炼铜的线锭	30	10
74031300	精炼铜的坯段	30	10
74031900	其他未锻轧的精炼铜	30	10
74032100	未锻轧的铜锌合金（黄铜）	30	5
74032200	未锻轧的铜锡合金（青铜）	30	5
74032900	未锻轧的其他铜合金	30	5
74040000	铜废碎料	30	15
74071010	铬锆铜制条、杆及型材与异型材	30	0
74071090	其他精炼铜条、杆及型材与异型材	30	0
74072111	直线度不大于 0.5 毫米/米铜锌合金条、杆	30	0
74072119	其他铜锌合金条、杆	30	0
74072190	其他黄铜条、杆及型材与异型材	30	0
74072900	其他铜合金条杆、型材与异型材	30	0
74081100	最大截面尺寸大于 6 毫米的精炼铜丝	30	0
74081900	截面尺寸小于等于 6 毫米的精炼铜丝	30	0
74082100	黄铜丝	30	0
74082210	铜镍铅锌合金（加铅德银）丝	30	0
74082290	其他白铜丝或德银（铜镍锌合金）丝	30	0
74082900	其他铜合金丝	30	0
74091110	含氧量不超过 10PPM，厚度超过 0.15 毫米的盘卷精炼铜板、片、带	30	0
74091190	厚度超过 0.15 毫米的其他盘卷精炼铜板、片、带	30	0
74091900	其他精炼铜板、片、带	30	0
74092100	成卷的黄铜板、片、带	30	0
74092900	其他黄铜板、片、带	30	0
74093100	成卷的青铜板、片、带	30	0
74093900	其他青铜板、片、带	30	0
74094000	白铜或德银制版、片、带	30	0
74099000	其他铜合金板、片、带	30	0

资料来源：中国海关。

十一、为什么要了解废铜的进口状况？

在美、日等发达国家含铜终端产品逐渐进入报废阶段的背景下，未来国外废铜供给将会出现较大幅度增长。而受国家环保政策影响，近年来，我国对于固体废物的管理越发严格，对废铜进口也提出了更加严格的条件，从而导致我国废铜进口量呈逐年下降趋势，但含铜品位大幅提高。2018 年，我国废铜进口实物量下滑 32.2%，含铜品位由 37% 升至 52%；2019 年进口实物量进一步下滑 38.4%，品位升至 80%。

废铜主要分为两类：一类是新废铜，主要是在铜冶炼和铜加工的工业生产中产生的废料。另一类是旧废铜，是已经流入最终消费环节的含铜商品在报废后又收回的铜，主要来自电力、家电、建筑、交通以及机械电子五大终端领域。

从废铜的应用方向来看，有流向加工端和冶炼端。一些废料不需要熔炼处理就可直接作为电解铜替代品用于铜材生产，主要用在废铜制杆和黄铜棒两个行业。部分废杂铜可作为铜精矿的替代品，经过再生冶炼成电解铜后供用户使用。国内众多的粗炼厂多为废铜冶炼厂，近年来因环保、资金、原料问题，再生铜市场受到较大冲击。

2019 年我国废铜主要进口国家及地区为马来西亚（占比 18%）、中国香港（16%）、日本（9%）、英国（7%）和美国（占比 6%）。2018 年中期，美方单方面挑起中美贸易争端，作为反制措施之一，我国对从美国进口的废铜征收 25% 的关税，导致自美国进口废铜量大幅下滑，不过仍有一些从美国进口的废铜经由中国香港入境。之后，马来西亚跃升为我国废铜的第一大进口国，这主要是由于我国禁废政策的不断加强，不少拆解企业向东南亚地区，尤其是政局较稳定的马来西亚转移。企业将“七类”废铜拆解为“六类”废铜后，再以“六类”废铜或铜锭的形式进口到中国。随着“六类”废铜进口逐渐收紧，再生冶炼厂也开始向海外布局。

废铜作为冶炼及加工两个环节的原料，其重要性不言而喻。据统计，每年在冶炼端有16%～17%的原料来自废铜，作为铜精矿的替代品使用；在铜材加工端有8%～10%的原料来自废铜，作为电解铜的替代品使用。在我国的废铜供应中，进口废铜占到六成左右，是非常重要的供应来源。近年来中国废铜进口量情况见图4－3。因此，关注废铜市场，尤其是废铜进口量，对进行铜市场分析十分重要。

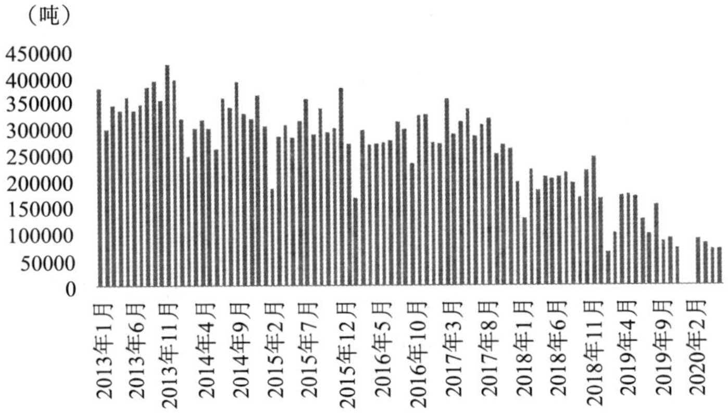

图4－3　近年来中国废铜进口量情况

资料来源：中国海关。

小贴士

环保政策制约废铜消费

说到废铜消费，不得不提的是国内的环保政策。回收的废铜除可直接用于下游加工外，其他的都要进行再次冶炼，再次冶炼过程有一定的污染性。废铜再生首先要将废铜进行分拣，没有受污染的废铜或成分相同的铜合金通过回炉熔化后直接利用，受到严重污染的废铜要进一步精炼处理，去除杂质；对于相互混杂的铜合金废料，则需熔化后进行成分调整。再生铜企业的生产废水主要是冷却水和电解废液，循环使用，基本无外排。企业对外排放的只是生活污水、场地冲洗水、少量的生产废水、与原料接触的雨水等，这类废水的特征污染物有悬浮物、石油类产品、

CODcr、氨氮、铅、铜、锌、砷、镍和镉等。再生铜企业产生的废气特征污染物有 SO_2、颗粒物、硫酸雾、铬、镉、锡、锑和二噁英类，其中大多数都会对环境产生较大影响。

近几年国内环保举措不断加强，进口政策的日益趋严对铜废碎料进口产生了重要影响。自 2018 年开始，取消贸易单位进口废铜资格，只有实际从事加工利用的企业才有资格申请进口限制进口类固体废物。2018 年底，正式禁止"七类"废铜进口，2019 年 7 月 1 日，"六类"废铜也被列入限制类进口清单。2019 年 12 月 31 日，再生铜原料标准细则公布，并于 2020 年 7 月 1 日实施。至 2020 年底，废铜将被全面禁止进口，废铜批文制度不再执行，废铜仅可通过"再生铜资源"名义自由进口。

从新标准的具体内容看，再生铜原料共分为五大类十一小类，再生铜铜含量规定在 94% ~99.9%。再生黄铜原料共分为四大类八小类，再生黄铜铜含量规定在 56% ~75%。

仅从铜含量即品位规定来看，目前废铜进口结构中大部分废铜可以满足再生铜标准。除了对市场关注的铜含量做出具体规定外，标准还对原料表观特征、放射性污染物、夹杂物含量、水分含量、金属总量、金属（黄）铜量、金属回收率以及具体的检验方法做出了详细规定，再生（黄）铜标准整体水平较之前废铜进口检验标准有所提高。海关执行此标准的严格程度如何，将在很大程度上影响废铜进口行为是否顺畅。

小贴士

国内以进口废铜为原料进行分解利用的大型基地

我国废铜市场主要集中在长三角、珠三角、环渤海地区。

一般来说，最发达的地区也是铜产品产量最大的地区。我国目前已经形成长江三角洲、环渤海地区、珠江三角洲这三个重点废铜拆解、加工、消费地区。这些地区回收废铜量约占国内废铜总产量的 80%。长三角地区以浙江台州、宁波为代表，珠江三角洲以广东为代表，渤海周边地区以天津、河北、山东为代表，并形成了浙江台州路桥、河北安新、广东清远、江苏宜兴及苏州等一批拆解量大、交易量大的废杂铜专业市场。广东、浙江、天津的废铜市场以进口废铜拆解为主，山东临沂、河北保定、湖南汨罗的废铜市场以国内废铜拆解为主。中国的废铜产业多以园区的形式集中在一起，由当地政府统一管理，主要包括天津子牙循环经济产业区、广东清远华清循环经济园、湖南汨罗同力循环产业园等。

十二、铜市场有没有如同农产品的季节性特征?

季节性特征是指商品市场中的一些品种随季节的更替而可能出现的价格上涨或者下跌，与之对应的季节性分析方法是商品期货市场中研判价格走势的一个重要方法。

说到季节性特征，大家想到更多的可能是农产品期货，因为农产品的生长周期具有明显的季节性，大体分为播种生长期、成熟收获期、存储销售期三个阶段。在不同的阶段，供求关系也不尽相同，一般情况下，会呈现这样的规律：每年从作物播种到收获前夕，由于旧年度作物的库存量与新年度作物的产量存在不确定性，此时的天气、病虫害等因素容易造成价格的上涨；随着收获季节的到来，农产品的新年度产量情况逐渐明了，此时季节性的供给压力逐渐增加，价格容易下跌；新粮上市后，消费需求成为主导因素，如果当年由于天气、政策、相关产品等原因造成该产品的需求低于或超过正常增长水平，价格有可能出现较大幅度的下跌或上涨。

不过，季节性分析方法只能作为研判价格走势的一个辅助方法，在运用季节性因素分析方法时还需要结合具体的环境。例如，按照传统惯例，夏季一般为饮料的消费高峰期，相应的食糖价格也会偏强，但在 2008 年夏天，由于雨水天气较多，气温相对较低，因此，市场对饮料的需求明显低于正常增长水平，这种情况使当年国内的白糖价格因为饮料需求的减少而消费低迷，白糖价格持续走低。

当然，季节性特征不止局限于农产品的价格运行，工业品中部分产品也存在一定的季节性特点。以铜为例，一般而言，每年的年底，企业已经回笼了当年大部分应收账款，考虑到来年年初会有较为集中的订单，企业往往倾向于在年底通过期货市场提前锁定成本，此时容易引起价格的小幅走强。

一般来说，春节过后的2月至5月各种投资项目的资金陆续到位，铜加工领域的电线电缆、空调等行业的订单逐渐增加，对铜的需求相对较旺，铜价容易出现上涨。例如，假如国家在年初规划了当年的电网改造预算，那么电缆企业获得项目招标后，便开始购买铜，大量的项目在年初集中上马很容易引起价格的上涨。过了5月份，6月至9月，由于加工领域的下游订单逐渐减少，且空调等产品已经进入生产淡季，此时的铜价相对比较疲软。9月过后，需求将有所好转，价格容易企稳，甚至走强。表4－6为LME铜价在2011年至2019年不同时期的价格走势。

表4－6　2011年至2019年LME铜价的季节性特征

时间	上年10月至本年1月份整体走势	2月至5月整体走势	6月至9月整体走势
2011年	上涨	下跌	下跌
2012年	上涨	下跌	上涨
2013年	平稳	下跌	平稳
2014年	平稳	平稳	下跌
2015年	下跌	上涨	下跌
2016年	下跌	平稳	上涨
2017年	上涨	下跌	上涨
2018年	上涨	下跌	下跌
2019年	平稳	下跌	平稳

资料来源：Wind资讯、上海中期期货。

从近年来LME铜价的历史走势中，我们可以看出，铜价的季节性特征并不明显，这主要是全球市场对铜需求放缓所致。2月至5月的旺季，由于消费不达预期，铜价下跌概率达到2/3，铜价在旺季常常只涨现货升水而不涨价格。6月至9月，如果当年上半年铜价跌幅过大，则该季节铜价的走势呈现超跌反弹；反之，则表现弱势。而10月至次年2月，我们看到铜价上涨的概率反而较大，这主要是因为市场对来年宏观经济形势、财政及货币政策力度报有较高预期。

除了上述的年度季节性因素外，期铜市场上还存在一些较短周期的因素，这些因素集中爆发在长假的前期。例如，每年的十一长假期间，由于国内期货市场休市，现货市场缺少定价机制之后也减少了交易量，相当一部分企业在十一长假之前集中备货，这样有可能引发价格上涨。

期铜市场上的季节性因素并没有农产品那么明显，有时候甚至是相反的。因此，在应用季节性因素判断行情时，只能作为一种辅助手段。近年来，贸易保护主义和逆全球化思潮抬头，2019年春季中美贸易摩擦升级，5月初，时任美国总统的特朗普表示将对2000亿美元中国商品加征25%关税后，支撑中国经济的三驾马车之一的外贸出口遭受前所未有的冲击，铜价大幅跳空低开并持续弱势盘整，并没有重复往年的春季行情。

十三、从事国内铜期货交易为何还要了解国际市场上投资基金的交易方向?

所谓期货投资基金，就是指通过集资，以专业投资机构为主体进行期货投资，投资者承担风险并享有投资收益的一种投资工具。根据基金的性质，我们可以把国外成熟期货市场中的期货基金分为公募期货基金、私募期货基金和个人管理期货账户三类。

近年来，由于以有色金属、能源为代表的大宗商品期货与宏观经济、金融的关系日益密切，其金融属性不断凸现，在国外甚至被视为“准金融期货”，吸引了越来越多的国际金融资本进入大宗商品市场。其中，基金已成为重要的参与机构，因此，不少投资者热衷于分析投资基金的交易方向和意图。

在全球三大铜期货市场中，美国商品期货交易委员会每周五会发布CFTC铜持仓报告。从这个报告中，我们可以明显地观察到纽约金属交易所投机力量的仓位动向，所以该报告数据已成为铜期货市场投资者从事市场分析的重要指标之一。市场人士通常通过分析CFTC持仓报告来判断影响铜价格的持仓结构，特别是追踪期货主力基金的造市过程，这对于分析和把握市场走势具有不可忽视的作用。

将CFTC铜持仓报告中的非商业持仓，或是净多净空与LME收盘价进行比较可以发现，非商业空头的规模、变化都与铜价的变化存在密切的联系。例如，非商业空头头寸增加，价格往往开始出现阶段性下滑；而随着非商业空头头寸的减少或者是维持，铜价则转为震荡格局。从数量规模的角度看，净多净空头寸出现单边趋势，铜价出现单边行情的概率较大，不过若非商业多空持仓比例悬殊，例如净多或净空头寸超过5万手，铜价可能因市场一致性预期过高而出现反转。

目前，进入商品市场的基金种类主要包括CTA（商品交易顾问）基金、对冲基金及指数基金。近年来，商品市场主要的新增资金来源于指数基金。而投入商品市场的指数基金，则主要来源于养老（退休）基金。但指数基金进入商品市场的方式较多，除了严格按照商品指数中的各品种比例直接购买期货合约，还可以进行投资银行的商品指数OTC（柜台）交易，或者购买投资银行推出的商品市场固定收益产品。由于指数基金对商品市场的了解有限，其直接投资期货合约的可能性较小，因此，其主要的投资形式还是依托国际掉期和衍生品协议，也就是说，指数基金将与投资银行签订合同，购买一定期限、一定数量的某种商品指数。

值得注意的是，投资商品市场的指数基金在期货交易所的持仓中难以显现。如在每周公布的CFTC持仓报告中就很难发现指数基金的参与，因为指数基金通常不是直接购买商品期货合约，而是购买了商品指数产品。

案例 4－2

2018 年起，美国单方面发动贸易战实为牵制中国综合国力的上升，对来自中国的2500亿美元商品加征25%关税，后来中美摩擦从贸易领域扩展至科技领域，美方将华为、中兴等一系列中国科技公司列入“实体清单”，限制美国公司出售相关技术产品。LME 铜价进入下跌通道，所伴随的情况是基金的净多头寸自 2018 年 6 月开始逐渐转为净空头寸，并在 2019 年 11 月达到约 6 万手净空的极值。此后，随着中美在 2019 年 12 月 13 日达成第一阶段贸易协定，基金头寸才脱离谷底（见图 4－4）。

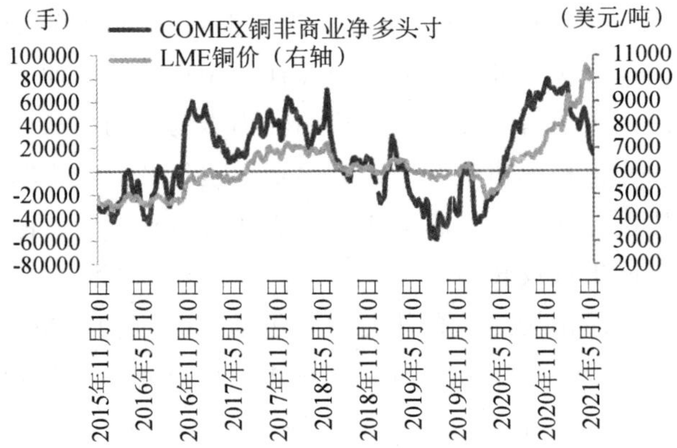

图 4－4　LME 铜价与 CFTC 持仓对比

资料来源：Wind 资讯、上海中期期货。

小贴士

CFTC 铜持仓报告

CFTC 是美国商品期货交易委员会（Commodity Futures Trading Commission）的简称。持仓报告制度（Commitments of Traders，COT）在美国期货市场是一项行之有效的监管制度，主要提供截至每周二美国期货市场上未平仓合约的具体情况（见表 4－7），一般于美国东部时间每周五下午公布，遇节假日会延后发布（该报告可以在 CFTC 官方网站上查询：WWW. CFTC. GOV）。

表 4－7　截至 2020 年 6 月 23 日当周 COMEX 铜期货持仓报告

CONTRACTS OF 25，000 POUNDS（合约单位：25000 磅）

OPEN INTEREST（未平仓合约）：190457（单位：手）

报告头寸											非报告头寸	
生产商/贸易商/加工企业/用户		互换交易商			资产管理机构			其他				
多头	空头	多头	空头	套利	多头	空头	套利	多头	空头	套利	多头	空头
（合约大小为 25000 磅）												
30692	80728	38263	6645	7042	48488	28319	29308	15261	18732	7080	14323	12603
自上周二（2020 年 6 月 16 日）以来的变化量（手）												
814	6766	693	1008	－139	7055	－2474	3649	－452	1981	－1462	－442	387
各类别持仓占总持仓量的比重（%）												
16.1	42.4	20.1	3.5	3.7	25.5	14.9	15.4	8	9.8	3.7	7.5	6.6
各类别中交易商数量（个）												
30	34	16	10	14	66	34	43	32	33	22		

资料来源：美国商品期货交易委员会（CFTC）。

CFTC 报告中需要了解的术语：

商业持仓：一般该持仓与现货商相关，有套期保值倾向。

非商业持仓：业内一般认为此项是基金持仓。

非报告头寸：原文是“NONREPORTABLE POSITIONS”，意思是不值得报告的，泛指比较小和分散的头寸，一般为 100 手以下的持仓，也可视为散户头寸或投机头寸。

十四、从事铜期货价格分析时有没有必要关心其他商品的市场表现?

影响期货市场价格走势的因素很多，除了供求关系，还有宏观经济、特殊政策、突发事件等。不同时期各个因素的重要程度不太一样，由于基本金属市场的参与者结构大体相似，甚至为同一群体，这些投资者在关注一个品种走势时，通常也会密切关注其他基本金属的走势，因此，基本金属的走势联动性较大。特别是在某些阶段，部分影响基本金属的共同因素占据主要作用时，基本金属间的联动性就更大。

例如，2008 年，在美国次贷危机演变为全球性的金融与经济危机的大背景下，金融危机成为影响基本金属价格走势的最主要因素。金融危机的打压使得各个主要金属均出现了大幅下挫，且各品种下跌幅度大致相当，体现了极强的联动性。因此，我们在分析铜价跌幅时，就需要密切关注其他基本金属的跌幅。同样的情形也发生在 2009 年的上半年，各大主要经济体为了应对危机带来的影响，纷纷采取了宽松的货币政策和积极的财政政策。在这样的背景下，附着于基本金属中的金融属性就成为影响价格走势的最主要因素。此时，对比各个基本金属的涨幅，便有利于我们把握它们的走势。我们看到铜价在 2009 年 9 月初反弹至 0. 618 的反弹位，但同期的 LME 铝仅反弹至 0. 382 的反弹位。因此，从这个角度看，在其后铜价的运行过程中，与铝不合理的比价关系将限制铜价的进一步反弹。

此外，在宏观因素主导的行情之中，基本金属和其他工业品板块，如能化、黑色金属的关联性也非常大。例如，2020 年伊始，新冠疫情在全球暴发，全球经济的总需求陷入停滞状态。在此期间，各国生产活动中断，物流运输骤减，美原油和铜价几乎同时开始下跌，但当时下跌幅度有明显的距离，铜油比由原先的 100 迅速扩大到 220 附近。从这个角度看，当时原油市场的悲观情绪过于浓重。5 月份，OPEC 重新达成限产协议，且在海内外罕见的经济刺激计划提振下，美原油大幅反弹，比价也随之回落。

十五、铜在下游加工消费领域会不会被其他商品替代?

我们在第一章中讲到，铜是与人类关系非常密切的有色金属，铜由于具有良好的导电性、延展性，被广泛地应用于电气、轻工业、机械制造、建筑工业、国防工业等领域，铜在我国有色金属材料的消费中仅次于铝。

历史上，每一次铜价的大幅上涨都离不开铜在一个新领域的大量应用，例如，20 世纪 90 年代，发达国家在建筑行业中的管道用铜增幅巨大，建筑业成为铜消费最大的行业，从而促进了 90 年代中期国际铜价的上升。2003 年以来，中国房地产、电力的发展极大地促进了铜消费的增长，从而成为支撑铜价的因素之一。

在科技环境日新月异的大背景下，铜的应用范围还在不断拓展。铜在医学、生物、超导及环保等领域正在开拓新的应用领域。例如，IBM 公司已采用铜代替硅芯片中的铝，这标志着铜在半导体技术应用方面的最新突破。

但是，随着铜价在 2004 年至 2006 年的大幅上扬以及铜储量的日益减少，人们开始逐渐把注意力转向替代铜的研究工作。

例如，在电线电缆领域，美国底特律发电厂就曾发明了一种新型电缆，这种电缆的外层是银，在输电过程中电阻为零，且不会造成电流损失。目前，在底特律已经安装了三根 400 英尺长的这种电缆。同时，铜包铝双金属线是另一种替代纯铜电缆的发展趋势。目前，国内铜包铝双金属线主要应用在高频传输线缆领域。

再比如，空调产业方面，为了应对高铜价给空调产业带来的高成本，一些企业已经开始尝试在市场上推出“铜铝连接管”，通过这种方式来降低原来的成本。

当一种金属的供给量相对紧缺，同时价格逐渐高企时，人们总会努力去寻找新的替代品，想方设法地去降低成本。因此，在分析铜价时，我们需要不断地关注科技领域的新发展，关心铜的应用范围的变化。

十六、美元汇率波动对铜期货的价格会产生什么样的影响？

从事铜期货交易一定要关注美元汇率的波动，在影响铜价波动的众多因素中，汇率因素是其中比较重要的一个。

这主要是因为铜的全球定价中心在伦敦金属交易所，以美元进行计价，所以在供需基本面没有重大变化的情况下，美元的走势与铜价呈现显著的负相关关系，即美元走强时，铜价走低，美元走弱时，铜价走强。

案例 4-3

2008 年 12 月 17 日，为了应对全球性的金融危机，美联储决定将联邦基金目标利率范围确定在 0~0.25%。这样，美联储的利率已降到历史最低点，欲通过提供更多的流动性来尽快摆脱金融危机。2009 年 3 月 18 日，美联储公开市场委员会在当年的第二次例会后发布声明，说将在未来 6 个月内买入总额为 3000 亿美元的美国长期国债，进一步确认了美元贬值的基调。随后美元指数一路下跌，从 3 月份最高的 89.62 点跌到了 2009 年 11 月份的 74.17 点。

与此同时，伦敦 LME 市场与上海期货交易所的铜期货价格扶摇直上，演绎了一波以经济复苏为主基调的牛市行情。LME 3 月铜从 2009 年年初的 3000 美元/吨一直上涨到了 2009 年年底的 7000 美元/吨，同期，上海期货交易所的沪铜则从 26000 元/吨上涨到了 56000 元/吨。

图 4-5 是 LME 铜价与美元指数叠加后的示意图。

需要注意的是，在考虑美元汇率因素对铜价产生的影响时，不能绝对化。在不同的阶段，美元汇率对铜价的影响程度有非常大的区别，有时甚至会出现正向互动的情况，关键是要把握在当时情形下，到底什么才是影响价

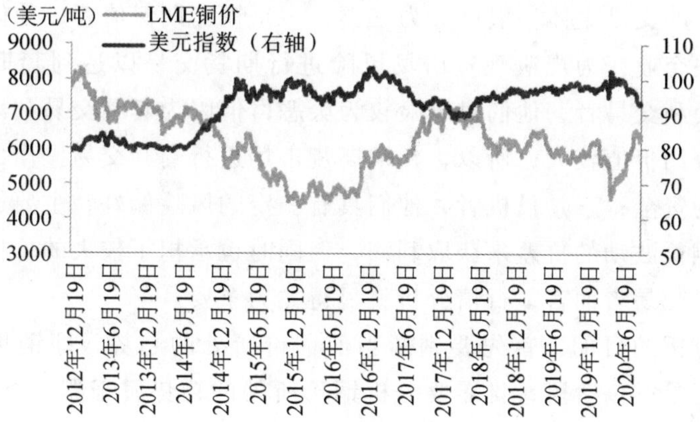

图 4－5　LME 铜价与美元指数叠加

资料来源：Wind 资讯、上海中期期货。

格的最主要因素。

小贴士

原油价格波动对铜价产生的影响

原油和铜都是重要的工业原材料，都与宏观经济密切相关，它们需求的旺盛与否能在一定程度上反映出经济的景气程度。从长期来看，原油和铜价的高低都与经济景气程度有一定的相关性，但原油与黄金一样，都是在某一特定环境下通过其价格变化与美元汇率变化之间的关系间接影响铜价。原油价格的波动对铜价的波动不存在恒定的引导关系。

十七、普通投资者分析铜期货价格走势的方法有哪些？

这里所说的普通投资者是指有一定风险偏好的中小投资者。在期货市场中，铜期货的交易主体一般可分为三类：一是铜套期保值者，他们多为铜产业链的相关企业，为规避现货市场风险进行期货交易以达到套期保值的目的；二是套利交易者，他们对风险较为厌恶，但因为套利交易利薄，也因为铜期货的合约价值较大，所以，在铜期货市场进行套利交易操作，通常需要相对较大的资金；三是投机者，他们具有一定的风险偏好，主要通过追踪趋势、捕捉铜价波动的价差来获取利润，但同时也承担了较大的价格风险，所以，对这类交易者而言，行情分析就显得尤为重要。

行情分析的目的，首先要判断当前铜价所处的趋势，即铜价正处于上涨、下跌还是震荡阶段，且需要分析铜价所处的趋势属于哪一级别的行情，是长线、中线还是短线。其次需要分析铜价趋势的力度，这对于投资者来说具有十分重要的意义。例如，通常经过一段震荡盘整行情之后，在形成突破的初期，铜价走势的强度会大一些，盘面上常表现为行情的快慢，即所谓的强势或是弱势行情。最后是基于对行情力度的判断，分析铜价可能的波动幅度，也就是投资者常说的上涨空间或下跌空间，这对于投资者实际操作也具有重要的意义。通常，投资者需要根据对铜价波动幅度的预判，来设定交易的目标位。

在期货市场上，行情分析的方法多种多样，较为常见的，也较容易为普通投资者所掌握的分析方法是基本因素分析法（也称“基本面分析”）和技术分析法（也称“技术面分析”）。

基本因素分析法是一种利用市场供求关系的变化来预测铜价波动趋势的方法。这种方法需要从一系列一般因素入手，并以这些因素与铜期货市场的相互关系来建立分析的逻辑。基本面分析有助于投资者了解市场的发展状况和铜品种的投资价值，从而引导投资者更好地把握铜期货价格波动的趋势。由于基本分析的主要理论依据是价值规律和供求关系规律，因而可以帮助投资者判断市场方向以及中长期趋势。

从信息收集入手，根据采集的信息进行基本性研究，这是投资者能否准确进行基本因素分析的前提和基础。在这个过程中，由于市场信息公布的不对称，投资者对铜价走势的判断往往不够全面。

相对于基本面分析而言，技术分析更容易为普通投资者接受。技术分析的方法种类很多，投资者若能熟悉并精于其中某一种具体的分析方法，就可能成为某一种工具的“专家”，获得较好的交易成绩。技术分析基于市场行为反映一切、价格呈趋势变动、历史会惊人地相似（或称重演，但不会简单重演）三大理论依据。与基本因素分析法有利于投资者把握市场趋势的方向不同，不少铜期货市场的投资者认为，技术分析更侧重于解决铜期货价格运动的幅度、力度（或速度和周期）的问题。

随着期货市场的发展，行情分析的方法也不断得到创新和发展，用于对期货行情进行预测的数学分析模型也越来越常见。

此外，心理分析法也成为期货分析工具中的一个流派，从“市场心理到价格”的分析思路，就是在市场方向即将逆转或维持原方向的临界点时，以推测市场主导势力控制者的心理价格定位为基础，分析主导资金的流向，判断未来市场走向的方法。在将心理学尤其是行为科学的理论融入金融学之后，又产生了行为金融学等近些年来新兴的学科。通过分析金融市场主体在市场行为中的偏差和反常，来寻求不同市场主体在不同环境下的经营理念及决策行为特征，力求建立一种能正确反映市场主体实际决策行为和市场运行状况的描述性模型。

十八、基本分析与技术分析对于把握铜期货价格趋势而言哪方面更重要?

基本分析和技术分析两者之间曾经是相互独立的。基本因素分析法是通过分析期货商品的供求状况及其影响，来解释和预测期货价格变化趋势的方法。如果说基本面分析走的是“价值到价格”的分析思路，那么技术面分析则可以说走的是“价格到价格”的分析思路。技术面分析法是以“历史价格”为参考来预测“未来价格”的分析方法。技术分析法是以价格的动态和规律性为主要对象，结合对价、量、时间之间关系的分析，以帮助投资者判断行情并选择投资机会，对于中长线、短线分析尤其是掌握入市时机更为有效。所以中小投资者更偏好这种分析方法。

基本分析法和技术分析法的主要区别在于：

1. 基本分析法的主要目的在于分析商品的内在投资价值；技术分析法着重分析期货价格的运动规律。

2. 基本分析法是从影响商品的内、外部决定因素入手，并从这些因素与商品价格相互作用关系的角度进行分析；技术分析法直接从期货市场入手，根据市场价格和交易量等市场因素进行分析。

3. 基本分析法不仅研究整个期货市场的情况，而且研究商品的投资价值，不仅关心收益，而且关心商品的升值；技术分析法只关心市场上期货价格的波动和如何获得投资的短期收益，很少涉及市场以外的因素分析。

4. 基本分析法通过对宏观形势的分析，帮助投资者了解市场的发展状况和商品的投资价值；技术分析法通过对市场价格的波动形式、成交量和投资心理等因素的分析，帮助投资者选择适当的投资机会和投资方法。

人们通常认为基本分析与技术分析是两种截然相反的方法，因此，将它们结合使用是徒劳无益的，然而，更深入的经验和证据显示，对长期趋势的技术分析有助于识别较长期的技术形态，而且基本面因素有时也确实会影响铜期货价格的短期走势。在实际应用中，有相当数量的交易者将两种方法结合使用，因此，侧重技术分析的交易者常常关注供需报告、作物生长报告，并时刻留意最新通货膨胀数据。同样，基本面分析交易者也经常计算主要和次要支撑指标的数值。两种分析方法可以相互借鉴，相互结合，关键是投资者要选择适合自己特点的方法。

小贴士

如何从众多影响铜期货价格的因素中找出分析主线

影响铜期货价格走势的因素有很多，正如前文所述，宏观经济、库存高低、进出口量大小、原油波动、美元走势……对铜期货价格都有一定的影响。

不同时期会有多种因素共同作用价格走势，但在众多因素中往往只有一两个主要因素。例如，在2008年的全球性金融危机中，金融危机这一因素与供求关系、进出口等因素相比显得更为重要，成为主导铜期货价格的最主要因素。有时候，在众多因素中寻找主要因素比较简单，有时候则非常困难，甚至一些很有经验的分析师也会判断错误。

如何把握众多因素中的主要因素？

首先，我们需要把期货走势分为短周期与中长周期两个不同周期。在中长周期内，影响价格走势的因素主要来自一些持续性较强的因素，如金融危机给铜价带来的影响可能会持续数月乃至数年。而在短周期内影响价格走势的因素则主要来自周边市场的一些表现或者一些突发因素，例如，当天美元的大幅走低往往会助推当天的铜期货价格走强，而产铜大国铜矿的罢工也会提振铜期货价格走强。

2017 年春季，LME 铜价维持走强的态势，此时，全球铜市依然处在供过于求的状态，LME 和上海两地的库存持续上涨，且从库存与铜期货价格的长期关系看，铜期货价格远高于历史水平。如果我们从供求关系的角度研究，铜期货价格应该维持弱势。但事实是铜期货价格大幅走强，因为相比供求关系而言，经济复苏与供应干扰对价格的影响更大。2016 年到 2017 年，在国内供给侧改革、国际经济企稳复苏的双重作用下，下游消费行业纷纷出现了“淡季不淡”的特征。同时，美国版基建预期以及欧盟维持宽松的信贷环境引发了市场对通货膨胀的预期，因此，铜价出现了反季节性的上涨。在这个过程中，供求关系退居次要地位，而通货膨胀预期与市场信心则成为主要因素。因此，从长周期的角度来看，我们应该把握经济复苏与通货膨胀预期，它们才是决定铜价运行方向的主要因素。

延伸阅读

铜期货市场中有效的分析方法

在基本金属中，金属铜的供求关系相对偏紧，因此，其价格的涨跌往往是走在领先地位。此外，较强的金融属性也加剧了对铜期货市场行情研判的难度，以下为本章总结的一些研判铜价走势的基本技巧。

（一）宏观经济背景

铜是重要的工业原材料，其需求量与经济形势密切相关。经济增长时，铜需求增加，从而带动铜价上升，经济萧条时，铜需求萎缩，从而促使铜价下跌。当然，一些新兴的工业化国家的飞速发展可能会抵消一些发达国家对铜的需求。2004 年至 2006 年，中国快速的城市化进程以及电网建设的需求使“中国因素”成为拉动铜价的主要力量。

（二）CFTC 基金

以历史数据为依据的研究表明，基金净多头占总持仓比例与该品种收盘价之间存在正相关关系，商业持仓净多头占总持仓比例与该收盘价之间存在负相关关系，非报告准确头寸净多头占总持仓比例与该品种收盘价之间基本不存在线性相关关系。因此，基金的持仓增减往往是我们研判铜价走势的一个重要参考。

（三）季节性因素

一般而言，每年春节过后的 2 月至 5 月，由于各种投资项目的资金陆续到位，铜加工领域的电线电缆、空调等行业的订单逐渐增加，对铜的需求相对较旺，因此，价格容易出现上涨。过了 5 月份，在 6 月至 9 月，由于加工领域的下游订单逐渐减少，且空调等产品已经进入生产淡季，因此，此时的铜价相对比较疲软。9 月过后，需求会有所好转，价格容易企稳，甚至走强。

（四）LME 和上海库存

根据微观经济学原理，当某一商品供大于求时，其价格下跌；反之则上扬。库存是一个反映供求关系的良好指标。长时间以来，投资者都非常关注该指标的运行情况。

（五）美元与原油走势

由于大宗商品均以美元计价，因此美元的走势成为铜价涨跌的一个重要因素。当美元走软时，铜价一般会受益走强，而美元走强则会打压铜价。由于原油是国际性的重要工业原材料，其需求的旺盛与否最能反映经济的景气程度，所以从长期来看，油价和铜价的高低与经济发展的快慢有较好的相关性。一般来说，原油走强，铜价有可能受益走强，原油走软，亦可能打压铜价。

自测题

1. 铜期货是在（　　）上市的品种。

A. 郑州商品交易所　　B. 大连商品交易所

C. LME　　D. 上海期货交易所

2. 上海期货交易所指定的交易铜品级为标准阴极铜，符合国际 GB/T467 – 2010 标准阴极铜规定，其中主成分铜加银含量不小于（　　）。

A. 98%　　B. 99.95%

C. 99%　　D. 99.90%

3. 2020 年 3 月 1 日，某投资者在上海期货交易所买入 10 手 CU2012 的铜标准化合约，也就是说，该投资者总共购买了（　　）吨的阴极铜，交割月份为（　　）。

A. 40；2020 年 12 月　　B. 50；2020 年 12 月

C. 50；2020 年 12 月　　D. 60；2020 年 12 月

4. 期货交易与现货交易是密切相关的，关于期货交易和现货交易，以下说法正确的是（　　）。

A. 期货交易是在现货交易发展到一定程度上形成的

B. 期货交易的价格波动风险是依靠现货交易来回避的

C. 期货交易是全部商品标准化合约的买卖，而现货交易是部分商品

的买卖

D. 期货交易可以进行场外交易，可以随意选择时间和地点签订合同

5. 某铜冶炼加工企业需要购买大量的铜作为生产原料，因此进入期货市场交易，其交易的目的是（　　）。

A. 在期货市场中寻找其他铜的卖家

B. 作为套期保值者转移现货市场的价格风险

C. 作为投机者从铜期货价格波动中获得风险收益

D. 作为套利者从不同合约的价差中获得收益

6. 现货市场中的电子交易市场与期货交易市场的交易特征有很多的不同点，关于他们之间不同点的说法，错误的是（　　）。

A. 现货电子交易市场缺乏公开、公平、公正的市场氛围

B. 期货交易具有范围相对广阔的市场，交易的流动性较高

C. 现货交易市场管理规范程度有限，参与交易的人数远远不如期货交易

D. 期货交易违约的责任承担方没有规定，而现货方对交易违约有良好的规范性

7.《期货交易管理条例》明确规定，期货交易实行当日无负债结算制度和保证金制度，其中保证金的收取比例应当符合（　　）的标准。

A. 低于合约标的额的30%　　B. 低于合约标的额的20%

C. 低于合约标的额的25%　　D. 低于合约标的额的15%

8. 期货市场的套期保值功能，并不是消灭风险，而只是将其转移，转移出去的风险（　　）充当了相应的承担者。

A. 套期保值者　　B. 期货交易所

C. 投机者和套利者　　D. 生产经营者

9. 有关于期货市场作用的描述，不正确的是（　　）。

A. 锁定生产成本，实现预期利润

B. 利用期货价格信号安排生产经营活动

C. 提供套利手段的场所，为套利者消灭了风险

D. 有助于增强国际价格形成中的话语权

10.（　　）保证了铜的现货市场与期货市场价格随期货合约到期日的

临近，两者趋向一致。

A. 期货保证金制度　　B. 期货交割制度

C. 持仓限额制度　　D. 强行平仓制度

11. 一般来说，美元贬值和原油价格上涨会对铜价造成（　　）影响。

A. 美元贬值，铜价上涨，原油价格上涨，铜价上涨

B. 美元贬值，铜价上涨，原油价格上涨，铜价下跌

C. 美元贬值，铜价下跌，原油价格上涨，铜价上涨

D. 美元贬值，铜价下跌，原油价格上涨，铜价下跌

12. 废铜产量和进口量一直是反映我国铜价的一个重要因素，因为（　　）。

A. 我国每年的产量并不能完全满足快速增长的消费需求，其中有相当一部分需要用进口废铜来弥补

B. 废铜较精炼铜更便宜，所以大量贸易商和生产商喜欢进口废铜牟利

C. 废铜能完全替代精炼铜的作用，无论生产和进口都非常便捷，而且价格便宜

D. 铜加工产品中很大一部分是必须用废铜加工冶炼而成的

13. 国家对铜以及铜制品的进出口有（　　）政策。

A. 中国对从智利进口金属矿产品等项目实施零关税的政策，但从其他地区进口的精炼铜依然征收2%的进口关税

B. 中国财政部统一取消了精炼铜进口关税

C. 中国财政部对精炼铜进口实行统一征收2%的关税的政策

D. 中国财政部对精炼铜进口实行零关税的政策

14. （　　）是期货投资基金。

A. 通过集资，以专业投资机构为主体进行期货投资，投资者承担风险并享有投资收益的一种投资工具

B. 以散户投资者为主体进行期货投资，投资者承担风险并享有投资收益的一种投资工具

C. 通过集资，以专业投资机构为主体进行期货投资，投资者支付基金管理费但不承担风险并享有投资收益的一种投资工具

D. 以散户投资者为主体进行期货投资，投资者支付基金管理费但不承担风险，并享有投资收益的一种投资工具

15. 历史数据研究表明：基金净多单占总持仓比例与该品种收盘价之间存在（　　），但相关系数并不很高。商业持仓净多单占总持仓比例与该收盘价之间存在（　　），且相关性也较弱。

A. 正相关关系，正相关关系

B. 负相关关系，正相关关系

C. 负相关关系，负相关关系

D. 正相关关系，负相关关系

16. 期货价格与生产成本比较，指的是期货价格与（　　）的对比。

A. 目前的生产成本

B. 将来销售时估计的生产成本

C. 目前的销售成本

D. 未来交货时的生产成本

17. 铜是与人类关系非常密切的有色金属。由于具有良好的导电性、延展性，被广泛地应用于（　　）等领域。

A. 电气、轻工业、机械制造、建筑工业、国防工业

B. 电气、轻工业、机械制造、建筑工业、冶炼行业

C. 电气、轻工业、机械制造、建筑工业、进出口行业

D. 电气、轻工业、机械制造、建筑工业、服务行业

18. 20 世纪 90 年代，发达国家在（　　）中管道用铜增幅巨大，（　　）成为铜消费量最大的行业。

A. 电气行业；电气行业

B. 建筑行业；建筑行业

C. 机械制造行业；机械制造行业

D. 轻工行业；轻工行业

19. 在进行铜价分析时，关于是否有必要关心其他基础金属的市场表现，以下说法正确的是（　　）。

A. 有必要，由于基本金属市场的参与者结构大体相似，甚至为同一群体，这些投资者在关注一个品种走势时，会密切关注其他

基本金属的走势，因此基本金属的走势联动性较大

B. 没有必要，期铜的投资者会领导整个基础金属市场

C. 没有必要，期铜的市场表现与其他基础金属的市场表现没有很强的共性

D. 没有必要，期铜的市场表现不会受其他基础金属市场表现的影响

20. （　　）不是铜市场有效的分析方法。

A. 宏观经济背景、美元与原油走势

B. CFTC 基金、LME 和上海库存

C. 季节性因素

D. 以上都

参考答案

1. D	2. B	3. C	4. A	5. B	6. D	7. B
8. C	9. C	10. B	11. A	12. A	13. D	14. A
15. D	16. A	17. A	18. B	19. A	20. D	

第五章

铜期货套期保值策略

本章要点

套期保值的主要功能是规避价格波动风险，实现稳定经营。本章介绍了套期保值的基本概念、套期保值方法的演变、套期保值的基本操作原则等，并通过铜相关企业实际面临的价格风险，引出了期货套期保值以及期权套期保值的具体应用，包括企业应该如何分析风险敞口，制定合适的套期保值策略，之后又讲解了企业该如何建立套期保值团队、如何进行套期保值会计处理等。

一、铜期货套期保值方法的演变是怎样的?

套期保值是由英语单词“Hedging”翻译而来，具体是指通过衍生品市场交易从而避免或降低价格波动风险的一种方法。早期国内市场主要以上海期货交易所的铜期货合约以及场外远期合同作为套保工具。近年来，随着我国大宗商品衍生品市场发展的日益成熟，除了传统的期货合约外，企业亦可通过远期、期权、互换等工具来满足多样化的风险管理需求。同时，套期保值方法也由标准化向定制化演变。

（一）运用期货合约套期保值

根据传统理论上的定义，铜期货套期保值，指的是参与者在期货市场买入或卖出与现货数量相当但交易方向相反的铜期货标准合约，从而补偿因现货市场价格的不利变动带来的实际损失，使现货经营成本维持在一个理想的稳定水平。也就是说，套期保值是以规避铜的现货价格波动风险为目的的期货交易行为。

简单来说，就是要看企业在现货生产、加工、贸易等环节是否存在风险敞口，如果有，就可以通过期货市场进行对冲操作从而达到避险目的。如果企业担心未来铜现货价格下跌，就通过期货市场先卖出期货合约；如果担心未来铜现货价格上涨，就可以通过期货市场先买进期货合约，这样就可以使现货的风险得以规避。与此同时，套期保值也可以理解为保值者（企业）通过放弃意外获利的机会成本，来规避可能发生的现货价格风险，这也是避险者进行套期保值所付出的代价。

（二）运用期权套期保值

2018 年 9 月 21 日，我国首个工业品场内期权——铜期权在上海期货交易所正式挂牌交易。基于期权的非线性损益特征，参与者在风险可控的情况下能够赚取额外收益，同时，灵活的期权组合策略也为企业管理价格风险提供了新途径。

与期货的套期保值类似，运用期权套期保值，是指把期权市场当作转移价格风险的场所，从而在期权和现货两个市场之间建立盈亏冲抵机制，以避免遭受铜价波动带来的风险。如果企业担心未来铜现货价格下跌，最常见的做法是买入看跌期权或者卖出看涨期权；如果担心未来铜现货价格上涨，则可以买入看涨期权或者卖出看跌期权。从期权定价理论来看，期权的权利金与执行价格、到期时间、波动率等多个因素相关，权利金的高低在很大程度上影响企业的经营利润，因而企业结合自身财务状况、采购成本及风险管理需求来选择合适的期权合约显得尤为重要。

（三）含权贸易

顾名思义，含权贸易是指将场外期权嵌入贸易合同，即在普通现货合同基础上添加了价格保护条款，企业在原有价格的基础上做小幅让渡，便可以对将来铜价大幅波动的风险进行规避。

从本质上来看，含权贸易相当于把套期保值的整套流程外包给专业机构，在一定程度上减少了资金占用，并与现货形成完整组合，能更好地降低波动率对企业经营的影响，是当前衍生品服务实体经济的发展趋势。对于不熟悉期货、期权市场的企业来说，含权贸易降低了企业参与衍生品市场的风险和门槛。近年来，越来越多的企业通过与专业的风险管理公司、贸易商等合作含权贸易来解决现货端的敞口。

下面我们以需要进行远期原料采购的铜材加工企业为例进行说明。由于担心未来铜价上涨，铜材加工企业可先与风险管理公司签订远期交货的含权贸易合同，采购合同定价为长江有色金属网当日现货价格加上权利金（买入看跌期权费用）。铜材加工企业享受作价期内根据期货盘面点价结算的权利。如果点价低于合同定价，则最终的采购价格以点价来代替合同日的长江有色金属网现货价格；如果高于合同定价，则最终的采购价格以合同定价为准。以上仅是含权贸易的一种方式，可以看到，通过含权贸易，该铜材加工企业已经锁定了远期原料采购成本，并且有可能获得潜在收益。

二、什么是卖期保值和买期保值？

套期保值根据操作的方向，可以分为卖出套期保值（以下简称“卖期保值”）和买入套期保值（以下简称“买期保值”）。

卖期保值，即卖出期货合约，以防止将来卖出现货时因价格下跌而招致损失。当卖出现货商品时，再将先前卖出的期货合约通过买进另一数量、类别和交割月份相等的期货合约对冲，以结束保值。这种方式通常被处于产业链上游的矿山业主等生产者和经营者所采用。

案例 5－1

某企业从事精铜矿的开采经营活动，在没利用期货市场保值之前，该企业所开采出的铜精矿完全按照市场现货价格销售给冶炼厂商，定价模式单一，随行就市。但有了期货市场之后，该企业就开始关注未来一段时间铜期货合约的表现，如果期货价格高于现货价格，且经过一段上涨，则企业认为利用期货价格比现货价格销售更有利可图，就可以先在期货市场进行卖出套期保值。这样该企业从完全被动地接受现货价格，到主动管理市场价格风险，经营效益因此得到了大幅提升。

买期保值，即买进期货合约，以防止将来购买现货商品时可能出现的价格上涨。具体做法是，在最终采购铜现货的同时，通过卖出与先前所买进的期货合约同等数量和相同交割月份的期货合约，将期货部位平仓，结束保值。这种方式通常被处于产业链下游的加工商、制造业者和经营者所采用。

案例 5－2

2016 年 12 月，某铜管生产企业接到一批海外订单，需要在 2017 年 3 月为某压缩机生产企业加工一批铜管，并敲定了销售价格。当时现货市场铜价大约为每吨 45000 元，铜管的生产周期不长，到 2 月底 3 月初采购现货也来得及。但由于企业担心 3 个月之后现货市场铜价上涨，影响加工利润，决定在期货市场进行买入套期保值操作。3 个月之后，现货市场铜价每吨上涨约 5000 元达到了 50000 元/吨。企业在正式采购现货的同时，在期货市场平仓对冲之前的保值头寸。这样期货保值头寸的每吨 5000 元收益正好可以补偿现货采购价格上涨给企业收益带来的不利影响。试想一下，如果该企业当时没有进行套期保值的操作，那么每吨 5000 元的现货价差，已经远远超越了企业正常的生产加工利润，必给企业带来巨大的经营亏损。

三、什么是传统套期保值?

说到套期保值，曾听一些铜产业链上相关企业抱怨，说套期保值的定义过于单一和死板，在运用中有时还不太切合实际。实际上，套期保值的内涵和理论相当丰富，只是国内期货市场起步较晚，理论研究的氛围还没有充分形成，相关的研究还不够深入，所以市场上对套期保值内涵的宣传也较为简单，内容相对固化。按套期保值的理论来划分，套期保值可分为传统套期保值和现代套期保值。

实际上，稍微了解一下套期保值理论的发展，对铜产业链上相关企业理解套期保值的内涵，还是很有帮助的。

传统的套期保值理论主要源于凯恩斯和希克斯的观点，凯恩斯和希克斯最早从经济学的角度阐述了传统的套期保值理论，认为套期保值参与者参与期货交易的目的，并不在于从期货交易中获取利益，而是要利用期货交易中的获利来弥补现货市场上可能发生的损失。早期传统的套期保值理论认为，只要套保者在期货市场上建立与现货市场方向相反而数目相等的交易头寸，就可以有效地转移现货市场价格波动的风险。

长期以来，套期保值行为一直作为稳定期货市场的力量而存在。传统套期保值理论的“方向相反、种类相同、数量相等和月份相同或接近”的四项基本原则一直是指导套期保值者进行期货保值的基础。直到今天，仍有不少企业严格按照传统理论的四项原则从事套期保值操作。从铜品种的角度来看，通常是那些产品附加值较高的用铜企业，为了确保生产加工利润不受现货市场价格波动的影响，将传统保值理论融入了企业的生产经营当中。

四、什么是现代套期保值?

在传统套期保值理论之后，期货市场又逐渐出现了基差逐利型套期保值理论、组合投资理论、流动性理论、长期合约关系理论等，这些都属于现代套期保值理论的范围。

二十世纪五六十年代，美国著名期货专家霍布金斯·沃金对套期保值理论提出了独特的看法。沃金认为，传统理论下套期保值的结果并不一定能将风险完全转嫁出去，套期保值者为了避免现货价格大幅波动的风险，选择了相对较小的基差风险。多数的套期保值是期望现货和期货价格关系的变化而不是期望其价格一起移动，其实质就是把套期保值看作是现货和期货间的套利行为，从可预测的两个价格关系的变化中获利，而不是降低风险，套期保值者承担了基差风险，是期望通过对基差的高卖低买，获得无风险收益。在国内铜产业链以及铜的贸易领域，相当多的企业就是基于沃金的基差逐利型理论进行套期保值操作的。为了消除铜期货价格与现货价格之间的基差风险，在保值操作中，套期保值者会在合约月份、持仓数量甚至操作时间等变量上进行适时有效的调整或选择。

继沃金提出了基差逐利型套期保值理论之后，又出现了以均值方差理论为主的现代投资组合理论。这一理论认为，交易者进行套期保值，实际上是对现货市场和期货市场的资产进行组合投资，套期保值是交易者根据组合投资预期收益和预期收益的方差，来确定现货市场和期货市场的交易头寸，以使收益风险最小化或者效用函数最大化。

国内一些大型的工贸集团公司和大型进出口贸易公司在铜期货上的保值操作，就运用了组合投资的保值理论。最佳保值比率和套期保值有效性问题是该类企业研究的重点。在组合投资理论下，套保者在期货市场保值的比例是可以选择的，最佳套保的比例取决于套保的目的以及现货市场和期货市场的相关性。而在传统理论的套期保值中，套保比例恒等于 1。套保者的动机并不是单纯的风险最小化，也不是单纯实现利益最大化，而是两者的统一。

小贴士

选择性套期保值的投机性

在日常的期货套期保值操作当中，有人将基于现代套期保值理论的操作方法称为选择性套期保值。实际上，这些“选择性套期保值”已经突破了传统的、经典的套期保值理论和定义。

有的观点认为，选择性套期保值，固然有规避现货价格变动风险的动机，但也包含了投机动机，其参与期货市场的目的，是以追求利润较大化为目标，而非风险最小。比如常见的方案包括：当持有现货的避险者面对现货部位为多头，并预期后市价格将下跌时，避险者会以1∶1的套保比例到期货市场上进行避险；当持有现货的避险者面对现货部位为空头，并预期价格下跌时，避险者不会采取套期保值策略，此时套保比例为0。

这种方案的优点是与企业追求利润最大化的本质一致，容易被企业理解和接受，其缺点是在优化套期保值效果的同时，没有做到完全的规避风险，在一定程度上，确实可以称为具有投机性特点的套期保值。

五、铜相关企业为什么一定要进行套期保值？

不论涉铜企业身处产业链的什么位置，只要经营中存在产销的风险敞口，就有套期保值的需要，而正确分析经营中的风险敞口，将有利于风险控制措施的制定和落实。规避价格风险、保障企业稳健运营，是经营者关注的头等大事，作为风险控制手段的套期保值，亦将为企业平稳运行保驾护航。

从事铜与相关的生产经营活动的企业，或许很难忘记2005年的下半年。

那时，铜价突破3000美元/吨的历史高位，且在随后的交易时段震荡上扬，其幅度之大，超过了此前铜价上涨的历史纪录。然而，国际铜价并未在2006年初止步，5000美元/吨仅仅成为铜价上涨的阶段性整理平台，6000美元/吨、7000美元/吨以及8000美元/吨的整数关口被相继突破。国内铜价亦随国际铜价创历史新高。铜价短时间内的巨幅上扬，对上下游企业造成了巨大的影响。铜价超过3000元/吨的单日波动，可能将某些企业的利润全部抹去，甚至是亏损，这样的打击是致命的。

以加工行业的某电缆企业为例。其结款一般在电缆销售货物交付完成之后，且为月结，因而其采购与定价结款之间存在时差。由于电线电缆生产所需的铜杆占其生产总成本的60%以上，不难发现若铜价大幅上扬，企业不得不减少部分可能亏损单，被动收缩经营规模。这不仅影响企业的盈利水平，亦会缩减企业的市场占有率。

2020年初，新冠肺炎疫情在全球范围内暴发，全球经济陷入停滞状态。国际金融市场恐慌式抛售各类资产以获得流动性，其中，美国股票在2020年3月四次熔断，原油因为胀库甚至出现“负油价”，国内外铜价在3月也纷纷跳水，令此前高价采购的涉铜企业苦不堪言。

对于企业而言，只要产销两头没有同时锁定，就会出现风险敞口。对于铜矿等卖方而言，由于已经生产了产品，面临正式出售时价格可能下跌的风险。而对于买方而言，在销售确定的情况下，原材料价格的上涨将令生产成本上升，影响利润。

价格波动的风险直接关系到企业的经营绩效。尽管企业在运营时，可以通过对经营策略的不断调整防范风险，然而由于受包括客观条件以及主观判断等种种因素的制约，避险效果可能不尽理想，甚至适得其反。

当然，价格的波动也可能给企业带来“意外”的惊喜。当原材料价格大幅下跌，产成品价格波动较小时，企业将因为成本下降而获得更多的利润。当原材料价格波动较小，产成品由于供不应求价格大幅上升，则企业亦将获得额外的利润。

大多数企业都面临这样或者那样的风险：当购进商品时，担心价格的上涨；当售出商品时，担心价格的下跌；当从事加工时，则既担心原材料价格的上涨，亦担心产成品价格的下跌。因此，有风险敞口的企业进行套期保值非常必要。

六、什么是套期保值额度申请？申请的流程是怎样的？

所谓套期保值额度申请，是指当交易所给客户的投机持仓额度无法满足客户需求的情况下，客户向交易所提出增加持仓额度的申请。

铜品种的套期保值交易头寸分为一般月份（指合约挂牌至交割月前第二月的最后一个交易日）套期保值交易头寸和临近交割月份（指交割月前第一月和交割月份）套期保值交易头寸。

套期保值的申请流程是这样的：首先，需进行套期保值交易的客户应当向其开户的期货公司会员提出额度申报；其次，由期货公司会员进行审核后，向交易所办理申报手续。非期货公司会员可直接向交易所办理申报手续。

除此以外，申请套期保值交易的客户和非期货公司会员应当具备与套期保值交易品种相关的生产经营资格。

申请一般月份套期保值交易头寸的会员或者客户，应当提交下列证明材料：

1. 企业营业执照副本复印件；
2. 证明企业现货经营规模的相关材料，如当年或者下一年度生产计划书、最新经审计的年度财务报表、现货仓单、库存证明、加工订单、购销合同、拥有实物的其他有效凭证等；
3. 套期保值交易方案（主要内容包括风险来源分析、保值目标、预期的交割或者平仓的数量）；
4. 交易所要求的其他证明材料。

按照上海期货交易所的规定，铜品种一般月份套期保值交易头寸的申请应当在该套期保值所涉合约交割月前第二月的最后一个交易日之前提出，逾期交易所不再受理该合约一般月份套期保值交易头寸的申请。会员或者客户可以一次申请多个合约的一般月份套期保值交易头寸。

交易所对一般月份套期保值交易头寸的申请，按主体资格是否符合，套期保值品种、交易部位、买卖数量、套期保值时间与其生产经营规模、历史经营状况、资金等情况是否相适应进行审核，确定其一般月份套期保值交易头寸。一般月份套期保值交易头寸不超过其所提供的一般月份套期保值证明材料中所申报的数量。

申请临近交割月份套期保值交易头寸的会员或者客户，应当提交以下证明材料：

1. 企业营业执照副本复印件；

2. 证明企业临近交割月份套期保值交易需求真实性的相关材料，如当年或者下一年度生产计划书、现货仓单、库存证明、加工订单、购销合同、拥有实物的其他有效凭证等；

3. 套期保值交易方案（主要内容包括风险来源分析、保值目标、预期的交割或者平仓的数量）；

4. 交易所要求的其他证明材料。

铜品种临近交割月份套期保值交易头寸的申请，应当在该套期保值所涉及合约交割月前第三月的第一个交易日至交割月前第一月的最后一个交易日之间提出，逾期交易所不再受理该交割月份套期保值交易头寸的申请。

交易所对临近交割月份套期保值交易头寸的申请，将按照会员或者客户的交易部位和数量、现货经营状况、对应期货合约的持仓状况、可供交割品在交易所指定交割仓库库存以及期现价格是否背离等，确定其临近交割月份套期保值交易头寸。临近交割月份套期保值交易头寸不超过其所提供的相关套期保值证明材料中所申报的数量。

全年各合约月份临近交割月份套期保值交易头寸累计不超过其当年生产能力、当年生产计划或者上一年度该商品经营数量。

交易所自收到铜企业套期保值头寸申请后，需要在5个交易日内进行审核，并按下列情况分别处理：

1. 对符合套期保值条件的，通知其准予办理；

2. 对不符合套期保值条件的，通知其不予办理；

3. 对相关证明材料不足的，告知申请人补充证明材料。

铜套期保值额度申请操作流程见图 5－1。

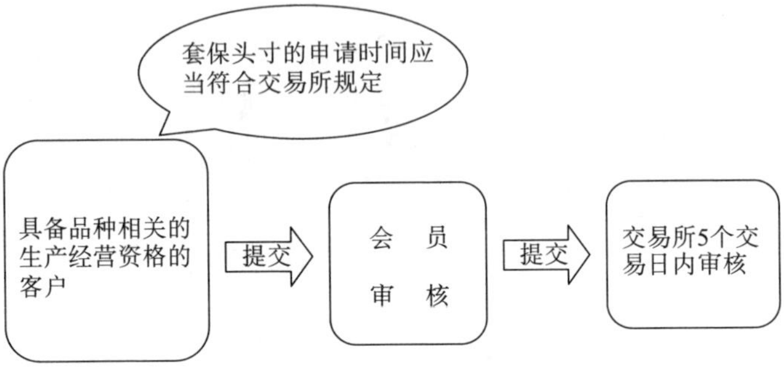

图 5－1 铜套期保值额度申请操作流程

资料来源：上海中期期货。

获准套期保值交易的交易者，应当在该套期保值所涉及合约最后交易日前第三个交易日收市前，按批准的交易部位和头寸建仓。在规定期限内未建仓的，视为自动放弃套期保值交易额度。

套期保值额度自交割月份第一个交易日起不得重复使用。

交割月前第一月的最后一个交易日收盘前，各会员、各客户在每个会员处的铜期货合约的套期保值持仓应当调整为 5 手的整倍数（如果遇到市场特殊情况无法按期调整的，可以顺延一天）；进入交割月后，铜期货合约套期保值持仓应当是 5 手的整倍数，新开仓、平仓也应当是 5 手的整倍数。

七、套期保值的基本原则是什么?

套期保值之所以能够成为防范价格风险的工具，其根本原因是期货标准化合约与相关现货商品具有可替代性；期货价格与现货价格的变动趋势基本相同；现货价格与期货价格随着期货合约到期日的临近而趋于一致。

由于这三个特性，保值者在实际操作中需要遵循以下四个基本原则。

（一）交易方向相反的原则

套保者必须在现货市场和期货市场采取买卖方向相反的操作，这样才能使期货市场的盈利弥补现货市场的亏损，或者现货市场的盈利弥补期货市场的亏损，达到规避价格波动风险的目的。试想，如果在两个市场进行相同方向的操作，则现货市场与期货市场将同时盈利，或者同时亏损，这样做不仅不能实现规避风险的目的，反而会成倍扩大投资者的收益或者亏损，即市场风险被加倍扩大。简单来说，所谓交易方向相反，即在现货市场买入的同时在期货市场卖出期货合约，或者在现货市场卖出的同时在期货市场买入期货合约。

（二）商品种类相同的原则

套保者在进行套期保值操作时，应当在期货市场选择期货合约标的物与现货市场交易的商品品种相同或相似的期货品种。因为只有当商品种类相同或者相似时，现货价格与期货合约的价格走势才会近似，套保目的才能达到。比如，电缆厂采购铜杆作为原料，套保者可以在国内期货市场用铜期货合约保值；又比如，铜矿厂也可以用阴极铜合约作为保值对象。但是对于钢铁企业来说，由于其原料与产成品与阴极铜不相似，因而不能使用阴极铜合约作为保值标的。

（三）商品数量相等的原则

只有当期货市场保值合约的数量与现货数量相等时，才能保证套期保值的效果。比如，买入套期保值者预期采购阴极铜现货 1000 吨，则在期货市场上，需要买入相当于 1000 吨阴极铜的期货合约（上海期货交易所阴极铜合约交易单位为每手 5 吨，因而投资者需要建立 1000 吨阴极铜看多头寸，进行买入保值，即需要在国内期货市场买入 200 手阴极铜合约）。假设自买入套期保值头寸至卖出平仓期间，铜价自 40000 元/吨上涨至 50000 元/吨，则现货市场购入 1000 吨需要额外缴纳 1000 × (50000 - 40000) = 1000 万元，将由期货市场 1000 万元盈利弥补，套保者由此完全规避了阴极铜价格大幅上扬引发的成本上涨的风险。

（四）交易月份相同或者相近的原则

套期保值者在期货市场进行保值操作，应当尽量选择期货合约到期月份与现货市场实际买卖商品的时间相同或者相近。这是因为两个市场价格的波动趋势相同，对于未来不同时间商品价格的预期以及价格波动幅度却不相同，只有当所选的期货合约的交割月份与实际采购时间相同或者相近，才能使期货合约与现货价格之间的走势趋同，最终达到套期保值效果。比如，预期某年阴极铜 8 月份的价格为 40000 元/吨，预期 10 月份的价格为 45000 元/吨，而企业计划在 8 月份采购 1000 吨阴极铜，则应当建立 8 月到期的期货合约而非 10 月到期的期货合约。

当然，在进行套期保值实际操作的过程中，企业应当根据自身的经营状况更为灵活地运用套期保值策略。比如，当无法直接购入现货时，企业可以通过期货市场进行买入保值操作；又比如，企业可以根据现货以及期货的价格水平来决定仓储数量等。

八、铜相关企业的经营风险分为哪几大类?

铜企业在经营过程中会遇到很多风险，按大类划分，可以分为商业风险和财务风险。商业风险主要包括营销、技术、效率、政策等方面的竞争能力、行业特征、管理等。从期货角度来讲，套期保值对于帮助企业降低商业风险几乎不能起到什么作用。不过，从宏观角度来说，企业如果合理运用期货这一工具做好套期保值，对于提高企业的竞争力将有举足轻重的作用。

套期保值对企业的影响主要在于财务方面。财务特征、财务政策、营利性、资本结构、现金流保护以及财务的灵活性等环节，都会对企业的运营造成风险。简单分析企业的业务流程，主要包括采购、制造、销售、服务等，因而企业收入的来源主要在于产品销售收入以及服务性收入。从这个角度看，市场风险以及成本风险对于衡量企业的收入水平来说至关重要。

价格，是企业最为敏感的词语。不论是商品的供应商或是需求商，都面临市场价格风险。对于供应商而言，价格的上涨意味着收入的提高，企业利润的上涨；反之，对于需求商而言，价格的上涨则意味着成本的提高，企业利润的缩水。

利率，是企业现金资产的收入来源，也是企业的融资成本。企业的现金往来，包括现金类资产（债券、债券组合、现金等）以及企业负债（包括贷款、融资等），会因为利率变化而产生资产净值变化。基础利率的上涨，可增加企业利息收入，同时提高企业的负债。

汇率，直接影响外贸/出口相关类企业的收入水平。进口铜矿通常以美元标价，美元的升值意味着铜矿进口成本的提高，企业利润缩水。

在分析企业经营风险时，通常可以将经营风险的识别分为三个步骤。首先是风险的确定，其次是对可保护风险的确定，最后则是对需要保护的风险的确定。

要明确企业经营的风险，则必须理解影响企业经营核心目标的不确定因素，这就需要确定企业的核心经营目标，并分析企业经营流程。

对处于产业链前端的铜企业而言，利润目标的确定相对重要，而处于产业链中游的企业则更要注重核心利润，有的企业也将减少现金流量、收益或者市值的波动性作为风险管理的目标。

九、如何分析辨别风险点？

在确定了企业的核心利润目标后，就可以通过分析企业的经营流程，确定实现核心经营目标所面临的风险点。如上所述，铜企业经营过程中遇到的风险按大类可以分为商业风险和财务风险。

而运用期货这一风险管理工具，主要解决的是财务方面的风险，具体可以分为以下几个层次：

第一，原材料价格上涨的风险；

第二，产品售价下跌的风险；

第三，库存或者在途价格下跌的风险；

第四，原料与产品定价模式不匹配的风险；

第五，原料与产品定价时间不匹配的风险；

第六，原料与产品定价市场不匹配的风险。

需要注意的是，对于企业而言，进行套期保值的目的并不是为了规避所有经营中面临的风险，而是将企业面临的整体风险尽可能降低至可以承受的程度。因而企业进入期货市场，所要对冲的是不能承受的风险，而不是所有的风险。这样做，一来可以减少对冲的成本，二来也有机会享受未被对冲的风险带来的收益。

十、什么是风险的敞口与闭口？

我们先引入一个简单的定义：如果价格与保值合约相关，那么这个状态就称为敞口；如果价格与保值合约无关，这个状态则称为闭口。

那么，按照企业风险敞口的方向，可以将铜相关企业的风险分为三种类型：上游闭口，下游敞口；双向敞口；上游敞口，下游闭口。

“上游闭口，下游敞口”的铜相关企业的特征是原材料价格或者产品的成本相对固定或者与保值期货合约标的物的相关性不大，而产品价格与保值期货合约标的物的关联性较高。这类企业一般处于产业的上游，以资源开采类企业为代表，比如铜矿等。这类企业的成本由本身的开采费用决定，由于开采费用相对固定，因而属于上游闭口。相对应的是，其产品销售的价格随着保值标的（阴极铜）的波动而波动。

“双向敞口”，顾名思义，即原材料价格以及产成品价格都随着套期保值的标的物（阴极铜）变动。通常这类企业处于产业链的中游，比如铜加工商，以及贸易企业。对于铜加工厂而言，其采购的原料（精铜、废铜等）或与期货标的一致，或高度相关，因而其价格随期货标的的波动而波动，而铜加工厂的产成品价格通常以成本加上一定的加工费组成，因此其产品与期货标的之间亦有较强的正相关性。对于贸易企业来说，采购与销售的产品相同，其售价与期货标的也高度相关。

“上游敞口，下游闭口”的铜相关企业通常位于产业链的下游，表现为原材料价格或者产品成本与保值标的高度相关，而产品价格波动与保值的标的物之间的关联性较小。举例而言，空调企业的铜材采购成本与阴极铜具有较强的相关性，而空调的售价则多服从于市场价格，与铜价波动的关联性较小。

由上可知，不同类型的企业对于风险保护的需求不同，因而其套期保值的策略也各不相同。不过，在实际操作中，不能简单地根据归类套用套期保值策略。比如，对于铜加工企业，如果采用招标方式与客户签订合约，则销售价格已经确定。在这种情况下，其下游是闭口的（价格既定），上游是敞口的，因而其套期保值策略的本质应该与终端消费企业相似。又如，部分铜生产企业，其自产矿部分属于“上游闭口，下游敞口”，而其外购原料部分，则属于“双向敞口”范围，因而其保值方案的设计也较为复杂。

对于企业套期保值方案的设计，笼统归类、一概而论、简单套用是不可取的。较为理想的保值方案，一定是针对企业的实际情况量身定做的，具有很强的排他性。另外，企业套期保值，讲求的是长效机制，能结合市场自身状况，不断进行调整完善，因为随着市场变化，有可能使原先的保值方案有所缺失甚至失效，在这种情况下，调整甚至停止原先的计划是很有必要的。

十一、购买铜的企业应该怎样进行保值？

对于以铜作为原材料的企业而言，价格上涨意味着成本的上升，当产成品售价既定或者波动甚微时，意味着企业利润的缩水，这是企业不愿意看到的。因此，若预期原材料价格上涨，对于企业来说，应当采取买入套期保值的策略。

对于套保者而言，操作上，首先应在期货市场买入期货合约，建立多头头寸。其买入的期货合约的标的品种、数量以及交割月份应当与其将来在现货市场买入现货的品种、数量以及买入时间大致相同。因而，在多头头寸建立之后，若现货价格上涨，尽管企业购入现货支付了额外的成本，但期货合约价格上涨带来的盈利将弥补现货市场的额外成本。当然，在进行买入套期保值操作的同时，交易者放弃了现货价格下跌带来的额外的盈利，这是因为现货价格下跌时，期货价格也会下跌，现货市场的额外盈利将被期货市场的亏损抵消。

案例 5－3

某企业签订了电缆销售合同，计划在当年 8 月采购阴极铜现货 1000 吨。该企业签订的合同中，电缆售价以当前市场阴极铜价格为基准。由于当前与销售之间的时差，企业担心阴极铜价格上涨从而抬高其产成品成本，因此该企业在期货市场上买入上海期货交易所 8 月阴极铜合约 200 手。自买入套期保值头寸建立后至卖出平仓期间，铜价自 40000 元/吨上涨至 50000 元/吨，因而该企业 8 月在现货市场购入 1000 吨，需要额外缴纳的 1000 吨 ×(50000－40000)元/吨＝1000 万元的费用（即其成本提高了 1000 万元）。由于该企业在期货市场建立了 200 吨的多头头寸，期货市场盈利 1000 万元，这部分盈利弥补了现货 1000 万元的额外支出（亏损）。由此，该企业规避了阴极铜价格大幅上扬引发的成本上涨的风险。

以上是铜价如市场预期般上涨，期货盈利弥补企业现货亏损的状况。如果自买入套期保值头寸建立后至卖出平仓期间，铜价自 40000 元/吨下跌至 30000 元/吨，则该企业应在 8 月从现货市场购入 1000 吨铜，节约了 1000 吨 ×(40000－30000)元/吨＝1000 万元的成本。但由于在期货市场建立了 200 吨的头寸，期货市场相应地亏损了 1000 万元，这部分亏损抵消了现货 1000 万元的成本缩减。

由此可见，套期保值“熨平”了企业的利润，在规避原料价格上涨对买入保值企业成本提高风险的同时，亦放弃了价格下跌使企业成本缩减。这需要企业在执行套期保值方案之前，全面协调相关人员，做到充分理解和沟通。

另外，除了采用买入铜期货之外，还可借助铜期权进行保值。如果运用得当，甚至会产生超额利润。

套保企业可以买入铜看涨期权合约，建立多头头寸。其买入的期权合约的标的品种、价值量以及到期月份应当与其所要保值的铜在数量以及买入时间大致相同。一般来说，如果想要期权的执行价、期限等条件与采购要素完全匹配，就需要在场外期权市场进行交易。但相对而言，场内期权的交易成本会稍微低一些。

当期权到期或者为匹配采购进度需要了结头寸时，我们来观察一下收益情况。如果此时铜现货价格上涨，铜期货价格同步上涨，并带动期权价格上涨，期权端则会获得收益，弥补由原材料上涨带来的不利影响。同时，如果铜价格大幅度下跌，买入铜期权最多损失相对少量的权利金，而使原材料成本大幅度下降。将现货和期权两端结合来看，套保企业有可能获得超额收益。

案例 5－4

接案例 5－3，该企业采用铜期权套期保值，当前铜价为 40000 元/吨，贸易商买入一个月期执行价格为 40000 元/吨的铜看涨期权，期权费为 900 元/吨。一个月后到期，期权端的损益如图 5－2 所示。同时，按照期权到期时铜价的分布区间，可能出现以下行权赔付的几种情形：

【行权赔付】

情形一：后市沪铜价格下跌，一个月后下跌到 30000 元/吨。期权价值归零，但企业可以 30000 元/吨的价格买入现货，相对于 40000 元/吨的期初采购价节约成本 10000 元/吨。期权失效，损失权利金 900 元/吨。从整体效果来看，仍有 9100 元/吨的超额收益。

情形二：后市沪铜价格上涨，一个月后上涨到 50000 元/吨。期权到期行权收益为（50000－40000＝）10000 元/吨。除去权利金 900 元/吨，期权

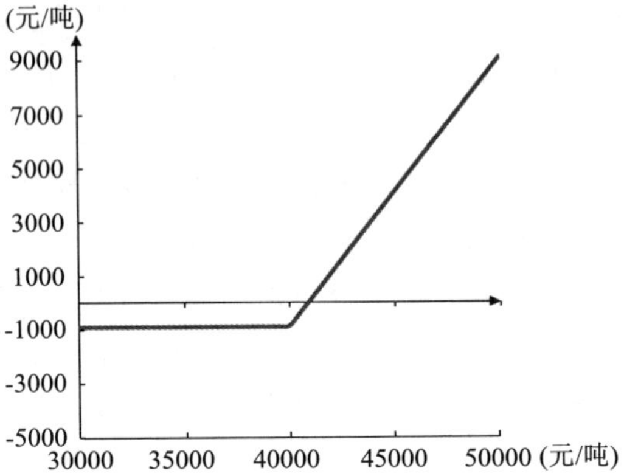

图 5-2 买入看涨期权到期损益

资料来源：上海中期期货。

端实现盈利 9100 元/吨，抵消由铜成本上涨的大部分压力，实现了企业经营的风险管理。

后市铜的价格也可能出现震荡，买入期权价值也可能流逝，但是企业的最大风险是锁定的，最大的损失是相对较少的期权权利金。综上，在沪铜大幅度下跌的时候，企业实现超额收益；在沪铜大幅度上涨的时候，企业实现风险规避；在沪铜区间震荡的时候，企业整体风险处于管理范围内。此外，企业用买入铜期权套期保值，还有节约资金、不用考虑追加保证金、操作简便等优点。

小贴士

买入套期保值的好处

1. 规避价格上涨带来的风险；

2. 提高企业资金使用效率（期货采用保证金交易）；

3. 由于事先在期货市场进行了买入合约操作，因而节省了实物仓储、保险以及损耗的费用；

4. 促使现货合同的早日签订。

十二、销售铜的企业应该怎样进行保值？

对于以铜产品作为产成品的企业而言，价格下跌意味着销售收入的下降，当原料售价既定或者波动甚微，则意味着企业利润的缩水，这同样是企业不愿意看到的。因而若预期产成品价格下跌，对于企业来说，应当采取卖出套期保值的策略。

对于套保者而言，操作上，首先应在期货市场卖出期货合约，建立空头头寸。其卖出的期货合约的标的品种、数量以及交割月份应当与其将来在现货市场卖出的现货的品种、数量以及卖出时间大致相同。因而，在空头头寸建立之后，若现货价格下跌，则尽管企业销售现货损失了部分利润，但期货合约价格下跌带来的盈利，将弥补现货市场的利润损失。当然，在进行卖出套期保值操作的同时，交易者放弃了现货价格上涨带来的额外盈利，这是因为当现货价格上涨，期货价格亦上涨，现货市场的额外盈利被期货市场的亏损抵消。

案例 5－5

某贸易商签订了精铜购入合同但未转售出去，采购合同注明该贸易商采购精铜现货 1000 吨，采购价以当前市场阴极铜价格为基准。由于当前与之后销售之间存在时差，贸易商担心阴极铜价格下跌会影响其销售收入，甚至造成亏损，因此该贸易商在期货市场上卖出上海期货交易所阴极铜合约 200 手。自卖出套期保值头寸至买入平仓期间，铜价自 40000 元/吨下跌至 30000 元/吨，因而该贸易商在现货市场抛售 1000 吨，造成 1000 吨 ×（40000－30000）元/吨 ＝ 1000 万元的亏损（即其销售收入减少了 1000 万元）。由于该贸易商在期货市场建立了 200 吨的空头头寸，期货市场盈利 1000 万元，这部分盈利弥补了现货 1000 万元的亏损，由此该贸易商规避了阴极铜价格大幅下跌引发的利润缩水的风险。

以上采取的套期保值策略中，铜价如市场预期般下跌，期货盈利弥补企业现货亏损的状况。如果自卖出套期保值头寸至买入平仓期间，铜价自40000元/吨上涨至50000元/吨，则该贸易商在现货市场出售1000吨铜，额外盈利了1000吨×(40000－30000)元/吨＝1000万元。由于在期货市场建立了200吨的空头头寸，期货市场相应亏损了1000万元，这部分亏损抵消了现货1000万元的额外盈利。

与买入套期保值一样，卖出套期保值同样“熨平”了企业的利润，在规避销售收入下降风险的同时，亦放弃了价格上涨为企业带来的额外利润。这需要企业在执行套期保值方案之前，全面协调相关人员，做到充分理解和沟通。

另外，除了采用建立铜期货空头之外，还可借助铜期权进行保值。如果运用得当甚至会产生超额利润。具体操作为买入铜看跌期权。

企业在期权市场上买入铜看跌期权合约，建立空头头寸。其买入的期权合约的标的品种、价值量以及到期月份应当与其所要保值的铜在数量以及买入时间上大致相同。到期后，若铜现货价格下跌，则铜期货价格下跌，从而带动铜看跌期权上涨，期权方面获得收益，弥补产品下跌带来的不利影响。同时，如果铜价格大幅度上涨，买入铜期权后最多损失相对少量的权利金，而产品价格上涨，将现货和期权价格结合来看，企业将获得超额收益。

案例5－6

还接着上面的例子来讲，该贸易商采用铜期权进行套期保值。当前铜价格为40000元/吨，贸易商买入一个月期执行价为40000元/吨的铜看跌期权，花费期权费为900元/吨。一个月后到期，期权端的损益如图5－3所示。

【行权赔付】

情形一：后市沪铜价格下跌，一个月到期时沪铜下跌到30000元/吨。期权行权，行权收益为40000元/吨－30000元/吨＝10000元/吨。除去买看跌期权付出的权利金900元/吨，期权方面总收益为10000元/吨－900元/吨＝9100元/吨。可以在很大程度上抵消铜价格下跌带来的损失。

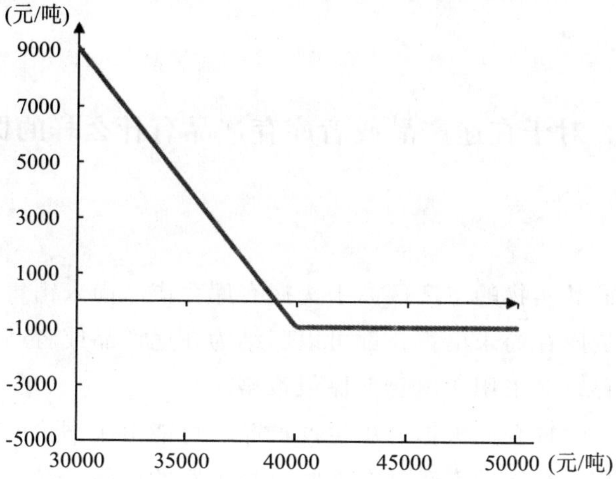

图 5-3　买入看跌期权到期损益

资料来源：上海中期期货。

情形二：后市沪铜价格上涨，一个月到期时沪铜价格上涨到 50000 元/吨。期权到期价值归零；现货价格上涨，销售额增加 50000 元/吨 - 40000 元/吨 = 10000 元/吨。除去企业为买期权付出的权利金 900 元/吨，企业将获得超额利润 9100 元/吨。

后市铜的价格也可能是震荡，期权价值流逝，企业最多损失相对较少的期权权利金。综合来看，后市铜价下跌，期权可以起到保护作用；铜价大涨，企业获取超额收益；即使铜价震荡，企业也最多损失期权费。通过买入铜看跌期权，实现铜的保护性策略，对企业面临的风险进行了有效管理。

小贴士

卖出套期保值的好处

1. 规避价格下跌带来的风险；

2. 促使保值者按原先经营计划强化管理，认真组织货源，顺利完成销售计划；

3. 有利于现货合同的早日签订。

十三、对于在途产品或者库存产品有什么样的保值策略?

直接生产商品实物的生产厂商手头握有库存产品尚未销售，储运商、贸易商手头有现货库存尚未出售，都可以归结为在途产品或者产品库存。一般来说，对于库存，多采用卖出套期保值策略。

举例来说，铜杆企业根据订单生产产品，可能由于铜价的下跌造成客户违约，而铜杆积压仓库的库存又会面临价格下跌的风险。又比如，贸易商进口精铜，LME 点价采购，自货物装船之日至货物到港之间的时差，铜价可能下跌，这部分在途货物也面临价格下跌的风险。

这种情况对于贸易型企业非常常见，在设计套期保值方案时，要详细调查企业的风险敞口情况，尤其是贸易结算的价格确定方式、结算周期等，有的甚至还需要结合国内外期货市场的情况，制订综合性的跨市场套保方案。

利用铜期权策略进行保值方面，对于在途产品或者库存，企业最担心的是产生贬值，通常采用买入看跌期权进行保值。企业可通过构建空方的期权头寸，与库存所代表的多方进行对冲。企业在期权市场上采用期权合约的标的品种、价值量以及到期月份应当与其所要保值的铜库存在数量以及买入时间上大致相同。两个市场走势是负相关的，一赚一亏，形成风险规避，构成了风险管理的基本架构。

十四、单边风险敞口的企业如何进行保值操作?

所谓单边敞口的企业，是指“上游闭口、下游敞口”的企业，或者“上游敞口、下游闭口”的企业。对于这两种企业来说，尽管风险敞口不同，但论及基本保值策略，不同之处在于方向，其本质则是一致的。

对于单边敞口的企业来说，其保值重心就在于绝对价格。不论是上游敞口或是下游敞口，价格有一边已经封闭，因而企业要做的是尽可能在更低的价格买入，或者尽可能在更高的价格抛出，由此可见，价格的绝对值很重要。

由于价格的一边已经确定，因而对于这类企业而言，套期保值的基本方法相对简单，或者进行买入保值（简单买入），或者进行卖出保值（简单卖出）。但对于单边敞口的企业而言，不得不面对很多的不确定性。比如套期保值的目标选择、期限（时间长短）选择、比率（头寸数量）选择以及期货工具（合约品种）选择。

单边敞口的企业进行套期保值的步骤大致可以分为三步。首先是保值目标的确定；其次是价格的分析及预期；最后是保值模式的制定。

为确定企业的保值目标，首先需要依据企业成长/利润目标，倒推目标价格区间，并根据企业的风险承受能力以及管理者的风险偏好测算价格区间，作为最低保值目标。随后，需要对价格趋势进行判断，并结合企业期望的目标制定参考标准。计划的制订，应当考虑融资以及监管层的要求和需要。

价格预测，可从基本面和技术面着手。基本面分析方法主要根据商品的产量、消费以及库存的变化预测价格走势。技术面分析则通过量化指标、趋势图形分析判断。

企业套期保值中最重要的是保值模式以及策略的确立。目前国际市场主要的套期保值工具有远期、期货、掉期（互换）以及期权。由于我国衍生品市场以期货为主，因而大部分企业采取利用期货合约套期保值的方法。

利用期货合约进行套期保值的思路比较简单。在财务管理中，进项指采购环节，销项指销售环节。比如企业预计在未来会出现一定的进项，但是担心标的物价格上涨，因此在期货市场对应买入期货合约进行套期保值，以锁定成本，对冲风险。再比如，企业预计价格在未来会出现一定的销项，担心标的物价格下跌，因此在期货市场对应卖出期货合约进行套期保值。

举例来说，铜生产企业自有矿产，因而其生产成本是固定的，但矿产的销售收入却存在风险敞口。当铜价自 70000 元/吨跌至 30000 元/吨时，企业收入下滑，便可以利用期货合约进行卖出套期保值。

对空调企业来说，空调销售价格受市场因素决定，属于下游闭口，但企业铜管的采购价格却无法确定。对此类上游闭口企业来说，若铜管价格大幅上涨，则会影响其销售收入，因此企业应当采取买入套期保值的策略，锁定采购成本。

在利用铜期权策略进行保值的过程中，从事铜生产和消费的企业常常处于铜产业链的首端或末端，铜价格的波动对企业经营产生巨大的风险，尤其是铜消费端企业，其抗风险能力更弱。因为产业链上的企业对铜价走势进行了长期追踪，所以对铜价走势有了大体认识，对后市铜价的把握相对更加精准，这时对精准度要求更高的期权套期保值策略就显得更有优势。如果企业预计在套保期间铜的价格波动更大，则可以考虑买入与企业实际持仓现货方向相反的看涨/看跌期权合约以便对持仓进行保护。比如，企业实际空仓缺货，就买入看涨期权进行虚拟备货等。

十五、双边风险敞口的企业有哪些风险点？

与单边敞口不同，双边敞口是指进项价格（或成本）与销项价格都随着保值标的物而改变。这一类的企业通常处于产业链的中游，比如贸易企业、加工企业等。

处于产业中游的企业的业务流程，往往可以概括为进项、中间环节以及销项。以铜杆企业为例，其业务流程相对简单，一般是先按照市场价格采购电解铜，随后进行加工，经历一段时间（加工周期）后生产出铜杆，并在市场销售。简单来说，该流程就是采购铜板、加工、销售铜杆。

这个流程的收支状况分析如下：

采购铜板　支出：进项时的铜市场价

加工　　　支出：加工成本

销售铜杆　收入：销项时的铜市场价 + 加工费

因此该企业利润 =（销项时的铜市场价 + 加工费）- 加工成本 - 进项时铜市场价

=（销项时的铜市场价 - 进项时的铜市场价）+（加工费 - 加工成本）

不难发现，当销项时的铜市场价与进项时的铜市场价相同时，该企业的利润为加工费与加工成本之差，这也是该企业的核心利润，而该企业实际利润的风险在于销项与进项铜价的价差。

若铜价波幅较小，则可以忽略进销项之间的价差，但事实情况是铜价波幅相对较大，极端的例子可以追溯到 2008 年 10 月。经历过 2008 年 10 月的加工商一定会感叹铜价单日的下跌幅度已完全抵消了微薄的加工收入。

这样来看，双边敞口的企业的保值目的已十分清晰明了了，即规避进销项的价差风险，因此，他们进行的是相对价格的保值或称为价差保值。从上面的公式不难发现这类企业并不在乎绝对价格水平。

既然双边敞口的企业关心的是相对价格，那么保值方案设计的着重点就在于对进项、销项之间的价差以及规避方式的分析。

还以上述铜杆企业为例，定价模式或者采用即时点价，或者采取点均价。而点均价又有点月均价、点日均价或者点其他规定时间段均价（如合约签订前/后数日的均价）之分。这就引出了双边敞口企业面临的第一个风险点：定价方式不对称。

不论是加工企业还是贸易企业，其进销项之间都会有一定的时间差（加工周期）。通常情况下，销售时间晚于采购时间，当遇到远月点价时，销售时间则往往早于采购时间。不论进销时间的早晚，在这期间的价格波动都会给公司带来风险，这就是双边敞口企业面临的第二个风险点：定价时间不对称。

双向敞口企业面临的第三个风险点是定价市场（合约）的不对称。铜进口商通常以 LME 市场价格为点价依据，而在国内的销售价格却经常参照上海期货交易所的阴极铜合约。

在利用铜期权策略进行保值的过程中，有双边风险敞口的铜加工企业或者贸易类企业，其进销难免会有一些时间差。这段时间内，铜的价格波动会给企业带来利润的不确定性。因此，在这个时间窗口内，可采用一个低成本的期权领口策略，锁定利润的波动区间进行风险管理。领口策略是在持有现货（已定采购价）、买入看跌期权组成保险策略的同时，再卖出虚值看涨期权。

领口策略对冲原理：当铜价下跌时，领口策略的买入看跌期权可以对冲铜价下行部分的损失（库存风险）；当铜价上涨但未超过看涨期权行权价时，卖出的虚值看涨期权不会被行权，整个组合收益与铜走势完全正相关，且同时享受了卖出期权获得权利金的收益；当铜价上涨超过行权价时，卖出的看涨期权会因被行权导致组合上端的收益被削平。因此，领口策略也被称为双限策略，其优势为对冲成本较低，但也为此牺牲了随行情上涨至高位带来的收益。

案例 5－7

某铜杆加工企业生产销售周期为 2 个月，企业担心在此期间铜价下跌会影响产品价格，企业能承受小幅度的风险，也希望采用期权保护性策略。此时企业可以采用期权领口策略，让期权端和现货端总价值保持在一定幅度内。6 月 1 日沪铜 CU2008 收盘价为 44520 元/吨，若企业以 590 元/吨的价格买入 1000 吨两个月期限的沪铜 CU2008 看跌期权，执行价为 43000 元/吨，付出权利金为 1000 吨 ×590 元/吨 =59 万元。同时，以 590 元/吨的价格卖出 1000 吨两个月期限的沪铜 CU2008 看涨期权，执行价为 46000 元/吨，得到权利金 1000 吨 ×590 元/吨 =59 万元。组合期权净收入期权费为零，即构成零成本领口期权策略。期权领口策略到期损益见图 5－4。期货和现货总价值到期损益见图 5－5。

【行权赔付】

情形一：后市沪铜 CU2008 上涨，到 7 月 27 日期权到期时上涨到 46000 元/吨。到期看涨期权行权收益为零，看涨期权和看跌期权到期价值都归零。现货价格上涨，现货方面将增加收益 1000 吨 ×（46000 －44520）元/吨 =148 万元。如果铜的价格上涨超过 46000 元/吨，卖出看涨期权将到期被行权，但是期权赔付由现货价值增加来弥补，现货和期货合并计算的总收益不再增加，企业取得最大盈利为 148 万元。

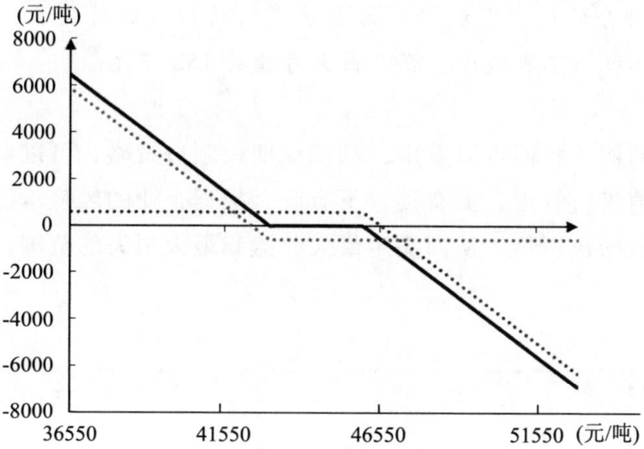

图 5－4　期权领口策略到期损益

资料来源：上海中期期货。

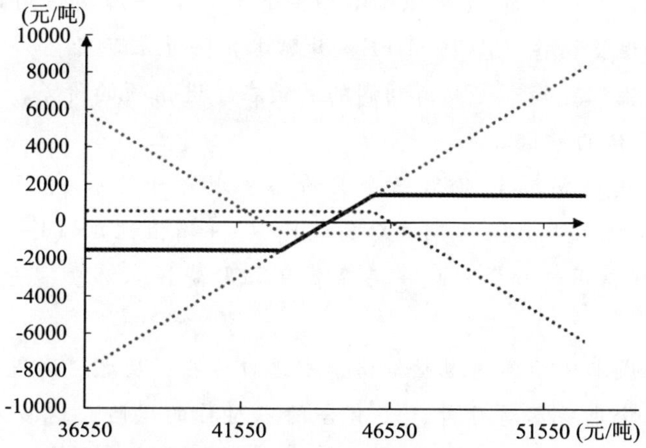

图 5－5　期权领口策略期货和现货总价值到期损益

资料来源：上海中期期货。

情形二：后市沪铜 CU2008 下跌，到 7 月 27 日期权到期时下跌到 43000 元/吨。到期看跌期权行权收益为零，看涨期权和看跌期权到期价值都归零。现货价格下跌，现货销售额下降 1000 吨 ×（44520 －43000）元/吨 = 152 万元。如果铜的价格下跌超过 43000 元/吨，买入看跌期权将到期行权，低于

43000 元/吨部分的现货下跌损失由看跌期权的行权赔付覆盖，现货和期货合并计算的总收益不再减少，企业最大亏损为 152 万元。

从上面的例子我们可以看出，利用铜期权领口策略，可以对现货和期权总头寸的价值进行管理，上有顶，下有底。根据企业的风险承受能力，设置看涨看跌期权的执行价，从而决定最大收益和最大损失的范围，企业可以灵活把握。

小贴士

铜进口商的一般流程及盈亏计算

进口商的贸易流程为：询价与货源—申请信用证额度—国内开具信用证（或担保）—定价（参照 LME + CIF 升水）—落实信用证额度—起运、报关—现货销售（参照 SHFE + 升贴水）—兑汇还贷。

由以上流程可知，进口商利润的关键在于进销项的价差，即 SHFE 价格与 LME 价格的差价。

LME 铜进口成本 =（伦敦三个月价格 + 现货升贴水 + CIF 上海升水）×人民币/美元汇率 ×（1 + 铜进口关税）×（1 + 增值税）×（1 + 开证费率 + 商检费率）+ 信用证融资利息 + 港杂费 + 短驳费 + 入库费 + 仓储费（ + 交割费）

若进口成本大于国内现货价格，则进口亏损；反之，则进口盈利。

当然，除市场不对称外，还有合约不对称的风险。这多发生在农产品中（如大豆压榨企业）。如企业进口大豆（CBOT 定价），再销售豆粕、豆油（ZCE 定价）的过程。

十六、原料与产品定价模式不匹配时，有什么样的保值策略？

如前所述，企业在产销过程中，会面临多种定价模式，包括均价、点价、固定不变价以及嵌入期权的价格。

均价，包括月均价以及固定时间内的平均价，而月均价又可分为到货月的月均价（M+0）、到货月上一个月的月均价（M-1）、到货月上两个月的月均价（M-2）、到货月后一个月的月均价（M+1）、到货月后两个月的月均价（M+2），另外，还有上个月10日至本月5日的均价、合约签订后连续三天的均价，以上这些都是固定时间内的平均价。

点价，包括点现货或者期货即时盘面价格（当月或远月/远期），也包括点某个时间的结算价。

固定不变价，指在未来一段时间内按照约定的不变价格定价。

嵌入期权价格相对复杂，指在一定价格范围内执行合同，超出价格范围，取消或另行定价。

尽管定价方式不同，但企业可以利用期货合约进行调整，只是需要遵循套期保值的四项原则，即商品种类相同、方向相反、数量相等、时间相同原则。通俗地说，就是现货按照哪种定价方式购进，在期货市场就按照哪种方式卖出；现货按照哪种方式销售，在期货市场就按照哪种方式买入。现货的购入与期货的卖出相抵（对冲），现货的销售与期货的买入相抵。

案例5-8

沿用上面铜杆企业的例子。企业原料采购以期货市场合约月均价定价，销售则采用点价的模式。假设该企业月初采购任务为4600吨，23个交易日完成，则该企业可于每个交易日在期货市场抛售总计200吨铜。这200吨铜的抛售应分批等量，在每日的不同交易时段进行。同时，每点价销售一批铜杆，在期货市场应按照点价价格（价格相同原则）进行与销售量对应（数量相等原则）买入保值。

这里对抛售方式略作解释。4600吨铜原料以上海期货交易所对应期货合约的月均价采购，因而在设计套期保值方案时，可以将4600吨均分到每一个交易日，而每个交易日又可分为不同的N个时段，在每个时段，企业在期货市场抛售4600/（23×N）吨铜，折合4600/（23×N×5）手合约（上海期货交易所铜合约交易单位为5吨/手），经过这样的操作，可以使抛售均价近似于该合约的月均价。

除上述例子之外，还有很多其他定价方法用于不同的套期保值策略。以下列出了几个基础的保值策略：

采购以月均价定价，销售以月均价定价：由于其本身采用的定价方式几乎一致，因此可以直接对冲，不列入套期保值计划。

采购以月均价定价，销售以日均价定价：由于月均价也由日均价算术平均而得，月均价买入的日内操作与日均价卖出的日内操作可以实现当日的对冲，因而只需对多余的头寸保值。

采购以月均价定价，销售以远月点价定价：在对应的远月月份建立保值多头。

在利用铜期权策略进行保值的过程中，如果原料与产品定价模式不匹配，比如铜原料采购经常以期货市场合约的月均价定价，则可以采用买入亚式期权做对冲。

所谓亚式期权，是指在到期日确定期权收益时，采用期权合同期内某段时间标的资产价格的平均值作为结算价的奇异期权。与采用收盘价做结算价相比，采用平均价格波动程度较小，所以亚式期权比普通欧式期权的权利金低，降低了购入成本。在对价格进行平均时，可采用算术平均或几何平均，所以亚式期权可以分为两种，一种是算术平均亚式期权，另一种是几何平均亚式期权，其中算术平均亚式期权最为常见。

采用此策略的优点在于：花费更少的资金就可以建立虚拟库存，实现原料端的风险管理。亚式期权更贴近企业的生产实际，对冲工具与保护的现货头寸匹配性更好。最大的损失为期权权利金，在行情往相反方向发展时还可以获得超额收益。

此策略的缺点在于：获得的可能赔付金额可能低于普通欧式期权。

十七、原料与产品定价时间不匹配时，有什么样的保值策略？

运输周期以及加工周期、主动备库以及被动库存积压、合同定价时间等都会造成原料与产品定价时间的不匹配。

尽管造成不匹配的原因各异，然而对于此类企业套期保值方案的设计思路却大致相同。依照“种类相同、方向相反、时间相同”的原则，企业可以通过在原材料采购的同时在期货市场抛出，在产品定价的同时在期货市场买入的方法进行保值。这样一来，现货与期货市场都实现了对冲（见图5－6）。

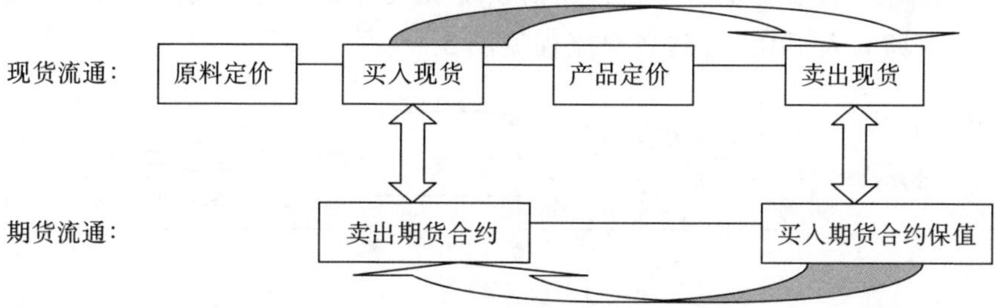

图5－6 现货流通与期货流通流程

资料来源：上海中期期货。

在利用铜期权策略方面，对于原料与产品定价时间不匹配问题，企业可以采用买入铜看涨期权，建立铜虚拟库存或者采用保护性策略；买入铜看跌期权，建立价格保险机制。无论是原料端还是产品端出现风险，都可以采用买入看涨/看跌期权，进行头寸的保护。

采用此策略的优点在于：花费少量的资金就可以建立虚拟库存，实现两端的风险管理，进一步节省资金占用，还可以构建价差期权等多腿期权策略。作为期权的买方，不需要缴纳保证金，结构简单清晰，头寸管理方便。最大的损失为期权权利金，在行情往相反的方向发展时还可以获得超额收益。

此策略的缺点在于：如果铜价格没有大幅变动，期权时间价值就会流失，期权价值将降低。

十八、原料与产品定价市场不匹配时，有什么样的保值策略？

原料与产品定价市场不匹配，通常因为进项与销项对应不同的保值市场和保值工具。电解铜贸易商通常会遇到这类状况。两个市场的价差波动通常会对企业的利润造成影响。因此保值本身就是对这两个市场的价差进行锁定，其基本思路是“提前在对应的市场进行价差锁定，也即买入进项对应市场的合约，卖出销项对应市场的合约；在进项现货定价的同时，按照同样的方式在对应的市场卖出平仓，在销项现货定价的同时，按照同样的方式在对应的市场买入平仓”。其套保流程见图5－7。

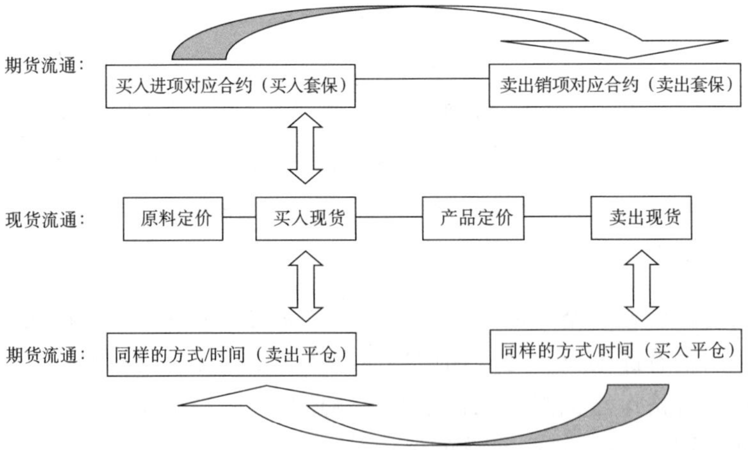

图5－7 套保流程

资料来源：上海中期期货。

十九、什么是基差?

基差，是指在某一个特定地点某种商品的现货价格与同种商品的某一个特定期货合约价格间的价差。简单地说，就是现货减期货的差价，即：

基差 = 现货价格 - 期货价格

一般来说，计算基差的现货与期货合约标的规定的品种的等级相同，且期货价格一般指最近的交割月份的合约价格。

运用到铜期货上，现货与近月期货的价差 = 精铜市场价 - 近月期货价格。如 2020 年 5 月 25 日，上海地区精炼铜现货均价报 43830 元/吨，上期所沪铜 2006 合约（注：2006 合约即 2020 年 6 月到期的合约。2005 合约在 5 月 15 日为最后交易日）收盘价为 43720 元/吨，因此，基差 = 43830 - 43720 = 110 元/吨，即现货升水 110 元/吨。

这里需要注意的是，特定的交易者，可以根据自己的需要选择不同到期时间对应的期货合约，比如铜贸易商选择的基差可能是铜现货与保值月合约的期货价格的价差，而该贸易商进口的铜规格可能与上海期货交易所铜合约标的阴极铜有一定的差异。

套期保值者同时在现货市场以及期货市场进行反向操作，因而较为理想的状态是基差恒定不变，然而现实生活中期现之间的价差却往往是波动的，随着客观环境的变化，这种波动甚至是巨大的，保值者必须给予充分关注。

二十、如何判断基差对套期保值效果的影响?

分析基差，首先需要关注基差的构成，即现货、期货合约的价格变化。

从基差的角度，一般将市场分为正向市场和反向市场。

在正向市场，现货价格低于期货价格，或者近月期货合约价格低于远月期货合约价格，此时基差为负。在正向市场，通常现货供应较为充足，库存量通常较大。这时期货市场合约价格大于现货市场，因为期货价格中包含了仓储费、保险费、利息等持仓费用。

在反向市场，现货价格高于期货价格，或者近月期货合约价格高于远月期货合约价格，此时基差为正。在反向市场，通常有两种情况：第一种是近期对商品的需求较大，超过了近期的产量以及库存，因而现货价格大幅增加，并高于期货价格；第二种是预计商品未来的供应将大幅增加，使得期货价格大幅下跌，并低于现货价格。

基差有不变、走强以及走弱之分。如果基差不变，则期货与现货同涨同跌，且涨跌量相同，因而可以实现完全保值。然而一旦基差发生变化（大多情况下如此），则会对套期保值造成影响。

以数学公式表示基差变化对正向市场以及反向市场的影响：

$B = S - F$

说明：

B 为基差；S 为现货价格；F 为期货价格；t 为某一时间点。$t = 0$ 表示当前时间点（比如今天），$t = 1$ 表示此后的一个时间点（比如明天），$t = 2$ 表示此后的第二个时间点（比如后天）依次类推。S_t表示 t 时刻的现货价格。

当时间由 0 时刻进入 t 时刻，现货价格的变化为 $S_t - S_0$，期货价格的变化为 $F_t - F_0$，则基差变化“ΔB”为：

$\Delta B = (S_t - F_t) - (S_0 - F_0) = (S_t - S_0) - (F_t - F_0) = \Delta S - \Delta F$

即现货变化与期货变化之差。

对于卖出套期保值者而言，在 0 到 t 时刻的现金流为：

$(S_t - S_0) - (F_t - F_0) = \Delta S - \Delta F$

对于买入套期保值者而言，在 0 到 t 时刻的现金流为：

$(S_0 - S_t) - (F_0 - F_t) = -(\Delta S - \Delta F)$

当现货变化大于期货变化，即 $\Delta S = S_t - S_0 > F_t - F_0 = \Delta F$，则基差扩大，卖出套期保值者的现金流为正（大于零），即基差扩大使卖出套期保值者获得额外的净盈利，对卖出保值者有利，但对于买入套期保值者而言，则会产生净亏损，对买入保值不利。

当现货变化大于期货变化，即 $\Delta F = F_t - F_0 \geqslant S_t - S_0 = \Delta S$，则基差缩小，买入套期保值者的现金流为正（大于零），即基差缩小使买入套期保值者获得额外的净盈利，对买入保值者有利。但对于卖出套期保值者而言，则会产生净亏损，对卖出保值不利。

总体而言，基差对于套期保值的影响，可以归结为三个方面。

第一是基差的性质。它决定了套期保值功能的完备性。当基差扩大，或者说基差呈现正向排列时，卖出套期保值者获得结构性盈利，买入套期保值者获得结构性亏损；当基差缩小，或者说基差呈现反向排列时，买入套期保值者获得结构性盈利，卖出套期保值者获得结构性亏损。

第二是基差的分布。基差分布是指各隔月期货合约之间的基差的大小情况。观察期货各合约，会发现各月合约之间的基差大小不一，有时近月隔月的基差大于远月隔月的基差，有时远月隔月的基差大于近月隔月的基差，有时近月隔月的基差与远月隔月的基差基本相同，或者说均匀分布。基差的分布决定了基差损失的大小。

第三是基差的变化。进入反向基差市场，近月合约与远月合约之间的基差扩大，且由于近月合约流动性增强，使得基差变化对保值效果产生较大的影响。若保值月份选择合适，则保值效果将被优化，否则会对保值效果造成较大的打击。

二十一、基差逐利型的保值如何操作？

19 世纪 50 年代，霍布鲁克·沃金明确提出，套期保值的本质是用基差风险取代现货价格波动的风险。他认为套期保值是对基差的投机，保值的结果取决于基差的变化，并指出套保的结果不一定将风险全部转移出去，套期保值者为避免现货价格变动的大幅风险，选择了相对较小的基差风险。

沃金根据传统套期保值不能完全保值的缺陷，提出了基差逐利型套期保值理论。该理论认为套期保值的核心不是消除风险，而是寻求基差方面的变化或预期基差变化来谋取利润，即通过发现期货市场和现货市场价格的未来变动来寻求获利机会。在实际操作中，有的企业进入期货市场的目的是套保，但后来发现有利可图，因而转为套利操作；也有的企业进入期货市场的目的是套利，后来发现还有规避价格风险的需求，因而转为做套保。

案例 5－9

举一个简单的例子来说明基差逐利型套期保值的操作原理。假设某贸易商5月份以45000元/吨的价格从海外进口阴极铜，但尚未在国内找到这批铜的买主，为了规避价格下跌的风险，因而选择在国内市场卖出套期保值，以45200元/吨的价格卖出4个月后到期的阴极铜期货合约。由此可得，此时的基差为45000－45200＝－200元/吨。企业在卖空期货的同时，在现货市场寻找买家。

另一方面，7月下旬，一铜杆厂认为铜价将继续下跌，因此不愿以当前现货价格备货。贸易商与铜杆厂因此协定，以低于9月到期的期货合约100元/吨的价格作为双方的现货成交价。9月10日，9月铜期货收盘价为46000元/吨，铜杆厂决定以这一天的9月铜期货合约收盘价作为基准价，与贸易商进行铜现货交易，成交价为45900元/吨。因此贸易商在9月11日以46000元/吨的均价在期货市场买入平仓5月建立的空头头寸，了结套期保值交易。可以看到，该贸易商的现金流为：

	5月份		7月份	
现货	45000元/吨	买入阴极铜	45900元/吨	卖出阴极铜现货
期货	45200元/吨	抛出相应头寸	46000元/吨	买入相应头寸平仓

现货现金流＝－45000＋45900＝900（元/吨）

期货现金流＝45200－46000＝－800（元/吨）

净现金流＝－800＋900＝100（元/吨）

由此可见，通过套期保值，配合基差逐利方法，该贸易商没有因为铜价的波动亏损，反而赚取了100元/吨的利润。

尽管如此，基差逐利型套期保值却并不完美。从上面的例子可以看出，对于卖出套期保值而言，唯有基差走强，贸易企业才能实现净盈利。

现实生活中，若市场货源充沛，而买家观望气氛较浓，贸易商若没有足够的资金周转，很可能以较低的价格抛售现货，基差因而走弱，造成贸易商的亏损。另外，期货交易、库存成本，也应当列入贸易商的利润计算范畴，唯有扣除交易手续费、仓储费等后的净现金流为正，才能确保贸易商的盈利。此外，期货合约受到涨跌停板的限制，有时无法按理想价格平仓，这也是影响贸易企业基差逐利收入的一个情况。

二十二、套期保值效果优化技巧有哪些？

首先，理论上的完美保值在企业实际操作中是不存在的。基差、交叉保值、保值成本等因素都会使保值效果无法达到预期。但企业都是逐利的，几乎所有企业都希望在风险可控的条件下最大限度地追求超额利润，或者回避基差和价差带来的损失。

在具体操作中，就产生了战术性优化方案和战略性的优化方案。战术性优化方案的基本思路是放松一些保值条件的限制，利用期货市场的一些交易技巧，包括套利的技巧、短线投机的技巧，或者利用期货市场与现货市场的相关关系，寻找一些无风险、低风险或者可控风险下的优化机会。

战略性的优化方案则包括最优套期保值比例的设定以及对企业进行整体性的风险管理，其中保值比例的设定又分为两个层面的概念：第一，需要多少比例的风险资产进行保值；第二，对于需要进行套期保值的风险资产，应该选用多大比例的期货合约进行保值，才能达到风险最小化。

二十三、怎样用期权工具实现二次点价？

点价交易是大宗商品现货贸易的一种方式，意思是，对某种远期交割的货物，在签订购销合同的时候并不确定价格，只确定升贴水是多少，然后在约定的“点价期”内以期货交易所某日的期货价格作为点价的基价，加上约定的升贴水作为最终的现货结算价格。即：

现货结算价格 = 期货价格 + 升贴水

二次点价是让拥有点价权的一方在正常交易外，还有一次点价的机会或权利。该权利可以行使，也可以放弃。本质上，这相当于拥有点价权的一方从另一方那里获得了一个期权，这个期权是嵌入购销合同中的非标准化的场外期权，其通过合同约定的形式存在。

案例 5 – 10

某铜贸易商将阴极铜销售给电缆企业采用点价交易模式，作为采购方的电缆企业拥有点价的权利，合同约定的点价期是 7 月 1 日到 8 月 31 日，升贴水是 100 元/吨，合同开始时，铜主力合约结算价是 47000 元/吨。到 7 月 15 日，铜主力合约结算价是 46500 元/吨，电缆企业认为阴极铜的价格已经下降到中短期低点，后续价格很可能会反弹，所以就通知铜贸易商进行点价。点价后，采购成本价为 46500 元/吨 + 100 元/吨 = 46600 元/吨。相比于签合同时的价格，采购成本下降了 500 元/吨。而铜贸易企业由于在期货市场上做了相应的套期保值交易，实际销售价格下降的风险转移到期货市场上了。

电缆企业担心判断失误，阴极铜在点价后价格继续下跌。为打消顾虑，铜贸易企业可以设计新的购销合同。合同规定，当点价截止日的铜主力期货合约结算价低于点价日的主力合约结算价时，贸易商向电缆企业提供现金补偿，以点价日为基准，到合同结束日下跌多少补多少。同时，将合同的升贴水调整为200元/吨。在这个新的合同中，增加了贸易企业的义务，并提高了升贴水。其中，继续下跌补偿条款就是二次点价交易的基本表现。该条款相当于贸易商向电缆企业卖出一个欧式看跌期权，该期权的行权价是电缆企业首次点价后确定的期货基准价格，期限是首次点价到合同结束日。该期权是欧式期权，因为只有到合同结束日电缆企业才能够行权。期权的权利金就是上涨的升贴水，为100元/吨。如果点价当天的铜主力期货合约结算价是46500元/吨，到8月31日合同结束日，铜主力期货合约价格下跌到46000元/吨。在这种情况下，电缆企业将得到贸易企业的现金补偿。

补偿额度 = 46500 − 46000 = 500（元/吨）

电缆企业最终的采购价格 = 46500 − 500 + 200 = 46200（元/吨）

相对于第一份合同而言，新合同中电缆企业采购价格降低了400元/吨。

新合同中所嵌入的看跌期权，并不是普通的欧式期权，事实上，在合同签订的时候，该期权的行权价并没有确定，而是由期权买方在合同生效后才确定的，因此，该期权属于呼叫期权（Shout Option），属于奇异期权的一种类型。

延伸阅读

如何建立和完善套期保值业务管理制度

铜企业套期保值应当建立一套完整的业务管理制度。举例来说，应当遵循全面管理、集中管理、垂直管理、独立性管理以及程序性管理五项原则。

全面管理，是指对于套期保值的风险管理，应当渗透到与企业套保相关的各项业务流程和环节，涉及相关部门、岗位和人员。因此，完善全面的风险管理体系必须考量信用风险、市场风险、操作风险、流动性风险，以及结算风险、法律风险、声誉风险等因素。因此，企业在进行套期保值制度的设立时，应当采用全员管理、全程管理以及全方位管理。

集中管理，是指企业在建立套期保值的管理体系时，应当同时设立风险管理委员会和具体风险管理的业务部门。风险管理委员会负责宏观风险政策的制定，总体风险的汇总、监控和报告，风险管理办法制定和构架的决策。具体风险管理的业务部门，顾名思义，应负责具体的风险管理，负责对风险管理委员会制定的风险政策与管理程序的实施，以及对风险模型的测量和对风险的监控。

垂直管理，是指套保风险管理核心做出的风险管理决策，以及管理政策、指标限制、批准意见等及时向下传递给风险管理职能部门的前台，前台部门结合其收集的具体风险和交易信息，将这些风险决策信息进一步转化为具体的风险管理信息。简单来说，就是丰富并量化概念性的决策信息，并以此作为前台实际操作的依据。

独立性原则，是指套期保值的管理体系，其检查、评价部门应当独立于套期保值的管理和执行部门，且检查评价部门能直接向董事会和高级管理层报告。首先，企业套期保值管理机构在组织制度上由董事会、风险管理委员会直接领导，以独立的风险管理部门为中心，与各个业务部门在职能上形成独立的风险管理系统。其次，风险管理部门也应当与经营、支持保障部门保持相互独立，并在追求利润和控制风险之间寻求平衡。最后，内部审计部门与监察部门也应完全独立于业务经营、管理和支持保障部门，并直接向最高决策层（如董事会等）负责，以保证风险管理执行的有效性和公正性。

程序性原则，是指套期保值体系的组织结构应当严格遵循事前授权审批、事中执行以及事后监督审计的程序。

具体来说，套期保值的组织架构分为决策层、管理层和执行层三部分。

决策层，应当由企业的最高领导人直接负责，其成员包括董事长、党委书记、总经理、财务总监等企业的最高决策人员。一般而言，决策层往往以风险管理委员会的形式出现。成立风险管理委员会有两个目的：第一，是为了更好地落实董事会等企业最高决策机构的日常风险管理工作。第二，是为了有效防止决策人员与执行部门串通，防止出现大量冒险行为。决策层的主要工作有三个方面：首先是确保套期保值有完善的内控机制、规范的业务流程和适当的运作政策，使各种操作都受到有效控制，并定期对内控情况和风险管理基础设施状况进行评估；其次是清楚反映企业套保面临的风险；最后是批准承受风险的大小，为承担风险损失提供所需风险资本。因此，决策层的职责是确定保值战略、明确保值目标、审定保值方案、控制保值风险、调配保值资金和资源，以及与套保相关的其他决策。需要强调的是，在套期保值交易体系中，唯有决策层有制定、变更和终止套保交易方案的权力。

管理层是由决策层授权并负责执行套保交易决策方案的中间层。管理层的主要职能为：编制套保方案供决策层决策；按套保决策方案编制并下达交易指令；监控交易风险以及交易过程中的资金与资源的日常协调与管理。与决策层不同的是，管理层无权变更或终止套保决策方案。不过，管理层可以建议变更或终止套保交易。另外，管理层还可以根据实际情况，在套保方案允许的范围内，变更交易进程。

执行层，是由决策层授权的基层构架，它负责执行套期保值交易指令。其主要职能为：执行交易指令；负责期货交易的头寸和资金的日常管理及结算；风险控制；编制交易报表；收集、分析并及时反馈市场信息。

从运作上看，为了有效防范风险，应当设立以下监控体系：第一是岗位制约。双人双职、交叉核对、资产双重控制双人签字，以确定岗位间的互相配合、相互督促及相互制约。第二是部门制约。相关部门、相关岗位之间相互监督制约，如交易员交易规模受资金部门制约等。第三为内部稽核。稽核部门对岗位、部门、业务实施全面监督，发现问题，真实反映，并协助纠错、补漏，确保各种规章制度的事实，避免不当行为造成风险。

延伸阅读

如何评估铜期货的套期保值效果

需要明确的是，评价套期保值的效果应当将期货与现货的利得和损失结合起来整体考核。

铜期货品种是国内期货市场最为成熟的期货品种之一，已上市二十多年。套期保值对于铜的生产、加工、贸易企业来说，其积极意义毋庸置疑，然而，不少企业在运用套期保值工具的时候还会出现许多困惑。特别是当株冶、中航油、东方航空等国企纷纷陷入海外期货市场套期保值的漩涡之后，社会上方方面面的评论和质疑铺天盖地，导致一些企业对期货市场套期保值的功能产生了怀疑，对如何科学、客观地评价套期保值的效果和有效性也产生了困惑。

以江铜 2008 年在期货市场亏损 13.6 亿元的套期保值为例，由于在现货上多赚了将近 13 亿元，期现对冲，真正亏损才不到 1 亿元。江铜当时的年产精铜达 70 万吨，进口上百万吨铜精矿，外购 20 多万吨粗杂铜。对于拥有数十万吨保值需求的大型生产企业而言，期货套期保值头寸是不是允许出现亏损？而这不到 1 亿元的亏损又该如何评价？我们看到，尽管江铜的盈利在全国铜行业高居榜首，但由于其期货套期保值的头寸出现亏损，照样摆脱不了方方面面的批评和议论。

如果片面地依据期货部位的账面盈亏来评价套期保值的效果，那么套期保值必然是无法操作的。既然是期货的套期保值，那么期货头寸随着行情的变动，账面上就必然会出现有盈有亏的状态。因此，必须正确理解套期保值的内涵，真正懂得套期保值中“期货盈（亏），现货亏（盈）”的对应道理，理解期货与现货是套期保值产品的统一体，必须统一考核，决不能将单方面的盈亏作为总体考核评估的依据。只有这样，才能对套期保值的效果作出客观、全面和科学的评价。

随着我国有色金属期货市场、现货市场的高速发展，生产、加工、贸易商参与套期保值的越来越多，其中有不少成功的典型，但也不乏失利的教训。还有不少企业尝试了期货套期保值工具，但由于未能掌握全面、科学、客观的套期保值评价机制，不能接受期货头寸的账面亏损而没有坚持运用期货套期保值作为风险管理工具。还有一些企业的套保也失败了，其主要原因是未把期货保值环节真正融入企业的业务流程，尤其是内控机制和风险管理制度存在缺失，那么，这些企业保值失败也就成了必然的结果。

当然，企业在坚持正确的套期保值理念的前提下，实际操作过程中，也可以顺势而为、灵活操作。不必墨守成规，拘泥于某些所谓成功的模式，这就特别需要根据企业自身经营情况设计套期保值的操作机制。其他企业有效的保值操作模式，在本企业未必同样适用，所以说，企业必须找到适合本企业的、有效的操作方法和保值运作机制。

企业成功套保的经验显示，运用和参与期货市场的套期保值，不仅能使企业规避价格波动风险、赚取合理利润，还能帮助企业拓宽经营思路。通过期货和现货两个方面的相互结合，可促进企业进一步完善业务流程，加强对实物流、现金流和信息流的系统管理，全面提高企业管理的水平。

二十四、如何评估铜套保团队的工作绩效？

国内企业的套期保值团队（或部门）多为保值方案的制定者和执行者。尽管设立保值部门进行保值操作的初衷是为了降低企业经营过程中产销定价造成的企业业绩的不确定性。然而，对于企业来说，收益是第一目标，这也使得套期保值部门不可避免地被赋予了盈利的指标压力。在这种情况下，保值团队的操作既要降低企业的业绩波动，也要实现收益，使得保值团队不得不面临投机风险。这是企业对套期保值团队考核的误区。

套期保值，规避的是现货价格的风险，而规避风险的代价，则是放弃了价格朝有利方向波动带来的收益。因此利用期货进行套期保值，企业必然是在一个市场盈利，而在另一个市场亏损。盈利的未必是期货市场，而亏损的也未必是现货市场。

现实生活中，企业在期货市场进行严格的套期保值，那么如果在现货市场盈利，则必然在期货市场亏损。而这样的亏损，很可能是会计处理不当的结果，属于“假亏”。如果不考虑基差变化的问题，套期保值不存在盈亏。不过一些企业在会计处理中采取了期货市场与现货市场分别计算的方式，这样一来，套期保值的统一会计处理会被人为分割。现货市场表现了盈利，期货市场则必然显示亏损。从会计角度，套期保值应当引入“公允价值”的理念，以便有效、客观地评估套期保值的效果。

当然，现货头寸的完全保护仅存在于理论之中。基差的变化、交易费用、仓储费用、银行利率、汇率等因素的微小变动，都会影响套期保值的效果。这些影响，有时是正面的，有时是负面的，企业应当综合考虑，以便制定合理的套期保值方案。另外，入市与离场时机的选择，也会影响套期保值的效果，市场瞬息万变，企业应当因地、因时制宜。

总体而言，企业应当结合期现货市场进行综合盈利分析，不能片面追求期货交易的收益。

延伸阅读

企业如何进行套期保值的会计处理

企业进行套期保值会计处理，应按照企业会计准则的要求和规定进行。《企业会计准则第 24 号——套期会计》对企业开展套期业务选择套期会计处理进行了规范。运用套期会计，还应按照《企业会计准则第 37 号——金融工具列报》的相关要求在财务会计报告中进行信息披露。

（一）套期会计准则的实施要求

2017 年 4 月 6 日，财政部正式发布了《关于印发修订〈企业会计准则第 24 号——套期会计〉的通知》（财会〔2017〕9 号）（以下简称“新准则”“套期会计准则”）。新准则对财政部 2006 年 2 月 15 日印发并执行的《企业会计准则第24号——套期保值》（以下简称“原准则”“旧准则”）进行了修订。

新准则规定，在境内外同时上市的企业以及在境外上市并采用国际财务报告准则或企业会计准则编制财务报告的企业，自2018年1月1日施行新准则，其他境内上市企业自2019年1月1日起施行，执行企业会计准则的非上市企业自2021年1月1日起施行。同时，鼓励企业提前执行新准则。执行新准则的企业，不再执行原准则以及财政部2015年11月26日印发的《商品期货套期业务会计处理暂行规定》（财会〔2015〕18号）。

新准则保持了与国际会计准则理事会2014年7月发布的《国际财务报告准则第9号——金融工具》（IFRS9）的趋同，借鉴了新国际金融工具会计准则的做法。新的套期会计准则有利于降低企业运用套期会计的成本，能够更好地反映运用套期进行风险管理的活动。

（二）套期会计准则简介

铜产业链企业在采购、生产、销售等生产经营过程中，会面临各类风险，例如外汇风险、利率风险、价格风险、信用风险等特定风险。铜产业链企业根据所面临的特定风险利用金融工具，对特定风险进行套期管理，防范外汇汇率、利率、价格的变化对企业业绩造成影响。

套期，是指企业为管理外汇风险、利率风险、价格风险、信用风险等特定风险敞口，指定金融工具为套期工具，以使套期工具的公允价值变动或现金流量变动，预期抵消被套期项目全部或部分公允价值或现金流量变动的风险管理活动。

对于满足准则规定条件的套期，企业可以运用套期会计方法进行会计处理。

套期会计方法，是指企业将套期工具和被套期项目产生的利得或损失在相同会计期间计入当期损益（或其他综合收益），以反映风险管理活动影响的方法。

1. 与套期相关的概念

(1) 套期工具，是指企业为进行套期而指定的、其公允价值或现金流量变动预期可抵销被套期项目的公允价值或现金流量变动的金融工具。可以作为套期工具的金融工具包括期货、期权合约，非衍生金融资产或非衍生金融负债等。

(2) 被套期项目，是指使企业面临公允价值或现金流量变动风险，且被指定为被套期对象的、能够可靠计量的项目。可以指定为被套期项目的有：已确认的资产或负债；尚未在资产负债表内确认的确定承诺；极有可能发生的预期交易；境外经营净投资。

套期会计的目标，就是在企业财务报告中反映企业采用金融工具管理特定风险引起的风险敞口的风险管理活动的影响。

2. 运用套期会计方法必须满足的条件

铜产业链企业运用套期会计方法，须同时满足一定的条件：

(1) 套期关系仅由符合条件的套期工具和被套期项目组成。

(2) 在套期开始时，正式指定了套期工具和被套期项目，并准备了关于套期关系、从事套期的风险管理策略和风险管理目标的书面文件，至少载明套期工具、被套期项目、被套期风险的性质以及套期有效性评估方法（包括套期无效部分产生的原因分析以及套期比率确定方法）等内容。

(3) 套期关系符合套期有效性要求。套期有效性，是指套期工具的公允价值或现金流量变动能够抵销被套期风险引起的被套期项目公允价值或现金流量变动的程度。套期工具的公允价值或现金流量变动大于或小于被套期项目的公允价值或现金流量变动的部分为套期无效部分。

3. 符合套期有效性的要求

新准则第十六条规定，套期同时满足下列条件的，企业应当认定套期关系符合套期有效性要求：

(1) 被套期项目和套期工具之间存在经济关系。该经济关系使得套期工具和被套期项目的价值因面临相同的被套期风险而发生方向相反的变动。

(2) 被套期项目和套期工具经济关系产生的价值变动中，信用风险的影响不占主导地位。

(3) 套期关系的套期比率，应当等于企业实际套期的被套期项目数量与对其进行套期的套期工具实际数量之比，但不应当反映被套期项目和套期工具相对权重的失衡，这种失衡会导致套期无效，并可能产生与套期会计目标不一致的会计结果。例如，企业确定拟采用的套期比率是为了避免确认现金流量套期的套期无效部分，或是为了创造更多的被套期项目进行公允价值调整以达到增加使用公允价值会计的目的，可能会产生与套期会计目标不一致的会计结果。

(三) 套期（会计处理）分类及会计处理科目

从企业财务报告角度看，根据新准则，套期按照套期关系，可分为公允价值套期、现金流量套期和境外经营净投资套期。

公允价值套期，是指对已确认资产或负债、尚未确认的确定承诺，或上述项目组成部分的公允价值变动风险敞口进行的套期。该公允价值变动源于特定风险，且将影响企业的损益或其他综合收益。其中，影响其他综合收益的情形，仅限于企业对指定为以公允价值计量且其变动计入其他综合收益的非交易性权益工具投资的公允价值变动风险敞口进行的套期。

现金流量套期，是指对现金流量变动风险敞口进行的套期。该现金流量变动源于与已确认资产或负债、极可能发生的预期交易，或与上述项目组成部分有关的特定风险，且将影响企业的损益。

境外经营净投资套期，是指对境外经营净投资外汇风险敞口进行的套期。境外经营净投资套期中的被套期风险，是指境外经营的记账本位币与母公司的记账本位币之间的折算差额。

财政部会计司编写的《〈企业会计准则第 24 号——套期会计〉应用指南 2018》指出，套期会计处理一般需要设置以下会计科目：

1. “套期工具”科目：核算企业开展套期业务（包括公允价值套期、现金流量套期和境外经营净投资套期）的套期工具及其公允价值变动形成的资产或负债。

2. “被套期项目”科目：核算企业开展套期业务的被套期项目及其公允价值变动形成的资产或负债。

3. “套期损益”科目：核算套期工具和被套期项目价值变动形成的利得和损失。

4. “净敞口套期损益”科目：核算净敞口套期下被套期项目累计公允价值变动转入当期损益的金额或现金流量套期储备转入当期损益的金额。

5. 在“其他综合收益”科目下设置“套期储备”明细科目：核算现金流量套期下套期工具累计公允价值变动中的套期有效部分。

6. 在“其他综合收益”科目下设置“套期损益”明细科目：核算公允价值套期下对指定为以公允价值计量且其变动计入其他综合收益的非交易性权益工具投资或其组成部分进行套期时，套期工具和被套期项目公允价值变动形成的利得和损失。

7. 在“其他综合收益”科目下设置“套期成本”明细科目：核算企业将期权的时间价值、远期合同的远期要素或金融工具的外汇基差排除在套期工具之外时，期权的时间价值等产生的公允价值变动。

（四）套期会计案例

1. 公允价值套期

案例 5-11

某大宗商品贸易企业 7 月 1 日签订了一份采购合同，数量为 1000 吨，采购成本为每吨 50000 元。为防止铜的价格下跌风险，使用铜期货合约进行卖出套期保值。同日，该企业卖出铜期货合约 200 手（每手 5 吨），卖开仓价格为每吨 50500 元，假设期货合约保证金比例为 10%。该企业风险管理目标和策略表明，采取的套期保值符合采用套期会计的条件，则该企业采用套期会计方法进行账务处理。

7月31日，铜现货价格为每吨48000元，当日铜期货合约价格为每吨48500元。

8月31日，铜现货价格为每吨49000元，当日铜期货合约价格为每吨49500元。

9月8日，企业以48500元/吨将产品全部销售完，当日铜期货合约平仓价格为每吨49000元。假设不考虑增值税及其他相关因素，该企业的账务处理如下（套期保值计算见表5-1）：

表5-1　套期保值的计算　（单位：万元）

日期	现货			期货			合计
	价格	金额	变动	价格	价值	变动	
2020年7月1日	5.00	5000.00	—	5.05	5050.00	—	—
2020年7月31日	4.80	4800.00	-200.00	4.85	4850.00	200.00	0
2020年8月31日	4.90	4900.00	100.00	4.95	4950.00	-100.00	0
2020年9月8日	4.85	4850.00	-50.00	4.90	4900.00	50.00	0
合计			-150.00			150.00	0

资料来源：上海中期期货。

1. 7月1日会计处理

（1）指定铜存货为被套期项目。

借：被套期项目——库存商品——铜　　50000000.00

　　贷：库存商品——铜　　50000000.00

（2）铜期货合约空头头寸开仓。为准确反映铜期货合约占用的保证金（假设铜期货合约保证金10%），开仓时，可以按照以下分录进行会计处理。

借：衍生工具——铜期货合同　　5050000.00

　　贷：其他货币资金　　5050000.00

（3）将上述已确认的期货合约指定为套期工具，按其账面价值（占用的保证金金额）结转。

借：套期工具——铜期货合同 5050000.00

贷：衍生工具——铜期货合同 5050000.00

2. 7月31日会计处理

（1）资产负债表日，确认套期工具公允价值变动。

借：套期工具——铜期货合同 2000000.00

贷：套期损益——铜期货合同 2000000.00

（2）资产负债表日，确认被套期项目公允价值变动。

借：被套期项目——库存商品铜 -2000000.00

贷：套期损益——铜 -2000000.00

3. 8月31日会计处理

（1）资产负债表日，确认套期工具公允价值变动。

借：套期工具——铜期货合同 -1000000.00

贷：套期损益——铜期货合同 -1000000.00

（2）资产负债表日，确认被套期项目公允价值变动。

借：被套期项目——库存商品铜 1000000.00

贷：套期损益——铜 1000000.00

4. 9月8日销售铜存货，同时将铜期货合约平仓

（1）铜库存销售时确认铜存货销售收入。

借：应收账款或银行存款 48500000.00

贷：主营业务收入 48500000.00

注意，8月31日至9月8日，铜现货价格每吨下跌了500元，被套期项目公允价值变动应予确认。

借：被套期项目——库存商品——铜 -500000.00

贷：套期损益——铜 -500000.00

（2）结转铜销售成本，即结转被套期项目科目的余额，铜现货的成本价格为每吨48500元。

借：主营业务成本 48500000.00

贷：被套期项目——库存商品——铜 48500000.00

可以看出，企业进行套保后，销售商品时，其应结转的销售成本等于现货销售价格乘以销售数量。

(3) 8月31日至9月8日，铜期货价格每吨下跌了500元，套期工具的公允价值变动应予确认。

借：套期工具——铜期货合同　　500000.00

　　贷：套期损益——铜期货合同　　500000.00

(4) 结算铜期货合同，注意期货合约平仓价为每吨49000元。平仓时，保证金为490万元（保证金10%）。

借：其他货币资金　　4900000.00

　　贷：套期工具——铜期货合约　　4900000.00

(5) 将套期工具科目余额结转（由于期货合约实行每日无负债结算制度，期货合约作为套期工具时，每日结算价与前一交易日结算价之间的差额形成的损益会进行现金结算，因此，7月31日、8月31日以及9月8日，期货合约公允价值累计变动金额为200－100＋50＝150万元。同时，由于受期货保证金制度影响，开仓价50500元/吨与平仓价49000元/吨，其占用的保证金差额为15万元，数量为1000吨，因此，两者相加，保证金合计为150＋15＝165（万元）。

借：其他货币资金　　1650000.00

　　贷：套期工具——铜期货合约　　1650000.00

本案例中，7月31日、8月31日、9月8日铜现货与期货合约的价格下跌幅度均相同，即基差保持不变，因此，期货合约的公允价值变动金额与现货的价值变动金额正好相等，方向相反。期货合约的盈利正好全部抵消了现货跌价损失，在此情况下，期货、现货套期损益合计为零，因此，结转至本年利润的套期损益合计为零，企业的盈利不受影响。

实际上，基差变动的方向与幅度是不确定的。如果企业持有基差多头头寸，基差扩大，则期现套保损益合计大于零；反之，期现套保损益合计小于零。如果企业持有基差空头头寸，基差缩小时，则期现套保损益合计大于零；反之，期现套保损益合计小于零。在期现套期损益合计不等于零的情况下，每个资产负债表日，企业还需将套期损益期末余额结转至本年利润科目。结转后，套期损益科目无余额。

2. 现金流量套期

案例 5－12

8 月 1 日，某铜生产企业预计在 9 月 30 日销售一批铜，数量为 1000 吨，预期售价每吨 50500 元。为规避与铜价格有关的现金流量变动风险，该企业当前卖出铜期货合约，并且将其指定为对该预期商品销售的套期工具。假设铜期货合约保证金为 10%。铜期货合同的标的资产与被套期预期销售的铜产品在数量、质量、价格变动等方面相同，并且期货合同的平仓日和铜现货销售日均为 9 月 30 日。

8 月 31 日，铜期货合约的公允价值上涨了 100 万元，铜现货总的销售价格下降了 100 万元。

9 月 30 日，铜期货合约的公允价值上涨了 50 万元（期货合约平价仓为 49000 元/吨），铜现货总的销售价格下降了 50 万元。当日，该企业将铜出售，并将期货合约予以平仓。

该企业分析认为该套期符合有效性的条件。假定不考虑商品销售相关的增值税及其他因素影响。

该企业的会计处理如下：

1. 8 月 1 日，铜期货合约空头头寸开仓

为准确反映铜期货合约占用的保证金，开仓时，可以按照以下分录进行会计处理。

借：衍生工具——铜期货合同 5050000.00

　　贷：其他货币资金 5050000.00

2. 将上述已确认的期货合约指定为套期工具，按其账面价值（占用的保证金金额）结转

借：套期工具——铜期货合同 5050000.00

　　贷：衍生工具——铜期货合同 5050000.00

3. 8 月 31 日，确认现金流量套期储备

借：套期工具——铜期货合同　　1000000.00

　　贷：其他综合收益——套期储备　　1000000.00

4. 9 月 30 日，确认现金流量套期储备

借：套期工具——铜期货合同　　-500000.00

　　贷：其他综合收益——套期储备　　-500000.00

套期工具自套期开始的累计利得或损失与被套期项目自套期开始的预计未来现金流量现值的累计变动额一致，因此，套期工具公允价值变动应全部作为现金流量套期储备计入其他综合收益。

5. 9 月 30 日，确认商品的销售收入

借：应收账款或银行存款　　49000000.00

　　贷：主营业务收入　　49000000.00

6. 结算铜期货合同

借：其他货币资金　　4900000.00

　　贷：套期工具——铜期货合约　　4900000.00

注意：由于受期货组合保证金制度影响，开仓价 50500 元/吨，平仓价 49000 元/吨，其占用的保证金差额为 15 万元（数量 1000 吨，保证金比例 10%），应予以处理。

借：其他货币资金　　150000.00

　　贷：套期工具——铜期货合约　　150000.00

7. 将现金流量套期储备额转出，调整主营业务收入

借：其他综合收益——套期储备　　500000.00

　　贷：主营业务收入　　500000.00

在案例 5-11 和案例 5-12 中，为了便于理解，期货合约的开仓、平仓均以期货合约占用的保证金金额作为期货合约的价值，编制了会计分录。这样处理的优点是易于理解，符合期货交易的行业惯例（保证金制度和每日无负债结算制度），账务处理不宜出错。不足之处是增加了工作量。

财政部会计司编写的《〈企业会计准则第24号——套期会计〉应用指南2018》中，对于期货合约、远期合同、互换合同的开仓和平仓（签署或结算），均不编制会计分录。在期货合约和远期合同公允价值发生变动时，才对其公允价值变动金额进行会计处理，计入公允价值变动损益、套期损益或者其他相关的会计科目。这样处理的缺点是不够直观，虽然减少了一部分工作量，但计算公允价值变动金额前仍需登记开平仓价格，并且不符合行业惯例，也不利于保证金的管理。

自测题

1. 所谓铜品种的套期保值，就是参与者在期货市场（　　）与现货数量相当但交易方向（　　）的铜期货标准合约，在未来某一时间，通过（　　）铜期货标准合约完成对冲，从而补偿因现货市场价格不利变动所带来的实际损失，使现货经营成本维持在一个理想的稳定水平。

A. 卖出或买入；相同；买入或卖出

B. 买入或卖出；相同；买入或卖出

C. 买入或卖出；相反；卖出或买入

D. 卖出或买入；相反；卖出或买入

2. 如果企业担心未来铜现货价格下跌，就通过期货市场先（　　）期货合约；如果担心未来铜现货价格上涨，就可以通过期货市场先（　　）期货合约，这样就可以使现货的风险得以规避。

A. 买入；卖出　　B. 买入；买入

C. 卖出；买入　　D. 卖出；卖出

3. 处于产业链下游的加工商、制造业者和经营者适合采用（　　）套期保值；处于产业链上游的矿山业主等生产者和经营者适合采用（　　）套期保值。

A. 卖出；卖出　　B. 买入；买入

C. 卖出；买入　　　　D. 买入；卖出

4. 某铜业公司2020年1月与国外某金属集团公司签订一份金属含量为3000吨的铜精矿供应合同，计价月为2020年6月，合同清算价为计价月LME（伦敦金属交易所）3月铜平均结算价。该公司在签订合同后，担心金融危机过后全球经济可能逐步从衰退中回暖，从而引发铜价的大幅上涨，因此该企业应对这笔精矿贸易进行（　　）套期保值。

A. 卖出　　　　B. 买入

C. 买入或卖出　　　　D. 其他

5. 现代套期保值理论的种类包括（　　）。

A. 基差逐利型、组合投资理论、流动性理论、长期合约关系理论

B. 传统理论、组合投资理论、流动性理论、无风险理论

C. 基差逐利型、传统理论、组合投资理论、流动性理论

D. 组合投资理论、流动性理论、无风险理论、基差风险规避理论

6. 均值方差理论认为，铜交易者进行套期保值，实际上是对（　　）市场和（　　）市场的资产进行组合投资。

A. 买方；卖方　　　　B. 现货；现货

C. 现货；期货　　　　D. 期货；期货

7. 套期保值的三大特性分别是（　　）。

A. 不可替代性、期现价格变动趋势相反、期货合约到期日临近期现价差扩大

B. 可替代性、期现价格变动趋势基本相同、期货合约到期日临近期现价差缩小

C. 不可替代性、期现价格变动趋势基本相同、期货合约到期日临近期现价格扩大

D. 可替代性、期现价格变动趋势基本相同、期货合约到期日临近期现价格趋于一致

8. 套期保值操作中需要遵循的四个原则是（　　）。

A. 交易方向相同的原则、商品种类相反的原则、商品数量不等的原则、交易月份不同的原则

B. 交易方向相反的原则、商品种类相同的原则、商品数量相等的原

则、交易月份相同或者相近的原则

C. 交易方向相反的原则、商品种类相反的原则、商品数量相等的原则、交易月份不同的原则

D. 交易方向相同的原则、商品种类相同的原则、商品数量不等的原则、交易月份相同或者相近的原则

9. 铜企业经营过程中遇到的风险按大类可划分为（　　）和（　　）。

A. 管理风险；财务风险　　B. 商业风险；管理风险

C. 商业风险；财务风险　　D. 内部风险；外部风险

10. 按照风险敞口的方向，可以将铜企业所面临的风险敞口分为（　　）类型。

A. 利率敞口、汇率敞口、贷款敞口

B. 资金敞口、管理敞口、汇率敞口

C. 进出口税收敞口、流动性敞口、利率敞口

D. 上游闭口，下游敞口、双向敞口

11. 铜材料占空调成本的20%，所以，铜价很大程度上左右着空调的价格。以空调制造企业一年生产空调机1000万台为例，企业约需用铜7万吨。如果铜价每吨上涨超过20000元人民币，则空调厂商将为此多支出成本14亿元人民币。此时空调企业面临的是以下（　　）风险。

A. 双向敞口　　B. 上游闭口、下游敞口

C. 上游敞口、下游闭口　　D. 以上均不是

12. 对于单边敞口的铜企业来说，关注的是铜价格变化的（　　）值。

A. 绝对　　B. 相对

C. 正　　D. 负

13. 某生产铜线企业的简单业务流程，一般是先按照市场价格采购电解铜，随后进行加工，经历一段时间（加工周期）后生产出铜线，并在市场销售。对于该双边敞口的生产铜线的企业来说，关注的是铜价格变化的（　　）值。

A. 绝对　　B. 相对

C. 正　　D. 负

14. 双边敞口的铜企业所面临的三大风险是（　　）。

A. 汇率变动、利率变动、定价时间不确定

B. 违约风险、定价方式不统一、资金风险

C. 利率变动、税率变动、相关合约不对称

D. 定价方式不对称、定价时间不对称、定价市场（合约）的不对称

15. 从基差的角度，一般将市场分为（　　）市场和（　　）市场。

A. 现货；期货　　B. 国内；国外

C. 上游；下游　　D. 正向；反向

16. 某铜矿生产企业，2019 年 11 月有一批库存铜 10000 吨，当时现货价格为 50000 元/吨，该企业担心铜价下跌，故在期货市场上以每吨 49000 元的价格进行 100 手卖出保值。现货与期货基差为 1000 元/吨。2020 年 1 月，企业以 51000 元/吨现货铜价将库存铜售出，并且同时在期货市场上以 53000 元/吨平仓 100 手空单。此时现货与期货基差为 -2000 元/吨。表示基差（　　），使卖出套期保值者产生（　　），对于买入套期保值者而言，则会产生（　　）。

A. 缩小；净亏损；净盈利　　B. 扩大；净盈利；净亏损

C. 扩大；净亏损；净盈利　　D. 缩小；净盈利；净亏损

17. 19 世纪 50 年代，霍布鲁克·沃金认为套期保值的核心不是消除风险，而是寻求基差方面的变化或预期基差变化从而谋取利润，即通过发现期货市场和现货市场价格的未来变动来寻求获利机会，称为（　　）套期保值理论。

A. 基差逐利型　　B. 完全规避风险型

C. 传统型　　D. 组合投资型

18. 基差逐利型套期保值对于卖出套期保值者而言，只有基差（　　），企业才能实现净盈利。

A. 走弱　　B. 走强

C. 为正值　　D. 为负值

19. 铜企业在进行套期保值时，应当建立一套完整的业务管理制度，包括（　　）管理原则。

A. 资金管理、人员管理、集中管理、垂直管理、账户管理

B. 全面管理、资金管理、账户管理、垂直管理、独立性管理

C. 全面管理、集中管理、垂直管理、独立性管理、程序性管理

D. 集中管理、资金管理、程序性管理、账户管理、垂直管理

20. 套期保值的组织架构分为（ ）。

A. 决策层、管理层、执行层

B. 基础层、中间层、最高层

C. 领导层、管理层、操作层

D. 管理层、风控层、执行层

21. 评估套期保值合理效果的标准是（ ）。

A. 现货亏损≤期货盈亏

B. 期货盈利≥现货盈利

C. 现货盈利≥期货盈利

D. 现货盈亏+期货盈亏=总盈亏≥0

22. 铜企业在进行套期保值操作中所产生的不当行为大体是（ ）。

A. 套保数量远超出现货匹配数量、未及时平仓套保合约、交易规则不熟悉

B. 行情对自身有利时加仓操作、企业与国际投行签订对赌协议、对期货外行人员执行操作

C. 套保行为转为投机、交易规则不熟悉、行情判断错误

D. 对期货本身不熟悉盲目参与、行情判断错误、人为因素

23. 2007年1月1日颁布的《企业会计准则第24号——套期保值》规范了套期保值的（ ）和（ ）。

A. 范围；计量　　B. 确认；计量

C. 确认；范围　　D. 种类；范围

24. 从会计的角度，套期保值可分成（ ）。

A. 收益保值、成本保值、流量保值

B. 买入保值、卖出保值、基差保值

C. 公允价值套期、现金流量套期、境外经营净投

D. 库存保值、远期保值、近期保值

25. 某铜贸易商对未来某一时点计划购买的铜提前在铜期货市场进行套期保值的行为从会计层面上称为（ ）。

A. 现金流量变动风险的套期

B. 公允价值变动风险的套期

C. 库存价格变动风险的套期

D. 远期铜价变动风险的套期

26. 以下（ ）不属于套期保值战术性优化方案。

A. 放松一些保值条件的限制，利用期货市场的一些交易技巧优化保值效果

B. 利用期货市场与现货市场的相关关系，寻找一些无风险、低风险或者可控风险下的优化机会

C. 充分利用套利的技巧、短线投机的技巧进行优化

D. 选择最佳套期保值比例优化套保效果

27. 关于上期所铜期权限仓的表述，错误的是（ ）。

A. 客户在不同会员编码的持仓合并计算

B. 单边期权与期货套期保值持仓之和不能超过批准额度

C. 看涨期权多头和看跌期权空头合并计算

D. 实行期权与期货投机持仓合并限仓期权

28. 某铜杆加工企业通过买入看涨期权实行套期保值，下列说法不正确的是（ ）。

A. 确立了一个最高的买价

B. 确立了一个最低的卖价

C. 有效避免了铜价格大幅上涨带来的采购成本上升

D. 在现货价格上升时，能够享受低价购买的好处

29. 6 月 28 日，某投资者以 1000 元/吨的价格购买 1 手行权价格为 47000 元/吨的铜看跌期权。7 月下旬之后，该期权合约即将到期，预计在期权最后交易日之前，期货价格只会在 47050 元/吨左右波动，此时该期权报价为 80 元/吨。那么该投资者应该（ ）。

A. 提前申请执行该期权　　B. 等待持有到期

C. 买进该行权价格的期权合约　　D. 卖出该期权合约平仓

参考答案

1. C	2. C	3. D	4. B	5. A	6. C	7. D
8. B	9. C	10. D	11. C	12. A	13. B	14. D
15. D	16. A	17. A	18. B	19. C	20. A	21. D
22. C	23. B	24. C	25. A	26. D	27. D	28. B

29. D（行权收益为 0，平仓获利 80 元/吨）

第六章

铜期货投机交易策略

本章要点

本章主要介绍了铜期货的投机交易策略，该策略以获取单边价差收益为目的。相对其他期货品种来说，铜期货价格波动大，本章结合铜期货区别于其他期货品种的具体情况，介绍了投机者的类型、投机交易策略的分类、铜期货投机的基本原则、建仓平仓的方法以及交易者必须具备的基本条件，同时对目前流行的系统交易方法以及量化交易方法进行了简要介绍。

一、什么是期货投机？

期货投机，是指在期货市场上以获取价差收益为目的的期货交易行为。

在期货市场上，期货投机有增加市场流动性和承担套期保值者转嫁风险的作用，有利于期货交易的顺利进行和期货市场的正常运转。它是期货市场套期保值功能和发现价格功能得以发挥的重要条件之一。主要表现在：投机者是期货风险的承担者，是套期保值者的交易对手。期货市场的套期保值交易能够为生产经营者规避风险，但它只是转移了风险，并不能把风险消灭。转移出去的风险需要有相应的承担者，期货投机者在期货市场上正起着承担风险的作用。期货交易的实践证明，市场中如果只有套期保值交易，根本无法达到转移风险的目的。

如果只有套期保值者参与期货交易，那么，必须在买入套期保值者和卖出套期保值者交易数量完全相等时，交易才能成立。实际上，多头保值者和空头保值者的不平衡是经常的，因此，仅有套期保值者的市场，套期保值是很难实现的。投机者的参加正好弥补了这种不平衡，促使期货交易的实现。在利益动机的驱使下，投机者根据自己对价格的判断，不断在期货市场上买卖期货合约，以期在价格波动中获利。

在这一过程中，投机者必须承担很大的风险，一旦市场价格与投机者预测的方向相反，投机者就必须承担亏损。

二、期货投机者有哪些类型?

铜期货上市时间长，趋势性强，波动性大，因此，无论是长线交易还是日内短线交易，都吸引了各类型投机者的广泛参与。按照交易量的大小，可划分为大投机者与小投机者。按照交易部位区分，可分为多头投机者和空头投机者。按照投机者持有合约时间的长短，可分为趋势交易者、当日交易者、“抢帽子”者。铜期货价格的趋势性强，一般多头或者空头趋势形成以后，会持续较长一段时间，所以很多交易者采取趋势策略，顺着趋势的方向交易，即“顺势而为，严格止损”。这些交易短则三天五天，多则数周。

铜期货价格的波动性大，成交活跃，比较适合做日内投机交易。有的交易者当天开仓，当天平仓，进行波段交易，一般来说，他们每天交易两到三次。为了防范隔夜风险，当日交易者一般不将仓位留到第二天。

还有一种交易者被称为“抢帽子”者，他们在铜期货市场中也非常活跃。他们的交易时间非常短，从开仓到平仓一般以秒计算，每次只赚一两个价位，利用微小的价格波动来积累获利。

需要注意的是，无论你是哪一种类型的投机者，在期货市场中，你必须与一大群专业人员展开竞争。这些专业人员包括以期货交易为生活来源且得到过很好回报的职业投机者，也包括主要目的是为市场提供流动性的做市商，还包括从事商品期货基金管理的职业操盘手，以及一大批有现货背景的现货商。

三、期货投机的一般原则是什么？

（一）充分了解期货，充分认识自己

在购买或卖出期货合约之前，应对其种类、数量和价格进行全面、准确和谨慎的研究。只有在对合约有足够认识的基础上，才能决定下一步准备购买的合约数量。买卖合约时切忌贪多（一至两个合约即可）。

传统交易理论认为，交易者应通过基本面分析和技术面分析，或将两种方法加以综合地运用，只有这样才能将市场主动权掌握在自己的手中。也有很多交易者认为，技术图表走势已经完全反映了基本面的情况，在交易中只需要通过技术面分析以及交易策略，就可以实现稳定盈利。

客观来说，基本面分析与技术面分析各有优劣，关键是投机者需要在交易前，仔细分析自己的优势、劣势，甚至是性格特点，建立自己在这个市场中的竞争优势，选择适合自己的交易理念。有条件的情况下，尽可能寻求专业人士的帮助和指导。

（二）制订交易计划

一个漫不经心、毫无计划的投机者，最明显的特征就是缺少交易的策略

计划。无数投机者的经验教训表明，没有明确的交易计划，根本不可能长期在期货市场上立足。交易计划就是获取成功的蓝图。制订交易计划可以使交易者被迫考虑一些可能被遗漏、考虑不周或没有给予足够重视的问题；可以使交易者明确自己正处于何种市场环境，将要采取什么样的交易方向，明确自己应该在什么时候改变交易计划，以应付多变的市场环境；可以使交易者选取适合自身特点的交易方法，只有方法正确方有利可图。

（三）确定获利和亏损限度

一般情况下，个人倾向是决定可接受的最低获利水平和最大亏损限度的重要因素。通过对期货价格走势进行预测，应该把现实的和潜在的各种可获得的交易策略结合起来，获利的潜在可能性应大于所冒的风险。在交易前，应为自己确定一个最低获利目标和所能承受的最大亏损限度，做好交易前的心理准备。

经过长期的铜期货交易实战，很多投机者也总结出很多交易格言，如“成功就是止损、止损，再止损”，以及“生存第一，盈利第二”等。这些交易原则可以帮助投机者在进入期货市场时减少亏损，早日实现稳定的盈利。

（四）确定投入的风险资本

为了增加获利机会，要做到以下三点：

1. 分散资金投入方向，而不是集中用于某一笔交易；
2. 持仓应限定在自己可以完全控制的数量之内；
3. 为有可能出现的新的交易机会留出一定数额的资金。

总结起来就是一定要坚持“轻仓”的原则，就像战士进入战场以后，要尽可能轻装上阵一样。对初学者，一般建议不要超过20%的仓位，即如果有100万元的资金，仅使用20万元的资金交易，其余80万元资金主要是为了防备风险。在万一失利的情况下，损失较轻，不会对整个资金账户造成严重影响。投机者应如战士一样，始终留存最后几颗“子弹”以备万一。

四、趋势型策略与震荡型策略有哪些区别？

常见的交易策略包括趋势跟随型交易和震荡市反向交易两种。趋势型交易策略采取的是对价格变动的被动反应型策略。该理论认为，趋势是盈利的源泉，只要能让利润充分增长，就有可能抵挡住不利行情上的多次小亏，并最终获利。因此，这种策略以跟踪大势为主，比如均线模型、MACD 模型等。这类系统的优点是在趋势来临后不会逆市而为，让盈利充分增长。它的缺点是在震荡市场当中可能会反复开仓，反复止损，这样就可能造成交易者一旦在不合适的时间点进入市场，可能还没等到趋势来临，就已经“弹尽粮绝”了！

震荡市反向操作策略的原理正好和趋势跟随型策略相反，采用这种模式交易的理论是市场在 70% 的时间里是无趋势的，只有在大约 30% 的时间里存在趋势，但投机者却希望在大部分时间里可以获得利润！这种模型的优势在于，交易机会多，而缺点就是可能会失去大级别趋势中获利的机会。

理论上以上两种模型可以互补使用，但是在实际操作中想做到得心应手是比较困难的。

就铜期货来说，由于行情波动性大，趋势性强，投机者中采取趋势型策略的更多一些。

五、一般投机者的建仓策略有哪些？

投机者建仓有很多种方法和策略，每一种都有其特别的优势，但同时也暗藏一定的风险。投机者需要清楚地知道自己建仓方法的短处，提前做好风险防范措施。按传统交易理论来说，投机者要用基本面分析法研究市场处于牛市还是熊市；用技术面分析法研究牛市或熊市的幅度和持续时间。而在实际操作中，大部分投机者缺少足够的基本面信息，也没有进行过基本面分析的训练，容易依靠各类消息来确定投资方向，这是不可取的。实践中，也有很多投机者通过技术面分析等方法来确定建仓方向，通过概率来取胜。

确定了开仓方向以后，投资者就需要寻找最佳的入市时机，在此要权衡风险及获利前景。对于具体的点位选择，一般来说，投机者都是通过技术面分析来确定，利用常见的 RSI、KDJ 等技术指标划分支撑阻挡位置，来确定一个风险最小的入场点。所谓风险最小，一般是指投机者确认自己判断错误时，风险损失最小，或者说建仓点要便于设立止损。

在建仓时，还要遵循宁缺毋滥，提防频繁交易的陷阱。很多投机者失败都是因为没有等待最佳的进场时机，而是心态急躁，在不恰当的时候建了仓。待亏损后，又急于翻本，造成频繁交易。投机者需要提醒自己，“期货市场上从来都不缺少机会”。有时候，安心等待，什么也不做，往往是最佳的建仓策略。

小贴士

平均买低和平均卖高策略

平均买低和平均卖高策略，简单说就是通过分批次建仓而摊平成本。投机者需要注意，这是一把“双刃剑”。

严格来说，平均买低和平均卖高策略，适合资金足够宽裕、成熟的投机者，他们可以承受较长时间的亏损，有足够的自律性处理头寸。对于资金有限、缺少经验和自律性的投资者来说，不要轻易采取这个策略，反而应该遵守另外一个原则：只在盈利的头寸上加仓。

因为实施平均买低和平均卖高策略时，如果建仓后市场行情与预料的相反，可以分阶段补仓，摊平买入或卖出的平均成本，待行情按照自己预料的方向上涨或下跌时，及时卖出或买进合约平仓。因此在采取平均买低或平均卖高策略时，必须以对市场大势的看法不变为前提。在预计价格将上升时，价格可能阶段性下跌，但最终仍会上升。在预测价格即将下跌时，价格可能阶段性上升，但必须是短期的，最终仍要下跌；否则这种做法只会增加亏损。

如果建仓后市场行情与预料的一样并已经使投机者获利，则可以增加持仓。增仓应遵循以下两个原则：只有在现有持仓已经盈利的情况下，才能增仓。持仓的增加应渐次递减。比如，首次建仓8手，盈利达到一定幅度后增仓4手，再盈利一定幅度后增2手，最后增加1手。这种方法一般也被称为“金字塔式”加仓。

六、怎么确定止损点？

期货投机与股票投机的一个最重要的区别就是，股票没有到期限制，即使出现损失，甚至可能长期处于套牢状态，仍能够等待将来股价回升再解套出场。而期货投机的对象是期货合约，都有到期日，到期之后无论亏损多少，都要进行平仓或者进行交割。此外，期货是保证金交易，如果预先设定止损价格，虽然看似小幅度的反向行情，都可能造成账户的重大损失。实际上，“死扛”策略常常会给投机者带来重大甚至是难以挽回的损失，有的还可能造成终身的遗憾。正如很多人的交易格言一样，“期货成功的第一条是止损，第二条还是止损，第三条是牢记前两条”。那么具体如何设置止损点呢？在实际操作中，主要有三种方法。

（一）技术分析止损

技术分析止损，即通过主要的技术面分析方法，来确定止损位置。比如分析重要的支撑位和阻力位，来确定止损点，还可以通过技术指标突破或达到某一值来止损，通过黄金分割线判断最大回撤幅度设定止损等。

（二）资金止损

资金止损，即制定一个最大亏损限额或亏损百分比。比如，一旦交易亏损5%就止损；账户总资金亏损20%就停止操作一段时间，总结经验教训，重新制定交易策略。

（三）时间止损

时间止损，即到了一定时间后，无论盈亏多少都平仓止损。比如很多日内波段交易者，上午建仓，上午了结，无论盈亏都在中午收盘前出场；还有的短线交易者，规定自己进场后，1分钟或3分钟没有盈利，就止损出场。

七、投机平仓的策略有哪些？

很多铜期货投机者经过一段时间的学习与交易后，无论对基本面还是技术面都有自己的独到见解，但是他们操作业绩却不尽如人意。仔细分析原因，就是平仓的时机总是把握不好，或者过早平仓，失去利润，或者过晚平仓，该赚的没有赚到，反而回到了进场点，甚至是被套牢。

通过对较成功的平仓策略进行总结，我们发现平仓大致可分为“高抛法”和“次顶平仓法”。这两种方法的基本出发点都是：我们不可能在最高点或最低点平仓，但可以争取在次高或者次低点平仓。

“高抛法”，是指投机者在买入铜期货时，已经定好了一个盈利目标价位。一旦铜价达到这一目标，就马上平仓，放弃以后的利润。利用这一投机策略的投资者大多数都是运用铜基本面和技术面进行结合分析，比如利用黄金分割线、平均线、形态等确定一个合理的目标价位，然后等待铜价达到这一目标价位果断平仓。

“次顶平仓法”，是指事先不给自己确定一个目标价位，而是一直持仓直到看铜价显示第二次有见顶迹象时才抛出。一般而言，采用这一平仓策略的投资者通常采用技术面分析法来判断见顶迹象，主要是从铜期货走势的形态和趋势来判断。具体来说，是通过双顶、头肩顶、三重顶判断中期头部确立，进行平仓。

总结下来，无论采取哪种策略，投机平仓都要遵循“限制损失，滚动利润”的基本原则。由于人都有想盈怕输的心理，很多投机者都是盈利时，急于落袋为安，结果只赚取了一个趋势中的很小部分；亏损时，幻想扳平，导致亏损严重，难以收场。这样，在长期交易中，就形成了亏多赚少的局面。要成功解决这一问题的关键就是，对市场的发展始终保持客观，不要过分关注账户的盈利与亏损，而是反复问自己：“趋势结束吗？我的持仓是正确的吗？”如果是，就持有，不是，就直接平仓。

为防范不能严格执行平仓指令，投机者可以充分利用止损指令，这是实现限制损失、滚动利润原则的有力工具。操作中要注意，止损单中的价格不能太接近于当时的市场价格，以免价格稍有波动就不得不平仓。但也不能离市场价格太远，否则，容易遭受不必要的损失。止损指令中价格的选择可以利用技术面分析法确定。

八、铜期货投机的资金管理有哪些要领？

铜期货投机交易的资金管理要领，与通常的期货资金管理要领是一致的，包括了投资组合的设计、多样化的安排、在各个市场上应分配多少资金去投资、止损点的设计、报偿与风险比的权衡、在经历了成功或挫折之后采取何种措施，以及选择保守稳健的交易方式还是积极大胆的方式等。以下是一般的资金管理要领，可以作为铜期货投机中资金管理的参考。

1. 投资额必须限制在全部资本的50%以内。在任何时候，交易者投入市场的资金都不应该超过其总资本的一半。剩下的50%是储备资金，用来保证在交易不顺手的时候或临时支用时有备无患。

2. 在任何单个的市场上所投入的总资金必须限制在总资本的10%到

15%。例如，你有10万元资金，在任何一个单独的品种上，最多只能投入1万元到1.5万元。这一措施可以防止在一个品种上注入过多的本金，从而避免在“一棵树上吊死”的危险。

3. 在任何单个市场上的最大亏损额必须控制在总资本的5%以内。这个5%是指在交易失败的情况下所承受的最大亏损。例如，对于10万元的账户来说，可以在单个品种上冒险的资金应不超过5000元。

4. 在任何一个市场群类上所投入的保证金总额必须限制在总资本的20%到25%。同一群类的市场，往往步调一致。例如，大豆和豆粕是豆类里的两个成员，通常处于一致的趋势下，如果把全部资金都注入同一群类的各个市场，就违背了多样化的风险分散原则。

5. 当然，对于严格止损的日内短线交易者来说，仓位通常可以达到70%到80%。这样做的优点是可以提高资金利用率，将现货市场“薄利多销”的原则应用在期货投机交易中，其中不乏成功的案例。

小贴士

计划你的交易，交易你的计划

无数交易者的实践证明，成功的期货交易需要计划，而且需要在交易中严格执行计划。这个原则也被总结成“计划你的交易，交易你的计划”。

进场交易前制订一个详细、全面的交易计划，把交易中可能遇到的情况及应对办法罗列出来，直到熟练应用。实践中，杜绝冲动交易，是交易成功的关键。交易计划的制订还可以使投资者保持正常的交易心态。有计划的交易，可以减轻投资者的恐慌心理，使投资者保持相对客观的心态，不会被市场短暂的不利波动所左右，也不会因为过分认真地盯盘而恐惧。

交易计划的制订，也可以最大限度地减少随意性的交易，减少无谓的交易，因为能够上升到计划之内的交易肯定是经过深思熟虑的、确实值得操作的交易，而不是因为市场的无序波动所导致的交易。制订交易计划的过程，也就是投资者认真分析市场、研究市场的过程。要想读懂市场信号，就必须坚持天天和市场对话。和市场对话的方式就是：做计划、看效果、再总结、长坚持。交易水平的提高没有捷径，除了极少数天才外，都是通过长期坚持、简单地执行计划而积累出来的。

交易计划如此重要，但实际交易中，很少有人真正理解、坚持、执行和调整交易计划。很多投机者经常说：我看对了却没有做；我本来是要止损的，却犹豫了；我本来不想平仓的，结果却平了，少赚了很多……这些现象的发生，除了没有交易计划外，更可能是有交易计划，却没有执行交易计划的良好习惯。

执行交易计划的习惯需要培养，投机者可以先从培养自己良好的生活和作息习惯开始，学习在每一天的生活中执行计划。有人说过一句话非常有道理：期货交易就是一面镜子，可以清晰地照出人性中的美与丑。一个具有良好计划性的人，期货市场会给他以丰厚的回报；一个处事随意，任意妄为的人，期货市场将给他以惨痛的教训。

九、什么是主观交易和客观交易？

在铜期货的投机中，根据交易模式的不同，可分为主观交易和客观交易。

主观交易也称经验交易，主要是凭交易者的主观感觉和经验进行交易，这些交易者一般被称为主观交易者。主观交易者也进行基本面分析和技术面分析，但是最终促使他们下单的还是依靠经验和感觉。主观交易的优点是灵活性强，有经验的交易者可以根据市场的变化灵活地调整交易策略，制订交易计划并实施交易。但缺点也很明显，主要是操作缺少一致性，收益与亏损容易大起大落。此外，主观交易对于交易者本人的交易经验、心理素质、资金实力和风险控制能力要求较高。

与主观交易相对应的是客观交易，客观交易一般也被称为系统交易，这些交易者被称为系统交易者。主观交易主要依靠交易系统进行交易，交易者通常只关注系统给出的信号，根据信号决定买多、卖空或平仓，他们采用的是系统交易方法。

系统交易的优点是操作一致性，可以最大限度地避免交易者的主观因素对交易行为的影响，有利于交易者克服人性上的弱点。系统交易的缺点是，交易缺少灵活性，遇到价格突然跳空等非常行情时，容易出现纰漏。系统交易对交易者的研发能力要求较高，此外，对交易硬件与软件的要求也比较高。

系统交易追求的是稳定的交易收益，因此在设计交易系统时要充分考虑到各种因素，在尽可能降低风险的同时，也将收益目标调整到一个合适的位置。一般来讲，风险低的交易系统，收益相应也低；收益高的交易系统，风险相对也高。

十、什么是期货交易系统?

在谈期货交易系统之前，我们先了解一下什么是交易系统。简单地说，一部汽车就是一个交易系统，这个系统包括了底盘、发动机、方向盘及转向装置、刹车器、车灯及内饰，甚至包括了雨刷这样虽然小但却至关重要的部分。这些系统通过司机的操控，发动、加速、减速、停止，完成行驶的全过程。实际上，系统无处不在，一个大系统中还包括若干子系统，比如一个人是一个大系统，包括了神经系统、消化系统、泌尿系统、呼吸系统等。

那么什么是期货交易系统呢？期货交易系统就是由相互关联的交易规则构成的一套完整的交易规则体系。它一般是由行情判断子系统、资金管理子系统和风险管理子系统三部分构成。

其中，行情判断子系统应该包括两条以上的交易规则，这些规则应具有相互之间的有机联系，并且至少能完成一个完整的交易周期。

期货交易系统的设计原理主要基于两个基本原则：第一就是期货价格具有随机性特征。现代投资理论以大量精密的数学手段证明了这一原则。从理论上来说，任何投资人从局部和短期而言都有可能赚钱，用随机的策略决定期货买卖策略的话，正确率趋于50%。但从全局和长远而言，获胜的概率非常之低。如果考虑投资成本的话，则必然要亏损。第二个原则是期货价格仍然具有非随机性波动的部分，可以从中找出规律。由于期货市场是由无数的投资人组成的，而投资人的心理状态决定了投资行为具有一定的记忆性，因此在高度随机的价格波动中仍然具有一些非随机部分。如果能通过电脑决策成功地捕捉到非随机性价格波动，那么就能在操作上更接近成功。

期货投资交易系统就是通过高度的定量化、条理化和大量的数理分析，计算出交易和风险控制的有关参数，从而得出按照经验数值操作成功的概率。交易系统是完整的交易规则体系。一套设计良好的交易系统，必须对投资决策的各个相关环节作出相应明确的规定。这种规定必须是客观的、唯一的，不允许有任何不同的解释。一套设计良好的交易系统，必须符合使用者的心理特征、投资对象的统计特征以及投资资金的风险特征。

交易系统的特点在于它的完整性和客观性。它保证了交易系统结果的可重复性。从理论上来说，对任何使用者而言，如果使用条件完全相同，则操作结果完全相同。系统的可重复性就是方法的科学性，系统交易方法属于科学性的投资交易方法。

交易系统还可以帮助投资人有效地控制风险。实践证明，不使用交易系统的投资人，难以准确而系统地控制风险。没有交易系统做指导时，投资人很难定量评估每次进场交易的风险，并且很难评估单次交易的风险在总体风险中的意义。而交易系统的使用，可以明确地告诉投资人每次交易的预期利润率、预期损失金额、预期最大亏损、预期连续盈利次数、预期连续亏损次数等，这些都是投资风险管理的重要参数。

十一、什么是交易系统四要素？

一个完整的交易系统包括四个要素：方向预测、时机抉择、资金管理和心理控制。

方向预测回答买卖方向的问题。这个问题不复杂，因为价格变动简而化之就是涨跌两个方向。朝一个方向走错了，那相反的方向就是正确的。当然，也可以说，有三个方向，除了涨跌还有横盘。但横盘只是相对的、暂时的，横盘给交易带来的问题可以通过时机抉择和资金管理来解决。

时机抉择和资金管理是密不可分的。理解时机抉择就是要理解期货市场本质上是机会市场。投机成功与否，很大程度上取决于投资者对机会的判断能力。这种能力越强，交易的频率越低。许多投资者往往像无头苍蝇那样到处乱撞，进行频繁交易，最后盈利不多，手续费却不少。

期货交易中的机会，只出现于多空平衡被打破的那一刻，即图表中的临界点。好的时机抉择能够做到：一是进出场点位非常明确，止损点不但很好找，而且止损的幅度很小，在这个价位进场的单子很好处理。二是如果这一笔交易失败了，下一步应该采取的措施非常明确，即止损出来之后该怎么做，很容易选择。好的时机就是进可以攻、退可以守的时机。

资金管理是要回答做多少的问题。在实战交易中单量控制遵循一个重要原则，即在交易中做对时要大幅度赚钱，做错时要小幅度亏钱。做到这一点需要有良好的时机抉择相配合，并严格设定止损位和止盈位。同时需要注意以下两个方面：第一，在交易中坚持采用“金字塔式”加码。第二，要恰当地处理在出现连续盈利和连续亏损后单量应该放大还是缩小的选择。好的交易系统应该是让一笔正确交易的盈利弥补多次失误的亏损；差的交易系统则往往是一次失误的亏损就吃掉了多次正确交易的盈利。

个人心理控制能力也是交易系统需要考虑的因素，但难点在于心理控制是无法用什么公式来表达的，也无法用计算机语言来编程。

正是因为不同的人对于心理控制的能力不同，同样的交易系统，不同的人使用会有不同甚至完全相反的结果。而心理失控足以让交易系统处于瘫痪状态，无法发挥作用。交易系统本身有助于交易者提高心理控制能力，但是系统指令最终是由“人”来执行的，即使交易系统完全由计算机自动控制，在使用中，也可能被心理失控的交易者关闭。

人性的弱点在交易系统从发出信号到执行指令这一过程中充分暴露。有经验的交易者都经过这一痛苦挣扎的过程，当交易系统的指令和投资者的感觉及投资者得到的其他信息发生对立的时候，特别是投资者心中有个“声音”在强烈对抗着系统指令的时候，交易者需要顺从交易系统的决定。

十二、系统交易较主观交易有哪些优势？

一个成功的期货投资策略包含正确的投资分析、风险管理和投资心理。期货交易系统在以上三个方面都较传统的主观交易有明显优势。

以投资分析为例，投资人要想在期货投资中长期稳定地获胜，一定要成功捕捉到正确的价格波动趋势。国内也有一些成功的期货投资者并没有使用交易系统进行交易，但事实上这些投资者是通过其他方式体现交易系统原则的。比如依靠其良好的盘感，而盘感主要来自大量的交易记录的总结和检验，这些总结和交易系统有共通之处。但如果交易周期过长，无论是感觉型、消息型还是经验型投资者，都很难有效控制自身心理弱点。即使有些投资者依靠自身的悟性和对市场技术走势的粗浅、概念化的总结，能取得短暂的成功，但一旦市场发生了变化，或者长期处在高度紧张的操作状态下，就很容易酿成灾难性失误。而依据交易系统操作基本排除了人的主观判断，只要随着市场变化不断调整交易参数，就能比较长期、稳定地实现盈利，成为投资者的有利助手。举个简单的例子：某期货交易系统检验的成功率为70%，就意味着按交易系统发出的买卖信号进行操作，并不保证每次交易一定成功，但只要坚持按信号进行连续十次操作，交易成功的概率将在七次左右。

在风险管理方面，交易系统同样可以帮助投资者有效地控制风险。不使用交易系统的投资者很难准确和系统地控制风险，而如果使用期货交易系统，则系统就可以告诉投资者每次交易的预期利润率、预期损失金额、预期最大亏损金额、预期连续盈利次数、预期连续损失次数等。这些都是投资风险管理的重要参数。这些参数都是在事前（交易发生之前）计算得出的，而不是事后得出的。

在心态控制方面，如果没有交易系统的帮助，投资人可能需要很多年的摸索，才能使自身的心理素质达到成功投资者需要的水准。在交易系统的帮助下，这一过程有可能大大缩短。投资人可以单纯地依据自己对信号系统的执行程度来判断自身心理素质的健全程度。当投资人能够长期、准确、全面地执行交易系统的全部操作信号时，则可以说此时他已真正推开迈入成功殿堂的大门了。

小贴士

交易系统是否可以保证稳定盈利，是否需要购买商业化交易系统

交易系统可以帮助交易者提高胜算，但也仅是交易者的一种投资工具，并不能确保交易者持续稳定盈利。

购买商业交易系统，并使用这套系统，的确可以解决普通交易者研发能力不足的问题，但使用中同样会出现弊端，风险非常大，主要是因为，交易者不清楚所购买交易系统背后的交易和设计理念，使用时若出现连续亏损或大幅亏损的情况，交易者则很难坚持使用。

此外，交易系统和生命体一样，具有出生、成长、成熟、衰退、死亡的生命周期。购买商业系统的时候，我们不知道这个系统在市场中具体的生命阶段，所以使用起来，效果很难确定。

总之，期货交易系统的方法不是期货投资领域唯一正确的投资策略途径，但投资者可以通过期货交易系统，完善自身投资策略，提高交易技能，提高风险管理能力。

十三、典型的期货交易系统包括哪些方面？

目前，国内市场存在很多种交易系统。尽管设计原理基本相同，但由于依据计算机技术指标统计模型或基本分析数据统计模型不同，存在复杂和简单的区别。

我们举一个实际的例子：一个期货交易系统主要包含三大子系统——行情判断子系统、资金管理子系统和风险管理子系统。以行情判断子系统为例，其主要由价格变化预警系统和市场价格态势检测系统组成，包括交易原则、交易标的、交易区间等。根据技术面（主要根据周 K 线波段的高低点排列、起步价格水平和已持续的时间，按趋势的定义来分析确认，一般 30 周均线可以看作大势的多空分界线）和基本面（仓单数量、现货价等）确定大势是牛、熊及宽幅震荡（新品种上市后高低点价差以低点价格计算接近 20%）所处的阶段。在没有信号确定大势已改变之前，在投机区不要做反向开仓交易。其简单的平均线交易规则如下：

规则 1. 当 × × 日短期平均线向上穿越 × × 日长期平均线时做多。

规则 2. 在做空信号发生前持仓。

规则 3. 当 × × 日短期平均线向下击穿 × × 日长期平均线时做空，平仓出场。

规则 4. 在做多信号发生前持单。

再以资金管理子系统为例，其必须包含以下基本原则：

原则 1. 基本仓量为可用资金的 10% ~30%（在大势的尾声阶段为 10%），但不要超过该合约总持仓的 1%。

原则 2. 盘中要忍受震荡但到止损位坚决平仓退场。

原则 3. 所有持仓到达最高目标位附近后，全部平仓。

原则 4. 当账户资金损失达到 10% 时，全部清仓出局，再耐心等待机会入市。

期货交易系统还要经过实战阶段的检验。由于系统操作者本身也是交易系统的一部分，其能否克服自身的心理障碍是接近成功的重要条件之一。但总的来说，期货交易系统由于是百分之百客观的决策模式，能够有效地排除人的主观意志和个体情绪对信号发生过程的干扰，使系统交易具有较高的操作稳定性及抗灾难性失误的能力。

小贴士

如何成为期货投机高手

从一名普通的期货投机者到投机高手，就好像是从士兵到将军一样，除了经受时间考验之外，其基本前提有两个：第一，把期货作为事业认真经营，做好持续经营的计划，不是“赌一把就走”；第二，期货投机是一个对投机者素质要求极高的行业，要不断学习，严格管理自己，通过有效的办法克服人性的弱点。一个优秀的投机者需要有信心但不自大，精神自由但又遵守纪律，对市场充满了敬畏之心，随时随地听从市场的指令，绝不怨天尤人，幻想着市场会听从自己的意愿。

在任何一个行业中要取得成功，喜欢此行业并全身心地投入是必不可少的条件。想成为一名铜期货投机高手，可以从以下三方面努力。

（一）熟读经典书籍

无论是初级入门者还是有一定投资经验的交易员，建议熟读一些期货投机经典书籍，比如约翰·墨菲所著的《期货市场技术分析》。投资者应深入研读，并结合自身特点形成自己的交易理念。很多成功者最后都感慨地说，成功的方法就那么几招，每个人运用的熟练程度和境界不同而已。

（二）剖析自己

投机成功的本质是交易员与市场的节奏尽可能保持一致，失败的根源都是与市场节奏不一致甚至违背市场。在实际投机交易中，判断市场相对容易，但了解和控制自己是难的。因此，一个成功的操盘手要明确自己的性格特点、思考模式、交易习惯，并扬长避短。比如：性格急躁的人可能并不适合做中长线趋势交易，而更适合做日内短线；对于亏损难以忍受的人，不适合资金回撤比较大的交易方法；性格犹豫且不果断的人，不适合在盘中进行建仓与止损的决策，需要考虑计算机辅助交易。

（三）训练一技之长

“一招鲜，吃遍天。”在期货投机领域中，各种交易方法都有成功的先例。有的人用一根均线就可以稳定盈利，有的人不用均线，只看 K 线也可以稳定盈利，还有的投资者只靠分析库存数据，也能稳定盈利；有的人做短线可以盈利，做长线还可以盈利。需要注意的是，每一种投资方法都需要经年累月地训练，期间会经历很困难的时刻，切忌“狗熊掰棒子，掰了一个扔一个”，结果是从长线到短线，从技术分析到基本面分析，从布林通道到均线，几年几十年下来，样样都懂，没有一样精通，说起来头头是道，做起来单单亏损。

小贴士

期货投机必须遵守纪律的原因

铜期货的价格波动幅度通常比较大，需要的资金也比较多，在这个高风险的期货品种上投机，遵守纪律是生命线。这就好比一辆载重卡车以 140 公里的时速在高速公路上飞奔，违反交通法规的行为很容易造成人车俱毁。从另一个角度看，在期货市场中要想成为赢家，除了要有高水平的智力外，还要有较强的自我控制能力。也就是说，要想战胜别人先要能控制自己，要增加自控能力，最有效的办法是遵守纪律。

遵守纪律之所以重要，是因为一个好的交易系统都需要反复测试，缺少一致性的交易行为往往使投机者与优秀的交易系统失之交臂。交易过程中，由于市场始终存在不确定性，交易者无法对后市作出明确的判断，再加上人性弱点的自我干扰，因此遵守纪律成为交易获利的一个重要环节。交易者在交易过程中的一切行为都必须接受纪律的约束，这成为整个操作计划和交易策略能否被有效执行的保障。

一个交易者只有真正理解纪律的重要性和严肃性，才会去尊重纪律。交易纪律是投机市场上成功和失败经验的高度总结，是无数人用金钱和心血换来的成果。虽然市场在完善，时间在推进，但人性的弱点不会变，人类对金钱的欲望和恐惧不会变，人类想征服自然和市场的欲望不会变。许多交易者由于违反了被证明是铁一般的交易纪律，所以在经历市场的洗礼后，其中的绝大部分最终消失在市场的惊涛骇浪里。

交易者只有把交易纪律当成交通规则来看，才能够少犯错误，增加生存下去的机会。交易纪律就是市场上的交通规则，不遵守纪律就要冒付出巨大损失的风险。虽然违反纪律有时也能获取暴利，遵守纪律却可能失去这种机会，但交易者必须明白，不遵守纪律获取的只是暂时的利润，它无法长久，而遵守纪律获取的却是长久的回报，切不可因小失大。

交易大师斯坦利·克罗在《克罗谈投资策略》一书中，就交易纪律阐述了自己的观点："不管是投机操作还是避险操作，进出任何市场都要严守纪律；不管您选择操作什么，或选择用什么样的方法操作，一定要有一个计划，里面必须要有一个紧急逃生点，您必须严守纪律，遵循您的计划。"他还曾说过："成功的操作者永远严守纪律，在场外保持客观的态度，直到市场往主趋势方向行进为止才进场，即使在这个时候，您还是要小心翼翼，不要跻身于毫无章法的市场里。"

只有遵守纪律的交易者才能做到让利润自行增长，让亏损尽快了结。遵守交易纪律是唯一可以在保护交易者资金安全的情况下，让交易者的资金账户持续增长的方法，因为亏损的最大根源就是不遵守纪律。因此，在交易过程中纪律高于一切。

十四、铜期货投机与其他商品期货及股票投机的区别有哪些？

相比其他期货品种来说，沪铜每吨价格5万元左右，最小交易单位为1手5吨，单手合约价值25万元。由此可以看出，参与沪铜投机对参与者的资金要求还是较高的。

此外，铜期货投机在很多方面都与股票投机有明显区别。

1. 铜的基本面资料相对集中和固定，需要投资者的分析具有一定的深度；股市的股票数量较多，且每只股票的资料均需要研究，还要配合综合指数，常出现“赚了指数赔了钱”的情况，考验投资者分析的广度。

2. 从整体价格波动幅度看，铜在14000元/吨至80000元/吨之间波动，比一般的农产品波动幅度要大。但与股票相比较，期货品种波动幅度要小，很多股票可以从每股1元上升到100元。

3. 期货市场的交易费用低，一次铜期货买卖的费用为交易额的0.05‰，且期货盈利暂不收取所得税；股票市场的交易费用高，一次买卖的费用为交易额的百分之一左右。

4. 期货市场的操作可以当天进出买卖，即T+0交易，发现操作失误可以马上平仓离场；股票市场的操作是当天买进，第二天才可以卖出，即T+1交易，盘中即使发现操作失误也不能迅速出场。

5. 期货市场的交易结果是零和博弈（交易费用除外），不考虑手续费因素，期货市场始终是一部分人赚钱，一部分人亏损。从长期来看，除了套利者和套期保值者外，在单纯投机的人群中，只有5%的投机者是可以持续稳定盈利的，另外95%的投机者总体来说是亏损的。股票市场的交易结果是“共赢同赔”，如果行情好，大家都赚，行情不好，大家都赔。当然，在股指期货推出以后，股市也有了风险对冲工具，行情不好的时候，投资者尤其是机构投资者可以在股指期货上进行对冲，避免或减少损失。

6. 以单日价格波动幅度看，铜期货为3%（上海期货交易所2017年阴极铜标准合约修订）；股票目前是10%。

7. 期货市场的保证金交易制度使投资者可以“以小博大”，只要操作得当，就可以获取高额回报，但如果操作失误，损失也就更大，而且资金不足时还需要追加保证金，所以期市更强调资金管理；股票市场是全额保证金买卖，没有追加保证金的担心。

8. 期货市场的操作是双向交易，可以先买后卖，也可以先卖后买；股票市场的操作只能是先买后卖，在市场下跌时很难采取措施。

9. 铜期货合约的“寿命”至多为一年，到期必须平仓或者实物交割；股票市场操作的时间性不强，除非上市公司倒闭清算，否则可以长期持有。

延伸阅读

什么是量化交易

随着信息技术的不断发展，量化交易模式越来越被更多的机构投资者所采用。所谓量化交易，是指通过数量化模型能快速处理大量信息，对数量模型进行大量实证分析，捕捉稍纵即逝的交易机会。量化交易是建立在行为金融学基础之上的一种科学理性的投资方式，能最大限度地减少非理性主观因素造成的投资决策失误，降低了投资风险。

谈到量化交易，我们不能不提到一位传奇人物——詹姆斯·西蒙斯。他管理的大奖章基金，从1989年到2006年的17年间，平均年收益率达到了38.5%，而股神巴菲特过去20年的平均年回报率也不过才20%。即使在2007年次级贷危机爆发当年，大奖章基金回报率仍高达85%，西蒙斯也因此被誉为“最会赚钱的基金经理”和“最聪明的亿万富翁”。

西蒙斯的投资成就，就是来自量化交易。与巴菲特的价值投资不同的是，西蒙斯依靠数学模型和电脑管理着自己旗下的基金，即用数学模型捕捉市场机会，由电脑作出交易决策。不依靠华尔街的经济学家和分析师，西蒙斯也为投资人创造了惊人的回报。

量化交易区别于定性投资（传统投资方法）的鲜明特征，就是充分利用各种各样的数理模型。量化交易更像是西医，依靠数理模型判断，而这些模型对于使用量化交易的投资者的作用就像CT机对于医生的作用。在每天的投资运作之前，西蒙斯会先用模型对整个市场进行一次全面的检查和扫描，然后根据检查和扫描结果作出投资决策。定性投资更像中医，更多地凭主观判断和个人经验来制订灵活的解决方案。

小贴士

如何看待期货交易中的“贪婪”和“恐惧”

期货交易中存在的“贪婪”和“恐惧”并不带有褒贬的色彩，甚至可以说，贪婪和恐惧是投资者愿意参与交易的原动力。交易过程中，大多投资者都有贪婪和恐惧的心理。在需要做决定的时候犹豫不决，是否需要行动也不明确，很多时候投资者都在贪婪和恐惧中挣扎，于是想要通过自我约束的方法来战胜这两种心理，进而战胜自己。

贪婪是人的共性，因为希望所赚的利润越来越多，想要越做越大，所以要继续参与交易。但这种心理在成功人士身上的体现就变成了所谓的明智和勇气，在失败的人身上的表现就是现在所说的贪婪和恐惧，二者本来就是人性的内在。贪婪的根本原因，是意识不到哪里出了问题。如果知道红包的下面是已经准备好的陷阱，那过去拿红包的人肯定少之又少。所以，想要克服贪婪，重点并不在于战胜自我的心理，而是要增强领悟力。需要领悟市场的博弈性，领悟市场的多空存在，领悟市场的走向。

恐惧同样是人内在的共性，战胜恐惧所带来的后果可能会是越来越多的挫折，战胜恐惧所带来的结果要么是不安中的继续操作，要么就是有勇无谋的蛮干。所以，摆脱恐惧的方法不是战胜恐惧，而是接受恐惧，这样恐惧才可能消失。在期货交易中，投资者最大的恐惧是“想赢怕输”，害怕亏损，但只有接受了自己的损失，才有可能进而获得稳定的盈利。

所以重点并不是如何去战胜贪婪和恐惧，而是要领悟市场正在发生着什么样的变化？你应对风险的策略是什么？你有没有一个灵活的、随市场变化而变化的资金管理技巧？你有没有能够正确分析期货合约价格走向的能力？这些才是贪婪和恐惧背后所隐藏的重点。

延伸阅读

期货投机中常见的错误认识

在期货投机中有很多常见的错误认识，这些在铜期货交易中也经常出现。如果投机者不警醒，往往会铸成大错。

（一）期货交易不需要理论学习

期货交易需要一定的天分，但常常有投机者自认为自己是天才，而不虚心学习。其实，所谓的“天才”，不过是在遮掩自己的赌博行为。不学习期货方面的知识，就把资金投进去，这样盲目的行动必然造成亏损累累。

（二）交易方法不需试验，直接就可以实战

很多投机者不愿意积极思考和自主决策，总是期望用现成的规则来指导交易。对于大多数交易者来说，尤其是新步入期货市场的交易者，他们的交易方法都是从书上看来的或者从身边的朋友那里听来的。在他们看来，这些方法是百战百胜的。可是，任何一种交易方法只有建立在深刻理解市场的基础上，方可以自如运用在市场中。盲从者显然不具备这样的理解能力和分析能力，因此他们盲目实战的结果必然是失败。要想避免这种状况的出现，交易方法必须经过评估和验证。

（三）这个交易机会不能错过

盘中数字每天都在闪动，给投机者以极大的诱惑，然而好的机会远没有想象得那么多。没有人能够一直拥有充足合理的理由，每天都进行交易，也没有人拥有足够的知识，正确地指导每次操作。所以只需把握住自己所能理解和捕捉的机会就非常了不起了。

（四）我是幸运儿

有些人带着很少的资金开户交易，过分相信自己的交易水平，满脑子想着这些钱如何利滚利发大财。结果资金很快赔光，失去了继续交易的资本。如果总认为自己是幸运儿，市场迟早会让你明白，最倒霉的往往是自己。

（五）自己不可能错，一定是市场错了

一次或几次的偶然获利可能就会使交易者陶醉在自己的成功里，认为交易实在太容易了。之后，尽管交易方向反了，但投机者仍死不认错，认为市场处于不合理的状态，再过一段时间就恢复正常了。这种想法极其危险，重大亏损往往因此而来。

（六）跟着感觉交易

对于新手来说，因为缺乏期货专业认识，不懂如何制订交易计划并根据计划进行交易，他们的交易往往都是在听信别人推荐或自己盲目的感觉中进行的。还有的投资者听说铜期货交易中有高手是依据盘感交易的，自己也争相效仿，结果只有失败了才明白自己根本就是在儿戏。

（七）抄底和逃顶，是赚大钱的最好途径

虽然从图表上看，底部到顶部这段距离是利润化的最大距离，可是真正的交易员却没有一个是依靠买在最低点卖在最点高来走向成功的。因为最低点和最高点都是事后才能发现的。在当时来讲，捕捉最低点和最高点是一种最明显的逆势行为。根据惯性原理，市场往往是沿原方向运行的概率远远大于改变方向运行的概率，而且没有任何一种方法可以准确无误地告诉人们极点会产生在哪里，所以靠这种猜谜的方式进入市场必然会更多地遭受失败。

（八）过于相信别人

在经历了某些失败以后，投机者容易犯的另外一个错误就是盲目相信别人，包括相信所谓权威。

他们完全按照所谓权威的指示来进行，或者依据权威制定的战略操作。这种在交易行为上听取他人意见，并被他人观点所左右的做法是非常糟糕的。虽然高手和专家拥有专业知识与特殊训练，但他们像我们一样也会犯错。还有就是跟随别人做单，貌似精明，实则忽略了没有人能完

全复制别人的交易这个事实，哪怕是推迟1秒中，大家的交易结果也可能完全不同。

（九）市场一定有百分之百的获胜“秘籍”

为了找到这个秘籍，交易者或者执迷于某个指标，或者花高价听课或购买资料。然而，市场是不存在这个秘籍的，如果真有秘籍来告诉我们何时买何时卖，就能赚到大钱，那么这个市场上还有亏钱的吗？我们经常听到这样一句话：交易是艺术，交易也是科学。在对市场的理解上，每个人的理解和判断是不一样的，但是尽管如此，他们却都可能表现得很精彩、很完美，可以得到利润，这就是交易的艺术性。可是对于每个交易者来说，其出入市标准必须是清晰和数字化的，如此方能更好地排除情绪干扰，进行日后的修正和完善，这就是交易的科学性。所以这个市场不存在百分之百的获胜秘籍，只有交易艺术和科学的统一。

（十）短线和日内可以逆势交易

每当提到顺势交易，很多的交易者都和长期趋势（数月至数年的趋势）联系在一起，好像只有长期趋势才可以谈顺势，而短线和日内就是逆势（抢反弹）。这样的认识是错误的。

短线和日内也是顺势交易，只不过它的趋势是指几天或者一天的趋势而已。但因为其时间短，所以在日线中投资者是无法识别趋势的。那么做短线和日内操作怎么办？就要在60分钟、30分钟或15分钟图上找趋势，然后在3分钟或1分钟图上找入市和出市点。最好的短线和日内操作策略是，它的趋势要和中期趋势一致，这样投资者的获利概率将会更大，即使错了，损失也不会很大。

当然，期货市场中典型的错误远不止这些，永远正确的只有市场本身。

自测题

1. 以下对期货投机交易描述正确的是（　　）。

A. 期货投机交易以获取价差收益为目的

B. 期货投机者是价格风险的转移者

C. 期货投机交易等同于套利交易

D. 期货投机交易在期货和现货两个市场进行

2. 以下（　　）不是期货投机与股票投机的区别。

A. 交易方向不同　　B. 保证金规定不同

C. 结算制度不同　　D. 交易目的不同

3. 成为投机高手不需要具备以下（　　）条件。

A. 全面学习认识期货市场　　B. 认识自己

C. 练好“一招鲜”　　D. 需要现货贸易背景

4. 利用微小的价格波动来赚取利润，频繁进出，但交易量很大的投资者为（　　）。

A. 抢帽子者　　B. 当日交易者

C. 短线交易者　　D. 长线交易者

5. 某交易者2020年1月20日以49100元/吨卖出沪铜2003合约10手，第二个交易日以48420元/吨平仓，该交易者属于（　　）。

A. 长线交易者　　B. 短线交易者

C. 当日交易者　　D. 抢帽子者

6. 某交易者按高抛低吸的思路研制交易系统，达到前四周高点，做空，达到前四周低点，平仓；达到前四周低点，做多，达到前四周高点，平仓。那么此交易者采用的是（　　）策略。

A. 日内炒单　　B. 趋势型策略

C. 套保策略　　D. 震荡类策略

7. 为了控制风险水平，某铜期货投机者有资金100万元，那么最多可以在铜期货上投入（　　）万元的资金。

A. 15　　B. 30

C. 50　　D. 50

8. 某投机者预测5月份铜价要上涨，于是买入1手5月铜期货合约。但此后铜期货价格不升反降，他进一步买入5月铜期货合约1手。此后价格反弹，该投资者卖出合约。此投资者的做法是（　　）。

A. 平均卖高　　B. “金字塔”式买入

C. 平均买低　　D. “金字塔”式卖出

9. 以下做法中符合“金字塔”式买入投机交易特点的是（　　）。

A. 以7000美元/吨的价格买入1手铜期货合约，价格涨至7050美元/吨，买入2手铜期货合约，待价格继续涨至7100美元/吨，再买入3手铜期货合约

B. 以7000美元/吨的价格买入3手铜期货合约，价格涨至7050美元/吨，买入2手铜期货合约，待价格继续涨至7100美元/吨，再买入1手铜期货合约

C. 以7100美元/吨的价格买入3手铜期货合约，价格跌至7050美元/吨，买入2手铜期货合约，待价格继续跌至7000美元/吨，再买入1手铜期货合约

D. 以7100美元/吨的价格买入1手铜期货合约，价格跌至7050美元/吨，买入2手铜期货合约，待价格跌至7000美元/吨，再买入3手铜期货合约

10. 铜期货合约不能像股票一样无限期持有，其最长寿命为（　　）。

A. 2年　　B. 0.5年

C. 5年　　D. 1年

11. 下面（　　）不属于主观交易的情形。

A. 依据基本面分析进行交易　　B. 依据盘感交易

C. 依据系统信号交易　　D. 依据经验交易

12. 一套设计良好的铜期货交易系统，可以不符合（　　）。

A. 使用者的心理特征　　B. 投资对象的统计特征

C. 投资资金的风险特征　　D. 铜市场的供求状况

13. 收益较高的交易系统，其风险水平也（　　）。

A. 较低　　B. 较高

C. 不固定　　D. 没有规律

14. 购买商业化交易系统风险较大的原因不包括（　　）。

A. 使用者不清楚所购买交易系统背后的交易和设计理念

B. 当使用中出现连续亏损或大幅亏损等情况时，使用者很难坚持使用

C. 市场有时出现连续涨跌停板的极端行情

D. 与使用者的心理特征偏离太大

15. 趋势型交易策略的优势是（　　）。

A. 交易机会多　　B. 逆市场趋势而为

C. 需要经常止损　　D. 让盈利充分增长

16. 量化交易的代表传奇人物是（　　）。

A. 索罗斯　　B. 巴菲特

C. 罗杰斯　　D. 西蒙斯

17. 进行量化交易可以不具备的专业素养是（　　）。

A. 美学　　B. 数学

C. 信息技术　　D. 统计学

18. 量化交易区别于定性交易的显著特征是（　　）。

A. 充分利用基本面信息

B. 充分利用各种数理模型

C. 充分利用技术分析

D. 充分利用商品季节性周期

19. 以下不是期货交易系统子系统的是（　　）。

A. 行情判断子系统　　B. 资金管理子系统

C. 动态调节子系统　　D. 风险控制子系统

20. 依据趋势策略制定的交易系统，亏损的次数一般大于盈利的次数，其亏损概率通常达到（　　）。

A. 30%　　B. 50%

C. 70%　　D. 90%

参考答案

1. A　2. D　3. D　4. A　5. B　6. D　7. A
8. C　9. B　10. D　11. C　12. D　13. B　14. C
15. D　16. D　17. A　18. B　19. C　20. C

第七章

铜期货套利交易策略

本章要点

本章介绍了套利交易的基本原理，四种套利交易类型，即期现套利、跨期套利、跨品种套利和跨市场套利，并阐述了套利交易在铜期货中的具体应用。为了发现铜期货的套利机会，本章还介绍了套利的相关计算方法，如铜的期现套利成本、进口成本、与其他品种的相关性等。

一、什么是套利交易？

在理解什么是铜期货的套利交易前，我们有必要先了解一下何为套利交易。套利是指利用相关市场或相关合约之间的价差变化，在相关市场或相关合约上进行交易方向相反的交易，以期价差发生有利变化而获利的交易行为。

套利利用的是不同市场、不同时间、不同品种之间的不合理价格差异，即一种商品的现货价格与期货价格经常存在差异；同种商品不同交割月份的合约价格之间也存在差异；同种商品在不同交易所的交易价格变动也存在差异。由于这些差异的存在，使期货市场的套利交易成为可能。

根据市场、合约的不同，套利交易可进行如下分类：利用期货市场和现货市场之间的价差进行的套利行为，称为期现套利；利用期货市场上不同合约之间的价差进行的套利行为，称为价差交易或套期图利；根据选择期货合约的不同，套利交易分为跨期套利、跨商品套利和跨市套利。

结合现有定义，可以将铜期货的套利概括为同时买进和卖出两个不同的铜期货合约的交易行为。买卖在数量上是配比的，交易是期望从价差变化中得到符合或者高于交易者预期的收益。

在铜的期货市场上，常见的套利形式有跨市套利、跨期套利以及期现套利等。

二、铜期货套利交易应遵循什么原理?

套利的经济学原理是“一价定律”，即如果两个资产是相等的，他们的市场价格应该倾向于一致，一旦存在两种价格就出现了套利机会。当然，“一价定律”的实现是有条件的，那就是：两个市场间的流动和竞争必须是无障碍的，而且无交易成本、无税收、无不确定性因素。事实上，这些严格的条件在现实交易中不可能完全得到满足。比如，交易成本这一项就是任何一个市场都客观存在的。

品种与品种的价差具有严格的函数关系，当价差偏离这种函数关系的程度超过套利交易中的各项成本之和时，才会出现套利机会。在两种资产之间进行套利交易的前提条件是：两种资产的价差或比率存在一个合理的区间，并且价差或比率的运动一旦偏离这个区间，那么，它们最终仍将重新回到合理的对比关系上。套利交易就是利用两种资产间相对价格偏离合理区间的机会，建立相应的头寸，以期在未来两种资产的相对价格返回合理区间时，对原先头寸进行平仓处理，从而获得收益的交易行为。

三、铜期货套利交易具有怎样的特性？

跟其他品种的套利交易一样，铜期货套利交易具有头寸相反性、同时性和非常态性的特点。

（一）头寸相反性

头寸相反性，是指套利者必须构筑相反的头寸，构成对冲关系。套利者一方面需要买入头寸，另一方面还要等量卖出头寸。如果套利者只有买入头寸或只有卖出头寸，都不可能实现套利。

（二）同时性

同时性，是说套利行为必须是同时进行的。以跨期套利为例，因为套利者是基于不同时点的价差差异而从事套利行为的，所以套利者在进行套利时，在期货市场买入某个近期铜的期货合约时，必须同时卖出另一个远期铜期货合约。如果先买入或者卖出某一合约，过段时间再卖出或买入另一合约，则无法实现套利。

（三）非常态性

非常态性，是因为套利交易的对象具有价格联动的特点，所以套利者可以通过非常态的价格来谋取价差利益，即通过在相对高价市场与相对低价市场之间同时买卖一定的资产，并在两者相对价格恢复常态后平仓产生的价差收益而谋利。若某个阶段中上海铜期货与 LME 铜期货之间的比价主要稳定在 8.0～8.2，那么一旦这个比价超出 8.2，可能就意味着进行套利将出现盈利，从而吸引套利者关注。

四、铜期货套利交易有哪些类型？

从广义的角度看，期货套利类型包括期现套利、跨市场套利、跨品种套利、跨期套利等。

期现套利，是指当临近交割月份的期货合约价格与现货的市场价格出现差异时，投资者可以利用两个市场的价格差距低买高卖从而获利。理论上，期货价格是商品未来的价格，现货价格是商品当前的价格，按照经济学同一价格理论，两者间的差距，即“基差”（基差 = 现货价格 - 期货价格）应该等于该商品的持有成本。在期货市场上，现货的价格低于期货的价格，则基差为负数，远月合约期货的价格高于近月合约期货的价格，这种情况称为“期货升水”，或称“现货贴水”，远月期货合约价格超出近月期货合约价格的部分，称“期货升水率”。如果远月合约期货的价格低于近月合约期货的价格，现货的价格高于期货的价格，则基差为正数，这种情况称为“期货贴水”，或称“现货升水”，远月期货价格低于近月期货价格的部分，称“期货贴水率”。一旦基差与持有成本偏离较大，就出现了期现套利的机会。考虑到交易成本，理论上期货价格要高于现货价格，并且高出部分要超过用于交割的各项成本，如运输成本、质检成本、仓储成本、开具发票所增加的成本、资金持有成本、机会成本等，才能实现期现套利的盈利。

跨市套利，是指以现货的进出口贸易为理论基础，在不同国家的期货市场上分别买入或卖出期货合约的交易行为。由于商品的供需存在地区性差异，在某段时间内国内外价格的涨跌幅度不完全一致，在差距达到一定程度时就可以进行跨市套利了。之后，当国内外市场的价格恢复到正常水平时再平仓了结此前建立的头寸，这样，一个完整的跨市套利交易就完成了。

影响跨市套利的因素主要有四种：其一，国内外周期性生产、消费季节的差异，导致不同时期国内外供求矛盾的不一致，从而引发两地价格变动方向和变动幅度不同；其二，国内外经济政策的变化也会导致供求关系的变化；其三，突发性的不可抗力因素，例如罢工、地区性战争、灾难性天气等；其四，短时间内市场主力资金的规模性转移也能引起价格的异常波动。

跨期套利，是指随着交割日的临近，期货合约的价格向现货价格趋近，同一种商品不同月份合约间的价格又存在一定的联系，这种联系最直接的表现就是持仓费。因为仓储费、保险费和资金利息的缘故，正常情况下远月合约的价格要高于近月合约的价格，持仓费就是这个价差。跨期套利就是在价差不正常的时候建立头寸，等到不同月份合约的价格恢复正常再同时平仓，以此来获取价差利润。

根据交易者在市场建立的交易部位的不同，跨期套利还可细分为牛市套利、熊市套利和蝶式套利三种。当供给不足时，可以买入近月合约同时卖出远月合约进行牛市套利；反之则为熊市套利。简单来讲，蝶式套利是由两个方向相反、共享居中交割月份合约的跨期套利组成。从理论上来看，蝶式套利比普通套利的风险和利润都要小。

跨品种套利，是指利用两种或三种不同但相互关联的产品之间的期货合约价格差异进行的套利，即同时买入或卖出某一交割月份的相互关联的商品期货或其他合约，以期在有利时机同时将这些合约对冲平仓获利。跨品种套利以跨商品期货为主，而一般跨商品套利的交易对象之间有较强的关联度，这两种或多种商品之间具有相互替代性或受同一供求因素制约。例如，金属之间、农产品之间、金属与能源之间等都可以进行套利交易。总体来说，跨期商品套利可以分为两种情况：一种是原材料和产成品的套利，如大豆和豆粕的套利；另一种是相关商品的套利，如硬麦和优质强筋小麦的套利。此外还有新型的跨品种交易方式，比如用铜制造商股票价格与铜期货价格进行套利交易。

五、套利与套期保值、投机之间有哪些区别？

套期保值、投机、套利作为期货市场交易的主要形式，对期货市场的作用相辅相成，并且都必须依据对市场走势的判断来确定交易的方向，但是三者之间又有明显的区别。

（一）套利交易与套期保值交易的区别

第一，交易目的不同。企业利用期货市场进行套期保值交易是规避或转移现货价格涨跌带来风险的一种方式。套期保值者之所以要进行期货交易，目的是要把正常经营活动所面临的价格风险转移出去，是为了控制风险，其初始的目的并不是纯盈利。而套利交易的目的是赚取定价不平衡状态的相对利润。

第二，操作方式不同。套期保值交易一般在现货市场和期货市场上做方向相反的交易，它一般不仅仅涉及期货市场。而套利交易可以只在期货市场上发生，或在期货现货市场上同时发生（期现套利）。

第三，交易者的关注点不同。套期保值交易涉及的价格属于绝对价格变动，而套利交易的价格变动属于相对价格范畴。套利交易针对的往往是某产品与其他产品的相对价格。

（二）套利交易与期货投机交易的区别

第一，交易者的关注点不同。期货投机交易只是利用单一期货合约价格的上下波动赚取利润，而套利是从相关市场或相关合约之间的相对价格差异套取利润。期货投机者关心和研究的是单一合约的涨跌，而套利者关心和研究的则是价差的变化。

第二，操作方式不同。期货投机交易在一段时间内只做买或卖；而套利则是在同一时间的相关市场进行反向交易，或者在同一时间买入和卖出相关的期货合约，同时扮演多头和空头的双重角色。

第三，风险不同。套利交易赚取的是价差变动的收益，因为相关市场或相关合约价格变化方向大体一致，所以价差的变化幅度小，承担的风险也小。

第四，交易成本不同。套利交易成本要低于投机交易成本。一般来说，进行相关期货合约的套利交易至少同时涉及两个合约的买卖。在国外，交易所为了鼓励套利交易，一般规定套利交易的佣金支出比一个单边交易的佣金费用要高，但要低于两个单边交易的佣金。同时，由于套利的风险较小，在保证金的收取上要少于普通投机，大大节省了资金的占用。所以，套利交易的成本较低。

六、铜期货套利交易对市场起到什么作用?

套利交易对期货市场的稳定发展有积极的意义，具体地讲，套利交易的作用主要表现在两个方面。

（一）有助于价格发现功能的有效发挥

套利的功能就是发现市场的相对价格。在投机资金的作用下，市场价格关系常常以不合理的状态出现。套利的功能就是促使价格关系走向合理，从而使相应的商品或市场资源得到合理和有效的配置。

另外，套利的依据是价格的关系，投机操作的依据是价格水平，而价格关系能够反映价格水平的合理程度。因此，研究套利对研判市场的投机状态以及价格水平是否合理大有裨益。

（二）有助于市场流动性的提高

套利交易增加了期货市场的交易量，提高了期货交易的活跃程度。期现套利不仅增加了期货交易的交易量，同时增加了现货的交易量。这对于排除或减弱市场垄断力量、保证交易者的正常进出和套期保值操作的顺利实现具有很大的好处。

由于具有诸多好处，国际上绝大多数交易所都对自己可以控制的套利交易采取鼓励和优惠政策。比如，只要套利在同一交易所进行，交易所会实施较低的保证金和较低的手续费优惠措施，并且开设套利交易通道。

七、铜期货套利交易有什么优点?

套利交易目前已经成为国际金融市场中的一种主要交易手段，由于其收益稳定，风险相对较小，国际上绝大多数大型基金均主要采用套利或部分套利的方式参与期货或期权市场的交易。随着我国期货市场的规范发展以及上市品种的多元化，市场蕴含着大量的套利机会，套利交易已经成为一些大机构参与期货市场的有效手段。

具体来说，套利交易具有以下优点：

（一）更低的波动率

由于套利交易博取的是不同合约的价差收益，而价差的一个显著优点是通常具有更低的波动率，于是套利者面临的风险更小。一般而言，价差的波动比期货价格的波动小得多。例如，上海期货交易所交易的铜期货每天的价格变化一般为 400～700 元/吨，但是相邻交割月份之间的价差每天变动一般为80～100 元/吨。许多商品价格的波动性都很强，需要日常监控。而价差的日内波动往往很小，只需要每天监控几次甚至更少。如果一个账户的资金波动得很厉害，投机者就必须存入更多的钱来防止可能的损失。如果采用套利交易，则这样的担忧就不常见了。

（二）有限的风险

套利交易是唯一的具有有限风险的期货交易方式。由于套利行为的存在以及套利者之间的竞争选择，期货合约之间的价格偏差会得到纠正。考虑到套利的交易成本，期货合约之间的价差会维持在一个合理范围内，所以价差超过该范围的情况是不多的。这意味着投资者可以根据价差的历史统计，在历史的高位或低位区域建立套利头寸，同时可以估算出所要承担的风险水平。

（三）更低的风险

因为套利交易有对冲特性，所以套利交易通常比单边交易有更低的风险。这是在比较套利和单边交易时需要考虑的重要因素。套利交易的风险为什么会更低？投资组合理论表明，由两个完全负相关的资产构成的投资组合可以最大限度地降低组合风险。套利是同时买卖两个高度相关的期货合约，也就是构造了一个由两个几乎完全负相关的资产构成的投资组合，该组合的风险自然会大大降低。

（四）对涨跌停的保护

许多套利交易的对冲特性，可以对涨跌停提供保护。因为政治事件、天气和政府报告等，期货价格可能出现暴涨暴跌，有时甚至出现涨跌停，价格封死在涨跌停板上无法成交，所以一个做反了的单边交易者在平仓之前可能会损失惨重。这往往会造成交易者的账户亏空，从而需要追加保证金。在同样的环境下，套利交易者基本上都受到保护。以跨期套利为例，由于套利交易者在同一种商品既做多又做空，在涨跌停日，他的账户通常不会发生大幅亏损。虽然在涨跌停打开后，价差可能不朝交易者预测的方向走，但由此所造成的损失往往比单边交易小得多。

（五）更有吸引力的风险/收益比率

相对于给定的单边头寸，套利头寸可以提供一个更有吸引力的风险/收益比率。虽然每次套利交易收益不很高，但成功率高，这是由价差的有限风险、更低的风险以及更低的波动率特性带来的好处。长期而言，做单边交易盈利的只占少数，往往 10 个人中不超过 3 个人是盈利的。而套利不一样，它有收益稳定、低风险的特点，所以它具有更吸引人的收益/风险比率，从而更适宜大资金的运作。在持有单边头寸的多空双方激烈争夺的过程中，套利者往往可以择机介入，轻松获利。

（六）价差比价格更容易预测

期货的价格由于其较大的波动率往往不容易被预测。在牛市中，期货价格会涨得出乎意料的高，而在熊市中，期货价格会跌得出乎意料的低。套利交易不是直接预测未来期货合约的价格变化，而是预测未来供求关系变化引起的价差的变化。后一种预测显然比前一种预测的难度大为降低。决定未来影响商品价格的供求关系是十分复杂的，虽然有规律可循，但仍然包含许多不确定性。而预测价差的变化，则不必考虑所有影响供求关系的因素。由于两种期货合约的关联性，许多不确定的供求关系只会造成两种合约价格的同涨同跌，对价差的影响不大，所以可以忽略这一类供求关系。预测两种合约间价差的变化只需要关注各合约对相同的供求关系变化反映的差异性，这种差异性决定了价差变动的方向和幅度。

八、铜期货的期现套利怎么做?

前文提及的所谓套利，是利用不合理价差产生的机会进行交易以获取收益的行为。不合理的价差，既可以存在同一市场同一品种不同合约之间，也可以存在期货与现货之间。

铜的期现套利，是指利用铜期货市场与现货市场之间的不合理价差，通过在两个市场上进行反向交易，待价差趋于合理而获利的交易行为。

严格地说，期现套利属于跨期套利的范畴，但由于涉及期货、现货两个市场，期现套利亦可归于跨市场套利的范围。进行期现套利的交易者，通常对期货、现货市场都相当熟悉，且一般具有现货背景，比如贸易商等。

期货价格高于合约标的物的现货价格的市场，称为正向市场；现货价格高于期货价格的市场，则称为反向市场。期货反映的是合约标的物在某一未来时间的价格，因为要将交易中的交割手续费、运输费、检验费、出/入库费、仓储、增值税、资金利息等成本因素考虑在内，所以理论上讲，期货价格要高于标的物的现货价格。然而，现实生活中，也经常出现现货价格高于期货价格的情况。

不论是正向市场或是反向市场，当价差超出了合理范围，都会存在套利机会。比如，当期货价格减现货价格高于持仓费用（交割、运输、商检、出入库、仓储、增值税等），即风险溢价大于零时，投资者则可以买入现货，同时在期货市场卖空期货。当期货合约到期时，将此前买入的现货进行交割，赚取超额收益，这就是正向期现套利；反之，当期货价格与现货价格之差远低于持仓费用，且投资者手中有或者可以借到库存，则可以在现货市场抛出库存，同时在期货市场买入期货合约。当期货合约到期时，进行交割以取得现货，补充或偿还此前抛售的库存，如果节约的持仓费高于损失的价差，操作产生利润，这就是逆向期现套利。进行逆向期现套利需要注意的是，现货市场若没有库存，且没有做空机制（借现货做空），则在现货市场的卖出动作将受到限制。从这个意义上讲，正向期现套利应当较为常用，当然，这也是实际情况。

小贴士

铜期现套利成本的计算

一般来说：

期现套利成本 = 仓租费 + 资金利息 + 交易、交割手续费 + 增值税 + 杂费

具体来说：

每吨沪铜的套利成本 = 资金利息 + 增值税（交割基差 ×13%） + 交易手续费（期货成交金额 ×0.05‰） + 进库费用 26 元/吨 + 仓储租金 0.3 元/吨 × 天数 + 过户费 1 元/吨 + 分拣费 5 元/吨 + 代办提运费 2 元/吨 + 打包费 20 元吨 + 交割打印费 100 元/吨

注：以上公式按照上海期货交易所费率、专用线成本测算，自送成本略有差异。

作为铜现货企业来说，只要铜期货价格高于现货价格的幅度超过了套利需要的成本，就可以卖出期货买入现货进行套利；反过来，如果现货价格高于期货价格的幅度超过了套利所需要的成本，就可以买入期货卖出现货来进行套利。

需要注意的是，因为不同企业的资金来源方式不同、现货组织能力不同，在具体计算期现套利成本时，要根据实际情况进行调整。

九、就国内来说，铜期现套利有哪些机会？

国内的铜市场是一个竞争比较充分的市场。铜的品牌相对较多，我们可以将其大致分为三大类：

第一类为升水铜，这类铜包括智利 CCC、智利 ENM、贵冶（江铜）、铁锋（云铜）等；

第二类为平水铜，这类铜包括智利 cCc－P、波兰小板、大江（大冶）；

第三类为湿法铜，这类铜包括智利 CCC SX－EW、秘鲁 SMCV、澳大利亚 ISA 等。

一般而言，升水铜较平水铜高 100 元/吨，平水铜较湿法铜高 100 元/吨。2019 年 11 月的现货铜价格见表 7－1，8 月至 11 月基差统计数量见表 7－2。

表 7－1　2019 年 11 月 15 日现货铜价格（含税）　（单位：元/吨）

等级	价格区间	均价	涨跌	升贴水
平水铜	46860～46990	46925	－90	升 100～升 140
升水铜	46900～47010	46955	－80	升 120～升 160
湿法铜	46800～46940	46870	－90	升 40～升 90

资料来源：SMM、上海中期期货。

表 7－2　2019 年 8 月至 10 月基差统计数据　（单位：元/吨）

	8 月	9 月	10 月
上海 1#电解铜均价	46426	47214	47063
沪铜当月合约均价	46375	47107	46976
基差均值	51	107	87

资料来源：SMM、上海中期期货。

从图 7－1 中可以看出，期货与现货整体保持着亦步亦趋的运行态势，但是在运行节奏上有时会存在一定差别，这就给套利带来了机会。从 2019 年 9 月至 11 月的期现价格运行态势看，期现价差在－100 元/吨至 250 元/吨之间。从单月期货均线与现货均线的基差看，其平均水平集中在－50 元/吨至 50 元/吨。当期现价差偏离这个区间越远时，其回归的速度越快，因此，投资者在选择期现套利时需要关注入场时机。

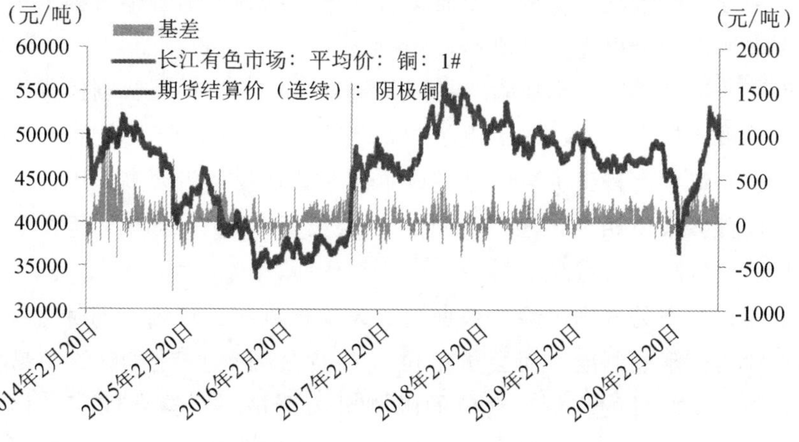

图 7－1　沪铜期货连续合约、现货及基差走势

资料来源：上海中期期货。

十、期现套利有哪些风险需要注意？

从以上描述来看，套利似乎是一个完美的盈利工具，投资者只要发现处于非常态下的价差，就有获利的机会和可能。然而，若只凭借价差判断入市时机，往往会“获得”意想不到的亏损，令交易变得得不偿失。

总结套利交易种种，不难发现进行期现套利需要提防以下风险：

第一，是交易的时间风险。套利交易强调双边同时开仓，然而现实生活中，期货合约受到交易时间的限制，现货合约则往往受到市场升贴水以及其他供需因素的影响。当期现两头无法同时成交，则将影响盈利状况。

第二，是税率风险，即增值税风险。具体而言，根据上海期货交易所的规定，进行期货交割，卖方根据合约到期时的交割结算价要开具增值税专用发票，买方据此缴纳增值税，因而，若期货合约到期前价格大幅上扬，增值税相应增加，则会提高交易成本。

第三，是利率和汇率风险。在同等资金条件下，期现套利操作模式的盈利相对单边趋势交易要小，因此，这种交易方式更适合大资金的运作。然而，对于大资金而言，资金的借贷成本相对普通投资者要高，因此，利率的波动对投资者来说相当敏感。另外，如果投资者进行的期现套利牵涉内外盘，则汇率风险不可避免。

第四，是交易规则风险。根据期货风险控制相关规则，期货交易所对会员的头寸实行限仓制度，而会员单位（期货公司等）对客户的交易实行限仓，且随着交割日的临近，仓位的限制更为严格。不符合规定（比如铜的头寸不是 5 的整数倍的）的，将面临强行平仓的风险。

第五，是季节性风险。体现在套利中，主要是基差的周期性风险。观察铜价运行的规律，若期货与现货走出一轮趋势，则大多处于消费旺季，或国家进行了行政干预（国储收储、进出口税率调整等）。这时铜基差也往往随着消费旺季或者政策题材波动，比如消费旺季铜现货往往较期货升水（现货价格高于期货价格）。

第六，期现套利亦不可忽视现货流通、期货交割等风险环节。尽管不少投资者不进行交割，而是在交割前了结头寸，但考虑到交割月持仓量锐减、保证金提高，那么进行套利交易的投资者应当储备一定数量的现金或者库存，并保证库存符合国家交割标准。如果拟交割的货物不符合交割标准，或没有可供申请的库容，将对套利行为造成重大影响。

十一、如何进行沪铜跨期套利交易？

图 7－2 展示的是沪铜前 3 个月相邻两个合约价差走势。图中绝大多数时间的价差集中在－300 元/吨至 300 元/吨之间，但近年来相邻两个合约之间的价差波动较为剧烈。因此，相邻合约的价差波动范围并不是一成不变的。在丰富的价差波动中也隐藏着很多交易机会。一般而言，我们可以将其分为买入和卖出两个不同的价差交易方向。

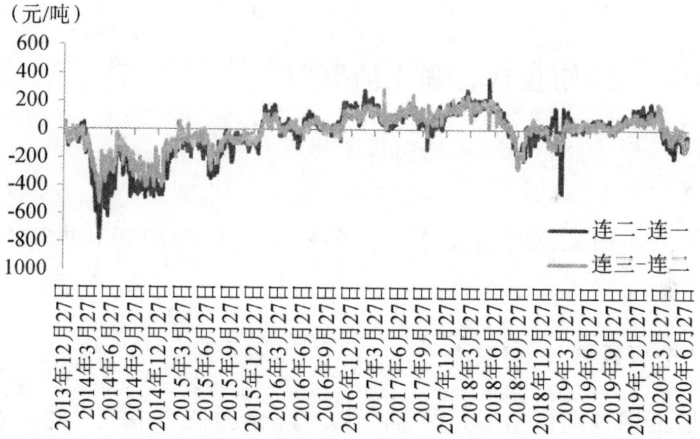

图 7－2　沪铜相邻两个连续月合约价差走势

资料来源：上海中期期货。

在这种价差交易中，通常会涉及两个分支或“脚”。如果缺少一只“脚”，则价差交易就会立马演变成一般方向性投机交易。所以在价差交易的过程中，如果出现一只“脚”被强行逼平的情况，风险是比较大的。当然，在这里一只“脚”是泛化的说法，有时候价差交易也可以涉及三只或四只“脚”。如果期现结构中有两个中间月存在不合理的定价，则可以通过做价差交易把这笔利润套住。

关于价差的计算一般提倡一致化，如果一开始用的就是近月价格减去远月价格，之后的分析就得继续如此，否则分析上会出现方向性混乱。价差的扩大和缩小在期货业界被称为发散和收敛。通常套利是架构在价差长期收敛性的基础上的。如果不符合这个前提条件，那么说明交易对象可能没有选好或交易中没有考虑到其他方面的系统性差异。

价差交易可以分为买进套利和卖出套利。如果套利者预期期货合约间的价差将会扩大，那么买进套利就是套利者买入其中价格较高的合约，同时卖出价格较低的合约，预期价差发散，收益无限，风险有限。

而卖出套利就是套利者可通过卖出其中价格较高的合约，同时买入价格较低的合约，做的是一种价差的收敛性，收益有限，风险无限。

十二、跨期套利有哪几种类型？

根据所买卖的交割月份及买卖方向的差异，跨期套利可以分为牛市套利、熊市套利、蝶式套利三种。

（一）牛市套利

在市场出现预期供给不足、需求相对旺盛的情形中，可能导致较近月合约价格的上涨幅度会大于较远期合约的上涨幅度，或者较近月份的合约价格的下降幅度小于较远期合约的下降幅度，投资者可以通过买入近期合约的同时卖出远期合约，并在未来价差扩大后的某一时刻平仓以获取盈利。牛市套利一般只对可以储存的商品有效。不可储存的商品如活牛或者生猪等，不同交割月份的商品期货价格间的相关性很低或根本不相关，这种情况下进行牛市套利是没有意义的。

在进行牛市套利的时候，在正向市场的情况下，套利性质为卖出套利，是价差收敛性交易。在正向市场上，远月对近月的价差受制于持仓成本，不能随便变大，如果价差超过持仓费用，就会出现无风险套利机会，这样投资者的损失是有限的，而获利空间巨大。相反，价差变化的主导因素是近期市场对商品供给和需求的程度，价差缩小，市场就可能由正向市场向反向市场转变。持仓成本仍然存在，但如果市场中买方愿意承担，该持仓成本就可以忽略。套利性质变为买进套利，这是价差发散性交易。

（二）熊市套利

在相对平稳的市场中，价差保持着正常水平，如果市场出现供应量增加，需求相对不足，则会导致近期月份合约价格的下跌幅度大于远期月份合约，或者近期月份合约价格的上升幅度小于远期月份合约价格的上升幅度，投资者可以通过卖出近期月份合约的同时买进远期月份合约来进行跨期套利。简而言之，因预期近弱远强，所以做熊市套利。

与牛市套利的情况相反，在进行熊市套利的时候，在正向市场的情况下，套利性质为买进套利，是价差发散性交易。在反向市场的情况下，套利性质为卖出套利，是价差收敛性交易。熊市套利与牛市套利的区别在于熊市套利的损失有可能是无限的，原因在于其盈利的形成是建立在价格差异扩大的基础上，由于价格的差异在市场的调节下有理性回归的现象，同时还有其他跨期套利者的进入，价格差异扩大的程度是可以预测的。但是价格差异一旦缩小的话就会形成损失，价差缩小程度的主导因素是近期市场对商品的供求关系，并不受其他因素限制，所以损失可能是无限的。因此，熊市套利需谨慎。

（三）蝶式套利

蝶式套利是跨期套利中的一种合成形式，也是利用不同交割月份的价差进行获利。蝶式套利由两个方向相反、共享居中交割月份合约的跨期套利组成。所涉及合约按交割月份从近到远依次为近月、中月和远月合约。当投资者认为中月合约与近月、远月合约之间的价差将发生变化时，则可以入场利用价差变化进行相关套利。

蝶式套利采取 1 份近月合约、2 份中月合约以及 1 份远月合约的方式。近月、远月合约买卖方向一致，中月合约的方向与其相反，即一组是：买近月、卖中间月、买远月；另一组是：卖近月、买中间月、卖远月。交易所跨的是三种不同的交割期，这三种不同交割期的期货合约中品种、数量都是相同的，价格不同。正是由于不同交割月份的期货合约之间存在价差，而且随着市场供求关系的变动，中月合约与远近月份合约的价差可能会加大。这样投资者就可以通过操作蝶式套利，利用不同交割月份期货合约价差的变动对冲了结，平仓获利。

蝶式套利基本是牛市熊市两个跨期套利的互补平衡的组合，可以说是“套利的套利”。熊市及牛市套利只涉及两个交割月份合约的价差，而蝶式套利则涉及三个交割月份合约的价差，与普通的跨期套利相比，从理论上讲，蝶式套利的风险和利润都较小。但无论采取哪种操作模式，其本质均是对不同交割期合约进行低买高卖，即同时买入价值被低估的合约，卖出价值被高估的合约。

十三、如何在上海期货交易所与伦敦金属交易所之间进行铜期货跨市场套利？

商品市场的跨市套利，是在不同交易所之间的相同或相近合约品种之间进行的套利交易。对于同一个期货品种而言，由于横跨两个或者两个以上的交易所，时差以及地域的差异，可能导致价差处于非正常状态，从而引发套利机会。

投资者以商品市场的“一价定律”作为判定价差处于正常状态与否的标准，当然，前提是一价标准涵盖运费、关税等费用。若价格偏离“一价定律”较远，则可以判断此市场出现套利机会，此时可买入价格偏低的商品卖出价格偏高的商品以获得收益。

铜的跨市套利一般是通过上海期货交易所阴极铜合约与伦敦金属交易所（LME）铜合约之间的价差变动进行套利的。我国国内铜供不应求，所以正常进口贸易的物流方向是从国外进口到国内市场，因此“买伦敦铜抛上海铜”的做法，被称为“正套”，即正向套利。同理，“买上海铜抛伦敦铜”的套利操作因为跟正常进口贸易的物流方向相反，被称为“反套”，即反向套利。

从上海期货交易所（SHFE）、COMEX、LME进行的铜期货合约交易情况来看，每年这三个市场间的价差都会出现若干次超出“常态”范围的情况，这就为投资者创造了跨市套利的机会。当 SHFE 铜价低于 LME 铜价时，投资者买入 SHFE 铜期货，同时卖出相同重量的 LME 铜期货（比如买入 10 手 SHFE 铜期货合约，即 50 吨铜，同时在 LME 抛出 2 手铜期货合约），等两个市场价格关系恢复正常水平时，卖出 SHFE 铜，买入 LME 铜平仓获利了结；当 LME 铜价低于 SHFE 铜价时，买入 LME 铜期货合约，同时抛出 SHFE 铜期货合约，从中获利。当然，在进行两市场间的跨市套利时，应时刻关注运费、关税、汇率等因素的影响，并将其计算入套利成本之中。

图 7－3 以人民币为单位计算了 SHFE 3 月铜期货合约与 LME 3 月铜期货合约的比值。当前情况下，沪伦铜比价落在 1.14～1.15 的范围较为合理，超出这一比价，则应买 LME 铜期货合约抛 SHFE 相应合约。

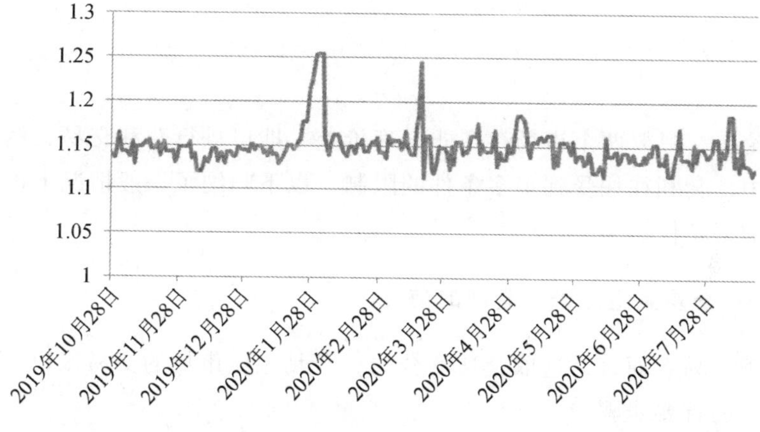

图 7－3 SHFE 3 月铜期货合约与 LME 3 月铜期货合约比值

资料来源：上海中期期货。

小贴士

铜进口成本的计算

举例来看，2020 年 7 月 8 日，长江有色 1# 铜均价 49930 元/吨，LME 3 月铜价为 6236 美元/吨，LME 现货贴水 1.75 元/吨，运保费为 85 美元/吨，人民币兑美元汇率7.02，进口关税为零，增值税率13%，杂费（商检费、报关费、运输费、短拨费、进库费、吊装费、仓储费等）200 元/吨，则进口成本计算公式为：

（LME 3 月期货价格 + 现货升贴水 + 运保费）×汇率×(1 + 增值税率)×(1 + 关税税率) + 杂费 = (6236 − 1.75 + 85) ×7.02 × (1 + 13%) × (1 + 0) + 200 = 50328(元/吨)

因此，当日进口亏损为 398 元/吨，不宜做进口正向套利。

十四、阻碍套利交易进行的现实条件有哪些？

理论上，只要两个市场存在非合理价差，即可进行套利交易，然而在现实生活中，套利往往受到很多条件的限制。以下归纳了一般情况下进行跨市套利的前提条件。

（一）交易渠道是进行套利的前提

对于交易者而言，选取合适的合约，开具相应市场的交易账户，是进行套利交易的首要步骤。

（二）资金实力是盈利的基础

跨市套利收益的波动率较低，且收益率相对趋势投资而言可能较小。相对的，其盈利比较稳定，因此跨市套利往往吸引资金实力相对较强的投资者。另外，跨市套利有时涉及实物交割，现货的运送需要资金的担保，不能马上套现。因此跨市套利要求投资者拥有相当流动资金实力。不论是国内抑或是国外市场，投资者经常遇到逼仓的情景，如果没有强大的现金流支撑，往往在获得预期收益之前，面临强行平仓的风险。

（三）专业知识是操作的必要条件

这其中的专业知识包括对交易规则及流程的熟悉、对品种的了解以及对宏观经济的把握。掌握保证金、涨跌停板、交易单位、交易时间、持仓限额、交割流程等知识，是投资者套利交易前的必要功课。除此之外，还要了解品种的产能、产量、库存、消费、季节性变动引发的变化等方面，以及与宏观经济有关的国内外主要经济体、金融市场的变化，包括经济政策、经济金融指标等。

（四）风险意识是投资成功与否的关键

合约的选择、入市、出市时机的把握，直接影响套利的盈利状况。

小贴士

运保费的概念

运保费是外贸进出口中的术语，在 CIF 审价中，其意义为“C（成本 cost）+I（保险 insurance）+F（运费 freight）”。在精铜进口中，我们通常所说的运保费是指 CIF 中的后两项，即保险费和运输费。一般而言，我国在精铜进口时所涉及的运保费可分为长协与零单两种。每年年底，国内企业会与国际主要出口商针对下一年的运保费展开谈判，这种方式所确定的价格称为长协价。零单是指现货进口时按当时的运输成本等因素所确定的运费与保费。长协运保费的签订可以让进口企业规避零单进口时运保费的大幅波动，便于企业的经营决策。零单运保费方面，我们可以举一个例子：2009 年四五月份，伦敦与上海两地的期铜价格存在近 2000 元/吨的套利空间，诱发贸易商大量进口精铜，国内零单运保费最高曾涨至 220 美元/吨，大大高于平时 120 美元/吨的价格。

十五、跨市套利应该注意哪几方面因素?

期货跨市场套利在操作中应特别注意以下几方面:

(一) 运输费用

运输费用是决定同一品种在不同交易所间价差的主要因素。一般来说,离产地越近的交易所期货价格越低,离产地越远的交易所期货价格越高,两者之间的正常差价为两地间的运费。投资者在进行跨市套利时,应着重考虑两地间运输费用差价的关系。

(二) 交割品级的差异

跨市套利虽然是在同一品种间进行,但不同交易所对交割品的品质级别和替代品升贴水有不同的规定,这在一定程度上造成了各交易所间价格的差别。投资者在进行跨市套利时,对此应充分了解。

(三) 交易单位和报价体系

投资者在进行跨市套利时,可能会遇到交易单位和报价体系差异的问题,应将不同交易所的价格按相同衡量单位进行折算,才能进行价格比较。

(四) 汇率因素

一般来说,如果在不同国家的市场进行套利,还要承担汇率波动的风险。如果是国内与国外市场间套利,人民币的升值将有利于进口,人民币贬值将有利于出口。

(五) 流动性风险

国内沪铜期货市场的参与者以企业套期保值为主,缺乏投机资金,流动性不足，致使套利风险增加。而伦铜由于基金与机构的力量较大，若形成挤仓行情，则也会影响套利的效果。

（六）保证金和佣金成本

跨市套利需要投资者在两个市场缴纳保证金和佣金，保证金的占用成本和佣金费用要计入交易者的成本之中。只有交易者预计的套利收益高于上述成本之时，才能进行跨市套利。

（七）其他影响

各国的宏观政策、现货成本的增减、库存的多少都会成为影响跨市套利的因素。除此之外，交货的延误、海关税基的调整、信用证的延迟等也会给套利活动带来影响。

十六、如何发现铜期货的套利机会？

投资者进行套利交易，通常通过两种方法发现套利机会，一是传统的成本法，二是利用统计回归模型发现机会。

（一）传统的成本法

传统的成本法，需要同时考虑价差以及持仓成本。如果价差朝着投资者预期的方向变动，且该变动弥补了持仓成本，则判断出现套利机会。举例来说，若投资者计划进行进口 LME 铜、卖出国内铜的正向套利操作，即买入 LME 铜合约，卖出 SHFE 铜合约，则首先需要根据物流方向，计算交易成本和物流成本[进口成本 =（LME 3 月期货价格 + 相应合约的升贴水 + 到岸升贴水）× 汇率 ×（1 + 增值税率）×（1 + 关税税率）+ 杂费]，并考虑汇率因素，若价差产生的盈利机会足以弥补交易成本和物流成本（即进口成本小于国内相关期限合约/现货价格），则套利机会成立，可以买入 LME 铜期货同时抛出国内相应月份的期货合约/现货。

需要注意的是，在使用传统成本法进行套利分析时，应当关注价差的季节性因素以及宏观经济状况。比如消费旺季，现货价格可能高于期货价格，且这种情况很可能会持续一段时间。在这种情况下，合理的价差范围与消费淡季的价差应当区别对待。又比如，宏观经济不确定性加剧时，远期价格与近期价格的价差很有可能缩小，如果以常规（包括淡季和旺季）价差区间衡量当前价差水平，并进行套利交易，则很有可能以蒙受损失告终。

（二）统计回归套利方法

统计回归套利方法，将套利建立在对历史数据进行统计分析的基础之上，通过回归的方法，估计相关变量的概率分布，并结合基本面数据进行分析用以指导套利交易。其基本思路是运用统计工具对一组相关价格的历史数据进行研究，画出概率分布，估计相关关系的稳定性，并确定常规情况与极端情况。由此判定价格是否偏离常规情况（即进入极端情况）。根据统计结果，显示价格的偏离将回归常规状况，因而，不持久的偏离带来了套利的机会。

统计套利方法放松了无风险套利的条件，即增加了投资风险，不过增加的少量风险由更多的套利机会补偿了，且增加的风险带来的最大损失小于预期收益。不仅如此，考虑到外界突发因素对于价差的影响较小，因此价差容易把握，从而使统计模型偏差范围变得可控，提高了模型的精确度。

不过，统计套利模型亦存在弊病，最直接的风险就是，当模型认定的极端情况事实上属于常规情况时，根据对极端情况的判定而进行交易的投资者将蒙受损失。另外，由于统计本身局限于对历史数据的研究，因此当价差格局逐渐改变（比如，铜价大幅上涨，使得与历史数据相近的价差对于投资者来说失去了吸引力），利用回归模型进行的预测将损失部分精度。在利用统计模型进行套利交易时，投资者应当以模型给出的参数作为借鉴，结合品种基本面以及宏观经济形势，对套利头寸或比率进行动态调整。

延伸阅读

铜期货与其他品种的相关性

在进行相关品种套利的时候，我们需要特别考量铜与这些品种之间的相关性。铜是国际性的重要工业原材料，也是有色金属中颇具影响力的一种。在期货市场上，金属类品种价格之间理论上存在着一定的相关性，我们可以利用它们之间的价差变化进行套利。而铜价又与汇率、原油、黄金价格的波动有紧密的联系。

（一）铜、铝、锌三者之间的关联性

上期所的三大有色金属交易品种——铜、铝、锌的价格变化具有高度的相关性，主要表现为正相关，趋势变化较为一致，且具有金属板块联动效应。三大品种价格联动的主因是其价格的高低都与宏观经济发展的快慢有紧密的联系。沪铜参与者众多，其中包括铜的生产消费企业、贸易商、投机套利者等，因而沪铜期货的波动对整个市场的价格具有指导性作用。另外，目前我国是世界上最大的铜消费国和生产国，但铜资源却严重短缺，国内对进口铜的依赖程度逐年升高，导致铜价受国外市场影响较大，造成很难规避的市场性风险。铝和锌的价格除了受铜价的影响之外，还与行业自身的特征密切相关。铝在国内一直处于产能过剩的状态，国家在进出口方面又设有关税限制，因而与国际市场价格相关性不大。锌与铜一样，对进口资源依赖程度较高，锌又属于国内期货市场上推出较晚的品种，因而市场成熟度不高，其价格变动受沪铜与国际锌价的影响较大。

2012 年至 2020 年 LME 铜、铝、锌价格历史走势见图 7－4。

（二）铜与美元、原油、黄金的关联性

铜与美元：往往表现为负相关性。一方面，国际铜价是由美元计价，所以美元汇率的走弱直接导致铜价上涨。比如 2014 年 12 月以来，美元在经历了 5 年的恢复之后经济有所企稳复苏。为了控制国内的通胀率，美国

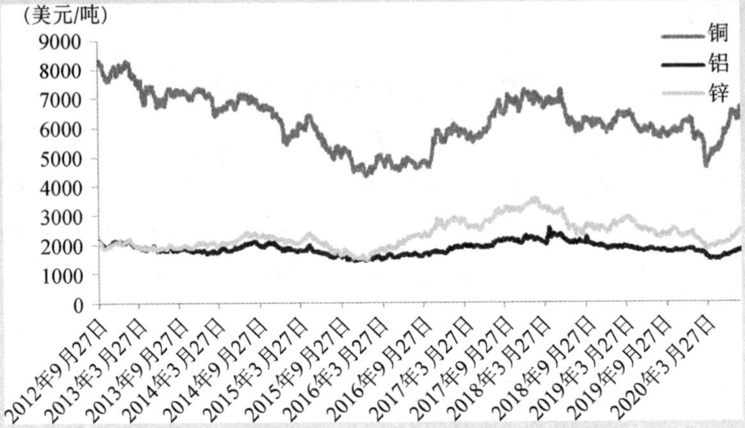

图 7－4 LME 铜、铝、锌价格历史走势

资料来源：上海中期期货。

退出了 QE 政策，转而实行加息。随着美国转入加息周期，美元指数也一路反弹，从 80 点的低点一路反弹到最高触及 105 点，而 LME 的铜价也从 7000 美元/吨一路下跌到 4500 美元/吨附近，虽然未曾经历系统性风险，但美元上涨对于铜价的压力可见一斑。

2012 年至 2020 年 LME 铜价与美元指数历史走势见图 7－5。

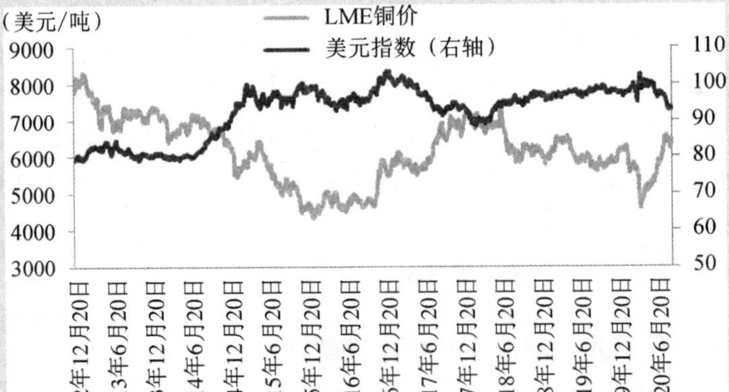

图 7－5 LME 铜价与美元指数历史走势

资料来源：上海中期期货。

铜与原油：往往表现为正相关性。首先，原油和铜都是国际性的重要工业品原材料，它们需求的旺盛与否直接反映出当前经济运行的情况。但值得注意的是，原油和铜与宏观经济密切的联系更多地体现在两者趋势上的一致性，而短期价格波动却并不一定步调一致。目前，上海国际能源交易中心（INE）已上市原油期货，与沪铜趋势上大致呈现出正相关关系。

2012 年至 2020 年 LME 铜期货与布伦特原油价格历史走势见图 7－6。

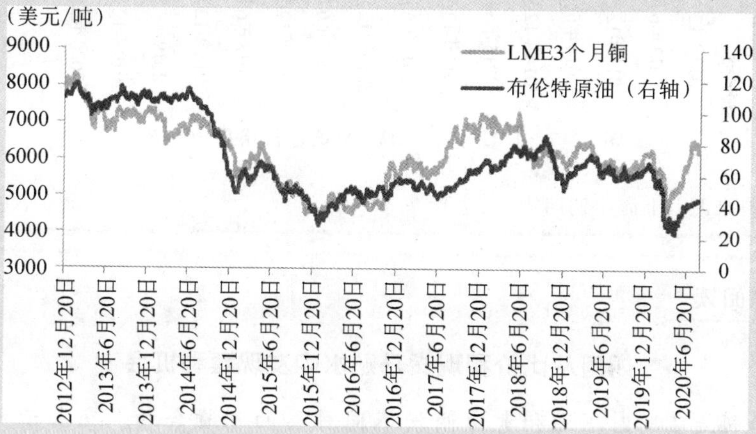

图 7－6　LME 铜、原油价格历史走势

资料来源：上海中期期货。

铜与黄金：往往表现为正相关性。因为国际铜价与金价都是以美元来计价，所以如果美元出现贬值，那么铜价和金价都会表现为上涨。所以，买入铜和黄金都是抵御通货膨胀较好的选择。两者不同之处在于，铜价受基本面供需影响更大，而黄金价格则与 ETF 基金的持仓增减联系紧密，短期价格也经常会受各国央行或国际货币基金组织抛售或买入黄金此类消息的影响。

2012 年至 2020 年 LME 铜期货和 COMEX 黄金价格历史走势见图 7－7。

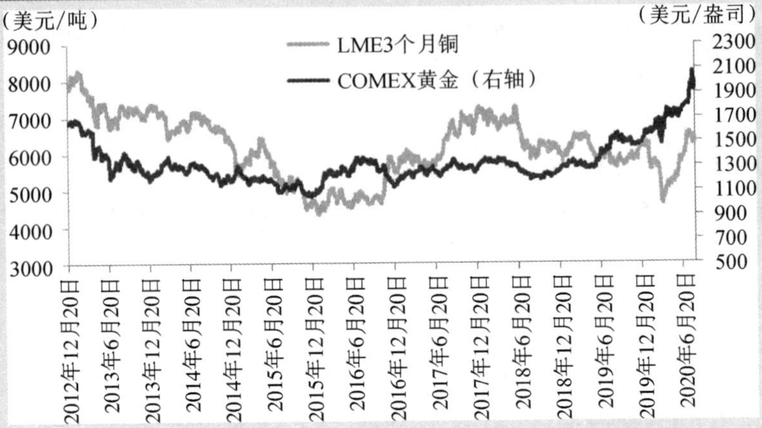

图7－7 LME铜、COMEX黄金价格历史走势

资料来源：上海中期期货。

延伸阅读

如何从比价和现货升贴水中发现套利机会

套利是指同时买进和卖出两张不同种类的期货合约。交易者买进自认为是“便宜的”合约，同时卖出那些“高价的”合约，从两合约价格的变动关系中获利。在进行套利时，交易者注意的是合约之间的相对价格关系，而不是绝对价格水平。

期铜市场上的套利可以分为两种：跨期套利、跨市场套利。跨期套利是对上海期货交易所上市的不同月份之间的期铜合约进行交易。跨市场套利一般是指对伦敦市场与上海市场的期铜进行交易。判断套利入场与离场的时机并不容易，除了投资经验外，比价与现货升贴水通常被认为是判断套利交易时机的重要依据。

例如：2020年7月8日，LME 3个月铜价格为6236美元/吨，LME现货贴水1.75美元/吨，运保费为85美元/吨，进口关税为零，增值税率为13%，人民币兑美元汇率为7.02，沪铜现货价为49930元/吨左右。以当时价格计算，进口铜存在398元/吨的亏损，当时价格比价为7.30。倘若国内的现货价格为50328元/吨，则进口不存在亏损也不存在盈利，进口盈亏平衡点的比价应改为7.36。因此，当比价高于7.36的时候，进口精铜就处于盈利状态。此时可以在LME买入3个月期铜，在SHFE卖出3个月期铜。因为一定的进口利润会使国内贸易商加大进口量，从而拉平国内外的不合理价差，当价差逐渐回归时，原有的套利头寸就可以获利平仓。如果比价低于7.36，则情况相反。

现货升贴水情况通常也被用做评判套利时机的一个重要因素。国内现货贴水表明国内现货销售情况不佳，此时的进口往往是亏损的，因此不适合选择买伦敦铜期货抛上海铜期货的套利操作。相反，现货处于升水时表明国内需求旺盛，此时进口往往是盈利的，所以可以做买伦敦铜期货抛上海铜期货的套利操作。例如：2020年6月24日，上海市场上现货升水145元/吨，而LME现货贴水8.5美元/吨，此时精铜进口存在一定利润，可以采取买伦铜抛沪铜的套利交易。

现货升贴水也常被用作判断国内市场跨期交易的依据。现货升水时，沪铜各个合约间呈现的是近高远低，随着现货升水的增加，近月合约价格高出远月合约价格的幅度会增加。现货贴水时，沪铜各个合约间呈现的是近低远高，随着现货贴水的增加，近月合约价格低于远月合约价格的幅度会增加。例如：2017年10月12日，上海现货铜的价格在53300~53400元/吨，现货升水130元/吨，当时沪铜市场上2个月铜期货对1个月铜期货贴水110元/吨，3个月铜期货对2个月铜期货贴水50元/吨。2017年10月16日，上海现货铜的价格在53280~53320元/吨，现货贴水120元/吨，当时沪铜市场上2个月铜期货对1个月铜期货升水30元/吨，3个月铜期货对2个月铜期货升水120元/吨。由此可见，随着现货升水的逐渐减少，沪铜市场上各合约的远期贴水也逐渐减少，这样的规律为沪铜市场上的跨期套利提供了理论参考。

延伸阅读

中国交易者在国际铜市反套操作屡屡受挫的原因

中国近一半的精铜需求要靠进口来补充，因此，当国际铜价处于相对低位时，贸易商可以在伦敦金属交易所买进伦敦铜期货，同时在上海期货交易所卖出沪铜进行套利。这样的套利方向与物流方向一致，是顺理成章的事，通常被称为正向套利，即正套。

但有时会出现这样的情况，伦敦铜价高于沪铜价，贸易商进口铜反而会亏损。于是瞅准机会的中国贸易商采取买进沪铜卖出伦敦铜的策略，进行反向套利，即反套。由于中国本身是铜的进口国，这样的方向与物流方向相反，是一种非正常的贸易模式。

通常来说，如果套利资金相对分散，且规模有限，这样的套利也没什么问题。然而一旦资金集中，规模较大，其头寸必然暴露在国际投机资金视野中，常常给国际投机资金以挤压的机会。由于中国本身铜产量有限，铜库存的总数量是可以被计算出来的，这样国际投机资金就可以通过继续做多伦敦铜，把价差进一步做大。这时，中国交易者缺少足够的铜去交货，被逼无奈只能止损认赔。

自测题

1. 套利是指利用相关市场或相关合约之间的价差变化，在相关市场或相关合约上进行（　　）的交易，以期价差发生（　　）从而获利的交易行为。

A. 方向相反；有利变化

B. 方向相同；有利变化

C. 方向相反；不利变化

D. 方向相同；不利变化

2. 利用期货市场和现货市场之间的价差进行的套利行为，称为（　　）。利用期货市场上不同合约之间的价差进行的套利行为，称为（　　）。

A. 期现套利；价差交易或套期图利

B. 跨期套利；价差交易或套期图利

C. 期现套利；基差交易或套期图利

D. 跨期套利；基差交易或套期图利

3. 在两种资产之间进行套利交易的前提条件是（　　）。

A. 两种资产的价差或比率存在一个合理的区间，并且价差或比率的运动一旦偏离这个区间，那么，它们的价差或比率将持续扩大

B. 两种资产的价差或比率存在一个不合理的区间，并且价差或比率的运动一旦偏离这个区间，那么，它们最终仍将重新回到合理的对比关系上

C. 两种资产的价差或比率存在一个不合理的区间，并且价差或比率的运动一旦偏离这个区间，那么，它们的价差或比率会持续扩大

D. 两种资产的价差或比率存在一个合理的区间，并且价差或比率的运动一旦偏离这个区间，那么，它们最终仍将重新回到合理对比关系上

4. 一般来说，套利交易具有（　　）特性。

A. 头寸相同性、不同时性、非常态性

B. 头寸相反性、同时性、常态性

C. 头寸相同性、同时性、非常态性

D. 头寸相反性、同时性、非常态性

5. 从广义的角度看，期货套利类型包括（　　）。

A. 期现套利、跨市场套利

B. 跨品种套利、跨期套利

C. 期现套利、跨期套利

D. 以上都是

6. 以下（　　）不是影响跨市套利的主要因素。

A. 国内外周期性生产、消费季节的差异，导致不同时期国内外供求矛盾的不一致，从而引发两地价格变动方向和幅度不同

B. 国内外经济政策的变化会导致供求关系的变化

C. 突发性的不可抗力因素，例如罢工、地区性战争、灾难性天气等

D. 临近交割月份的期货合约价格与现货市场价格出现差异，投资者可以利用两个市场的价格差距，低买高卖从而获利

7. 以下（　　）不是套利交易与套期保值交易的主要区别。

A. 交易目的不同

B. 操作方式不同

C. 交易者的关注点不同

D. 风险不同

8. 套利的功能就是促使（　　），从而使相应的商品或市场资源得到合理和有效的配置，套利的依据是（　　）。

A. 价格关系走向合理；价格的关系

B. 持仓结构走向合理；价格的关系

C. 价差关系走向合理；价差的关系

D. 持仓结构走向合理；持仓结构的关系

9. 以下（　　）是套利交易的优点。

A. 更低的波动率、有限的风险

B. 更低的风险、对涨跌停的保护

C. 更有吸引力的风险/收益比率、价差比价格更容易预测

D. 风险巨大

10. 当进行期现套利时，当期货价格高于合约标的物的现货价格，这种市场称为（　　）；当现货价格高于期货价格，这种市场称为（　　）。

A. 正向市场；反向市场

B. 反向市场；正向市场

C. 正向市场；正向市场

D. 反向市场；反向市场

11. 当期货价格减现货价格高于持仓费用（交割、运输、商检、出入库、仓储、增值税等），即风险溢价大于零时，投资者可以（　　），同时在期货市场（　　），当期货合约到期时，将此前买入的现货进行交割，赚取超额收益，这就是正向期现套利。

A. 买入现货；卖空期货

B. 买入期货；卖空现货

C. 买入现货；买入期货

D. 卖空现货；卖空期货

12. 期现套利需要注意以下（　　）风险。

A. 交易的时间风险、税率风险、利率和汇率风险、交易规则风险、季节性风险

B. 交易的价格风险、税率风险、利率和汇率风险、交易规则风险、季节性风险

C. 交易的时间风险、税率风险、利率和偿债风险、交易规则风险、季节性风险

D. 交易的时间风险、税率风险、利率和汇率风险、交易规则风险

13. 卖出套利就是套利者可通过卖出其中（　　）同时买入（　　），它做的是一种价差的收敛性交易。收益有限，风险无限。

A. 价格较高的合约；价格较低的合约

B. 价格较低的合约；价格较高的合约

C. 价格较高的合约；价格较高的合约

D. 价格较低的合约；价格较低的合约

14. 蝶式套利是跨期套利中的一种合成形式，利用（　　）来进行获利，由（　　）的跨期套利组成。

A. 不同交割月份的价差；两个方向相反、共享居中交割月份合约

B. 相同交割月份的价差；两个方向相反、共享居中交割月份合约

C. 相同交割月份的价差；两个方向相同、共享居中交割月份合约

D. 不同交割月份的价差；两个方向相同、共享居中交割月份合约

15. 我国国内铜供不应求，所以正常进口贸易的物流方向是从国外进口到国内市场，所以“（　　）”的做法，被称为正套，即正向套利。同理，“（　　）”的套利操作因为跟正常进口贸易的物流方向相反，被称为反套，即反向套利。

A. 买上海铜抛伦敦铜；买伦敦铜抛上海铜

B. 买伦敦铜买上海铜；抛上海铜抛伦敦铜

C. 抛伦敦铜抛上海铜；买上海铜买伦敦铜

D. 买伦敦铜抛上海铜；买上海铜抛伦敦铜

16. 跨市套利有时涉及实物交割，现货的运送需要资金的担保，不能马上套现。因此跨市套利要求投资者拥有相当（　　）。不论是国内抑或是国外市场，投资者经常遇到逼仓的情景，如果没有强大的现金流支撑，往往在

获得预期收益之前，就面临被（　　）的风险。

A. 流动资金实力；强行平仓

B. 自有资金实力；强行平仓

C. 流动资金实力；协议平仓

D. 自有资金实力；协议平仓

17. 期货跨市场套利在操作中应特别注意以下（　　）因素。

A. 运输费用、交割品级的差异

B. 交易单位和报价体系、汇率因素

C. 流动性风险、保证金和佣金成本

D. 以上都是

18. 一般来说，铜与下列（　　）品种存在较强的关联性。

A. 铝、锌、黄金、原油、美元

B. 铝、锌、棉花、原油、美元

C. 铝、锌、燃料油、棉花、黄金

D. 铝、锌、燃料油、黄金、美元

19. 假设铜的国内零单运保费通常为 125 美元/吨，近期零单运保费突然上涨到了 240 美元/吨，此时套利交易者可以考虑（　　）。

A. 买进上海铜、卖出伦敦铜套利

B. 卖出上海铜、买进伦敦铜套利

C. 买进零单运保费、卖出长协运保费套利

D. 卖出零单运保费、买进长协运保费套利

20. 假设 2020 年 7 月 8 日，LME 3 个月铜价为 6236 美元/吨，LME 现货贴水 1.75 美元/吨，到岸升贴水 85 美元，进口关税为零，增值税率 13%，汇率 7.02，杂费 200 元/吨，则进口成本为（　　）。

A. 52328 元/吨

B. 51328 元/吨

C. 50328 元/吨

D. 49328 元/吨

参考答案

1. A　2. A　3. D　4. D　5. D　6. D　7. D
8. A　9. D　10. A　11. A　12. A　13. A　14. A
15. D　16. A　17. D　18. A　19. A　20. C

第八章

防范铜期货交易风险

本章要点

期货因防范现货风险而产生，但期货交易本身也蕴含着风险。本章结合铜品种的特性，介绍了铜期货交易中风险的类型、风险的成因以及防范风险的方法等。对于个人投资者来说，参与铜期货交易之前，必须衡量这些风险因素，客观评价自身的风险承受能力，避免进入不合适的市场。对于企业来说，建议建立内部风险监控机制，降低铜期货交易带来的经营风险。

一、为什么铜期货交易是有风险的？

铜期货跟其他期货品种一样，从本质上是为了规避现货市场的价格风险，其保证金制度、双向交易机制、每日结算制度、强行平仓制度等都是规避价格风险的有效手段。然而，期货交易作为一种独特的交易方式，其自身运营过程中，也蕴藏了很大的风险。

在各种商品期货中，铜期货的波动幅度非常大，价格最低时每吨 1 万元，最高每吨曾达到过 8 万元。进行期货交易可能发生巨额损失，而且损失的总额可能会超过投入的全部保证金和追加保证金。

在实际操作过程中，如果市场走势不利，交易所可能会通知追加保证金，若未在规定时间内追加，持仓的合约可能在亏损的情况下被迫平仓。在某些市场情况下，铜期货会出现连续的涨跌停板，投资者全部保证金有可能无法弥补全部损失。此外，如果出现地震、火灾、水灾或者出现计算机系统故障，可能导致指令无法成交，从而造成重大损失。即使是套期保值交易、套利交易，也会和投机交易一样，面临期货交易的各种风险。

二、铜期货交易的风险一般有哪些？

铜期货交易的风险与其他期货品种的风险种类大致相同，且具有多样性和复杂性的特点，按照不同的划分方法可以归纳为不同的风险类型。

（一）按照风险来源不同划分的风险

按照风险来源的不同，期货交易风险可分为市场风险、信用风险、流动性风险、操作风险和法律风险。

市场风险是因价格变化使期货合约价值发生变化的风险，是期货交易中最常见、最需要重视的一种风险。信用风险是因为交易对手不履行交易责任从而导致的风险，当然，现代期货交易的分担机制使得发生信用风险的概率极小。流动性风险有两种，一种是流通量风险，一种是资金量风险。流通量风险是指期货合约无法以合理价格建立或了结头寸的风险。资金量风险是指投资者资金无法满足保证金要求时，其头寸面临强制平仓的风险。操作风险是指期货公司或投资者在交易过程中，因操作不当或内部控制制度缺陷以及信息系统故障导致意外损失的可能性，法律风险中常见是，机构不具有期货代理资格，投资者与其签订的经纪代理合同不受法律保护，投资者通过这些机构进行期货交易就会发生法律风险。

（二）按照风险是否可控划分的风险

按照风险是否可控，期货交易风险分为不可控风险和可控风险。不可控风险通常来自期货市场之外，包括两大类：一类是宏观经济环境变化的风险，包括政治、经济、自然的各种因素变化，尤其是突然偶发事件的发生，都会扰乱正常的供求规律，使铜期货价格产生剧烈震荡，给市场带来很大的风险；另一类是政策风险，如果管理层对铜现货、期货市场进行干预和调节，就会给相关主体带来风险。

可控风险是通过相关主体采取措施便可以控制或管理的风险。如期货公司或交易所的技术风险，投资者本人的电脑软硬件、网络风险都可以采取措施进行防范和处理。

（三）按照期货交易环节划分的风险

按照期货交易环节划分，投资者主要面临代理风险、交易风险和交割风险。代理风险是指投资者在选择期货公司的过程中可能产生的风险。交易风险是指投资者在交易过程中可能产生的如市场流动性差、保证金不足等风险。交割风险则是在交割中可能产生的风险。不准备交割的投资者，需要在交割月到来之前，将持有的头寸平仓。

三、投资者自身因素导致的交易风险有哪些？

作为期货交易利益的直接承受者，投资者本人的素质、知识水平、进行铜期货投资的经验和操作水平的有限性，往往会形成一定的风险，主要表现在以下三方面。

（一）资金实力不足

投资者的资金实力虽然不是决定交易成败的唯一因素，但却是一个关键因素，其原因在于，期货市场上价格波动频繁，震荡剧烈，没有足够的资金支持，很难保持理性的心态，容易被恐惧和贪婪所左右。当投资者积累了一定经验以后，交易水平虽然提高了，资金却可能已经损失殆尽。

（二）期货投资经验、风险管理水平和操作水平欠佳

一个成功的期货投资者愿意顺服市场，跟随市场趋势，进行交易决策，而不是以自我为中心，幻想期货价格朝自己预期的方向变化。成功的期货投资者愿意舍小钱赚大钱，愿意在判断正确的时候赚足利润，在判断错误时及时认输，截断亏损。

（三）价格趋势判断能力欠佳

铜期货是一个趋势性非常强的品种，一场大牛市或者大熊市到来的时候，价格往往出现意想不到的变化。因此，一个成功的期货投资者需要在导致铜价纷繁复杂的变化中寻求到一条主线，建立自己的分析架构，或者交易模型，而不是人云亦云，道听途说，随性交易。

小贴士

初次进入铜期货交易市场所需的资金额度

从保证金比例的角度来看，根据中国证监会的规定，期货保证金全部由中国期货保证金监控中心通过银行监管，由客户自己在保证金账户和银行账户间划转资金，期货开户资金多少并不受限制。

上海期货交易所规定的沪铜期货的最低保证金为合约价值的5%，每个期货公司在这个基础上向上浮动，一般投资者需要的保证金要在10%左右，以铜价在每吨6万元计算，1手合约是5吨，合约价值30万元，

所以铜期货投资者最低保证金需要3万元。考虑到投资者建仓资金一般控制在总资金的30%，那么进行1手铜合约的交易至少需要10万元。

根据一些成功交易者的经验，进入期货市场的初期，通常会产生一定的亏损，为了保证未来仍有实力进行学习、总结和交易，即使是有一定天分的投资者也至少需要30万元以上的资金，才能保持一个较好的心态。若考虑到分批次建仓等更灵活的投资策略，铜期货投资资金最好在50万元以上。

四、铜期货交易风险的主要成因是什么?

铜期货市场的风险来自多方面，但风险成因主要来自以下四个方面。

（一）现货铜价格波动

在市场经济条件下，现货铜价格主要受到铜的供求关系因素的影响而上下波动。在铜期货市场上，现货价格的波动会影响期货价格，期货市场的运行机制则会加大价格波动的剧烈程度，从而产生高风险。

（二）铜期货杠杆效应

期货交易实行保证金制度，投资者做铜期货交易最低只需要支付铜期货合约5%的保证金。保证金制度产生的以小博大的高杠杆效应，既吸引了众多投资者的加入，也放大了本来就存在的价格波动风险，所以价格的小幅波动就可能导致投资者损失大量的保证金。市场状况恶化时，持仓较多的投资者可能会产生巨额亏损从而发生违约。期货交易的功能杠杆效应是区别于其他投资工具的主要标志，也是导致期货市场高风险的主要原因。

（三）非理性投机因素

投机者是铜期货交易过程中不可缺少的组成部分，既是套期保值者价格风险转移的承担者，也是价格发现的参与者。投资交易不仅促进形成合理价格，而且可提高市场流动性。但是，在目前相应的风险管理制度并不健全的情况下，部分投机者受到利益的驱使，利用自身的实力等优势进行违法操纵市场的活动，在一定程度上扰乱了市场秩序，促使价格偏离正常水平，并造成不公平竞争，还损害了其他投资者的正当利益。

（四）市场机制不健全因素

期货市场在运作中由于管理法规以及运行机制不健全等原因，可能产生流动性风险、结算风险、交割风险等。在期货市场发展的过程中，这种不健全的机制产生的相应风险始终存在。将来相应的各项法规都将得到修订和完善，期货市场运行机制也会不断完善。

五、铜期货交易风险的基本特征是什么？

铜期货交易风险主要有三个基本特征：风险存在的客观性、放大性和可防范性。深刻理解这三个基本特征，有利于投资者制定有效的策略，积极防范风险。

（一）风险存在的客观性

铜期货市场的客观性一方面体现了期货市场风险的共性，即在任何市场中，由于带有不确定性的各类因素的存在，使得损失发生的可能性大大增加，而且随着交易方式、交易内容日益复杂，这种不确定因素带来的市场波动也随之增大。另一方面，铜期货市场风险存在的客观性也来自期货交易内在机制的特殊性，期货交易本身自有的特点如杠杆效应、双向交易、对冲机制，吸引了很多投机者的参与，进而带来了很大的风险。

（二）风险因素的放大性

铜期货市场的风险与现货市场的风险相比具有放大性，这种放大性的形成主要有以下几个方面的原因：

1. 铜期货价格相对于现货价格波动更大、更剧烈；
2. 期货交易本身具有以小博大的特点，投机性较强，交易者过度的投机心理容易诱发风险行为，增加产生风险的可能性；
3. 铜期货交易是连续性的合约买卖活动，风险易于延伸，易引发连锁反应；
4. 铜期货交易量大，风险的涉及面较广；
5. 期货交易具有远期性，未来不确定的因素较多，若行情发生突然变化，风险则会持续扩散。

（三）风险的可防范性

铜期货市场风险虽然存在不确定性，但也是可以预测的。由于期货市场风险的产生与发展存在一定的规律，可以根据历史统计数据对市场的变化趋势进行预测，可以掌握其征兆以及后果，并采取相应的措施进行有效的风险防范，可以规避、分散风险。

六、如何防范铜期货外盘风险？

与一般国内商品期货不同的是，铜期货受到外盘的影响，比如受 LME 市场的影响非常大。外盘铜期货价格的变化，是铜期货交易者要特别防范的。而防范的重点主要包括：时间差风险；LME 市场的铜电子盘交易；参与者云集；从北京时间早上 8 点至次日凌晨 2 点不间断运行；价格具有连续性。而我国期货市场铜期货交易集中在上午 9 点到 11 点 30 分和下午 1 点 30

分到3点，以及晚上9点到次日凌晨1点。在国内期货市场非交易时段，尤其是傍晚到夜间，LME市场铜期货波动幅度较大，国内开盘后往往产生非常大的价格跳空，方向做反的交易者很难及时处理头寸，止损位置失效，亏损幅度可能超出投资者的想象。

另外，国内外的假期不同，有时LME市场在交易，而我国连续几天放假，多日的价格风险积累到一起，待我国期货市场开盘后瞬间爆发，可能给投资者造成毁灭性的重创。比如，2008年国庆长假期间，美国次贷危机演变成全面金融危机，原油、伦敦铜等主要大宗商品出现连续多日暴跌。2020年春节期间，我国多地新冠肺炎疫情集中暴发，引发海外市场恐慌抛售情绪。假期结束后，上海期货交易所的铜期货合约大幅低开甚至跌停，长假前做多的投资者，完全没有机会平仓退出，只能等待交易所强行平仓，账户资金所剩无几。

基于客观的情况，投资者完全防范外盘风险是非常困难的。很多交易者只能通过不同的手段尽可能减少损失。一类交易者，甚至为此不做隔夜仓，只做日内的短线交易；还有一类中线交易者，只在头寸有盈利的情况下，持仓过夜；每逢长假前，大部分交易者会选择清空头寸，避免长假风险。还有一个根本的办法是，尽可能轻仓操作，仓位严格控制在30%以下，这样即使出现突发性行情，账户仍然可以保全。

上期所铜期权上市后，交易者能以较低的成本规避持仓风险。例如，担心长假过后铜价大幅高开或者低开，就可以在节前买入宽跨式期权组合。若假期外盘铜价波动较大，节后开盘铜期权的一“腿”将出现大幅盈利。

七、如何防范铜期货交易、交割规则风险？

进行期货交易，首先要明了交易、交割规则。对于铜品种来说，上海期货交易所与LME、COMEX在交易、交割规则方面有很多区别。无论是只进行国内期货交易，还是进行内外盘套利交易，都需要仔细研究和了解这些规则，避免因为规则理解错误，而产生交易风险。

举例来说，LME 的铜注册品牌如果要在上海期货交易所进行交割，品牌间并不完全通用。内外盘套利者如果进行买进伦敦铜、卖出上海铜的正向套利时，需要特别了解这一点。

就国内交易来说，每逢节假日，上海期货交易所常常会提高交易保证金；而临近交割月时，保证金标准也会被提高。如果交易者不了解规则，或者未及时跟踪，可能会出现保证金不足的情况。而若未在规定时间内补齐，头寸可能要面临被强平的风险。

对于套保客户来说，需要认真了解交割的细则，以及注册仓单的抵押、转让等重要流程和技巧。比如注册仓单可以冲抵保证金，节约套保机构的流动资金；注册仓单也可以通过期货公司和银行，抵押获得贷款，增加企业现金流。

总体来说，投资者在进行期货市场交易之前，投资者在进入期货市场进行交易之前，需要从以下几方面系统学习和掌握铜期货的相关专业知识和交易交割规则，只有这样才能防范铜期货交易风险。

（一）了解铜期货市场

在进行交易前对铜期货市场进行初步认识和了解是必不可少的过程，包括学习期货市场的基本理论和结构；了解期货合约和期货品种；掌握期货交易制度、期货的交易流程以及分析方法等。这是一个学习的过程，可以选择自己看书来了解，或是通过各种期货公司举办的培训班来掌握。不过这些知识只是交易前的一个铺垫、一个初步的认识，离有效的交易还有很大的距离。

（二）熟悉铜期货的基本状况

对于铜期货这个品种来说，需要知道它的合约规则。铜期货的合约规则，是指交易所对铜期货合约的标的、交易方式、方法、数量、交易时间、涨跌停限制、结算、交割等所作的规定，它是所有铜期货市场参与者共同遵守的规则。另外，还有一个重点是对铜期货的分析方法的掌握。只有基本知识和基本技巧都熟练了，并了解了铜期货的交易规律，能够从各类市场信息，如进出口量、国际价格走势、国家政策调整等提取出当期对铜期货价格起主导作用的因素，才能作出正确的决定，使自己在期货市场中处于赢家的地位。

（三）把握铜期货交易过程

首先，需要掌握铜期货交易指令，交易指令是指期货公司按照客户的要求，在特定时间内按照特定条件买入或卖出某一期货合约。交易指令主要包括客户账号（或交易所编码）、商品代码、买卖方向、开平仓、委托数量、委托价格等。其次，交易者还应对所选的期货公司所使用的信息系统和交易系统有一定的了解，并能正确使用，否则在瞬息万变的交易价格、成交数量以及持仓数量等的信息中，其很可能会错失良机。

（四）学习相关的法律法规

作为期货市场的投资者，了解并清楚国家对铜期货市场管理的法律、法规是非常必要的，亦是保护自身利益的最有效手段。还要特别注意国家关于期货纠纷出台的法律法规以及仲裁原则。

八、个人投资者的风险防范应关注哪几方面？

投资者是利益与风险的直接承受者，其风险管理的目标是：维持自身投资利益，保护自身财务安全。尤其要注意各种容易被忽略却常常会导致较大损失的细节，杜绝侥幸心理。

1. 交易时间风险。上海期货交易所沪铜期货的交易时间在上午 9 点到 11 点 30 分、下午 1：30 分到 3 点，以及晚上 9：00 至次日凌晨 1 点。这似乎是大家都知道的常识。但是很多交易者由于看盘时高度集中，往往错过了交易时间。比如原定当日交易的，到收盘时，没有看时间，正在盘中进行分析，交易时间却已结束。如果这种情况发生在周末或长假，则后果更加可怕。

2. 网络及交易软硬件风险。与时间风险一样，网络出现问题一般都是小概率事件，但出现以后，常常会给交易者带来较大损失。这其中包括意外断电、电脑故障、软件故障，所以很多交易者都会准备两台以上电脑，运行两套软件。当一台电脑或一个软件出现故障时，可以迅速进行处理。

3. 事务性风险。还有一些风险是交易者不太注意但偶尔也会造成损失的风险。比如，确实有铜期货短线交易者，仅仅因为去了一趟厕所，行情就发生了意外的变化。一个真实的事件是：有位个人投资者在持有仓位的情况下，陪太太到超市购物，结果损失了 30 万元。在家里进行交易的投机者，应提前与其他家人沟通好，确保在交易时间内保持专注。如果不得不离开，要及时平仓了结，杜绝侥幸心理。

4. 交割风险。

5. 在铜期货交易中，个人投资者还要特别注意，按照上海期货交易所制定的交易规则，其持仓不能进入交割月，需要在交割前进行平仓。有的个人投资者不熟悉这一规则，在最初投资计划中，没考虑到这个因素，则容易造成损失。

九、机构投资者如何建立内部风险监控机制？

对于包括套期保值企业在内的机构客户来说，建立内部风险监控机制对防范期货交易风险非常重要。在这方面，巴林银行给我们留下了惨痛的教训。1995 年，新加坡对巴林事件的调查显示，内部管理的缺陷是巴林银行垮台的主要原因。该银行让里森在新加坡国际金融交易所做交易时，同时负责交易和结算，给里森违规提供了漏洞，在根本上违反了内控制度的基本原则。

一个规范的机构投资者，风险监控制度应该包括以下三方面：

（一）建立由董事会、高层管理部门和风险管理部门组成的风险管理系统

高层管理部门负责拟定风险管理的书面程序，并报董事会同意。董事会

定期考核机构风险暴露状况，并对上述程序进行评估和修正。风险管理部门必须独立于业务部门之外，是联系董事会、高层管理部门和业务部门的纽带。

（二）制定合理的风险管理程序

该程序至少应该包括：风险衡量系统，即对机构在交易中面临的风险进行全面、准确和及时的衡量；风险限制系统，即为风险设置分类界限，保证风险暴露超过界限，及时报告管理部门或董事会。

（三）建立互相制约的业务操作内部监控机制，确保前台、中台和后台分开

前台负责具体的交易操作，严格各项操作规定，按规定调拨和管理交易资金，同时详细记载每天的交易活动，向后台和中台报告交易情况；后台负责每笔交易的复核、对账，确认买卖委托以及各类财务处理，同时按规定监管前台交易，完成结算，并随时协助前台交易人员准备盈亏报告，进行交易风险评估，分析市场信用。中台负责监督并控制前台与后台的一切业务操作，核对头寸限额，负责比较后台结算与前台交易之间计算出的损益情况，并根据交易质量采取必要的措施，保证会计记录的准确性；对交易质量、财务信息管理和回报率的质量实施监督，负责交易情况的分析及对交易误差进行正确解释和内部稽核，负责最终公布监控结果。

十、企业高层管理人员如何防范铜期货交易风险？

对于企业高层管理人员来说，应采取总量控制和程序化交易的方式，防范期货交易风险。

这主要包括：对运行情况进行评估；制定切实可行的交易目标；经常根据损益报告来分析盈利和损失的主要原因，并视情况对具体交易人员的交易行为进行控制；依据交易票据对前台、后台交易人员的每日交易情况进行必

要的比较，提出具体明确的要求，确保交易记录的真实性和准确性。对后台呈报的近期交易资料进行分析，对前台在盈亏范围内的交易情况进行分析和考核，并将结果记录在结算会计系统和交易程序内，便于吸取教训，积累经验。

十一、铜企业套保操作不当引起的风险有哪些？

加入世贸组织，带动了我国企业国际化进程的速度。近年来不断听到企业以“套期保值”为名的巨亏事件。比如中国远洋、东航、中信泰富等。这些企业大多利用期货或者期权进行套期保值。然而，如果仔细分析企业的交易行为，不难发现交易中有很多操作的不当行为。套期保值的不当操作，会放大企业的风险。

企业操作的不当行为，大体可以分为以下几类：套保行为转为投机、交易规则不熟悉、行情判断错误。

套保转为投机，是很多企业进入期货市场后容易发生的情况。从套期保值的定义可知，套期保值的作用在于防范价格波动，因此，在规避价格反向波动带来的损失的同时，套期保值行为也失去了价格正向波动带来的盈利。由于期货的杠杆效应，令投机的巨额利润显得异常诱人，有些企业经不住收益的诱惑，摈弃了进入期货市场的初衷，或多或少地进行着投机行为。比如，套保方向应当与企业现货流向相反，且头寸匹配，但一些企业通过对行情的预测，其套保头寸或与现货流向一致，或超额保值（即保值头寸大于现货实际数量）。若企业对行情的判断准确，投机行为无疑会为企业带来“额外”的利润，然而一旦企业判断错误，那么由于套保头寸往往较大，短期内市场消化能力有限，所以企业对期货头寸的止损存在一定难度，造成的损失往往大于预期。

交易规则不熟悉，对企业的打击是巨大的，甚至是致命的。很多企业不仅在国内期货市场，亦在国际期货市场进行套期保值操作。欧美发达国家，衍生品市场相对发达，交易规则也相对繁杂。国内企业在国际市场保值，往往遭遇信息不对称的情况。企业名称、企业的保值头寸很难做到完全保密。国际市场的其他参与者则往往利用这样的“透明”信息，在充分研究企业经营状况的情况下，或捕捉或创造交易机会，引发企业保值头寸的损失。也有企业与国际投行签订了对赌协议，国际投行利用国内企业对交易规则的陌生，使企业在不知不觉中被误导，造成巨额损失。

先天性的行情判断失误，是企业不严格执行套期保值方案的表现。一般来说，在牛市中，企业倾向于买入套期保值，在熊市中，企业则倾向于卖出套期保值。如果企业面临上游敞口的风险，却预期行情转为熊市，极有可能放弃保值。然而，一旦行情呈现牛市特征，上游敞口风险完全暴露，就可能造成损失。如果企业面临下游敞口的风险，却预期行情转为牛市，也可能会放弃保值。但一旦行情呈现熊市特征，下游敞口风险完全暴露，损失不可避免。对于单边敞口企业而言，行情判断是进行套期保值与否的关键因素，若缺乏经验与果断的止损措施，判断的结果很可能暴露企业敞口，影响企业收益。

十二、铜套利交易者操作不当引起的风险有哪些？

与一般的期货投资相比，商品期货套利的风险较低是事实，投资者在进行商品期货套利时可能面对各种各样的风险。就铜来说，因为跨市场的套利交易非常普遍，操作不当，也会带来非常大的风险，比如政策风险、时间风险等。

（一）政策风险

政策风险包括国家法律或行业管理政策在投资者进行套利交易的过程中发生的重大变化。以往，每一次政策变化对期货合约跨月套利操作的整体性影响都是非常明显的。这其中还包括国家进出口关税优惠和退税率变化，这些因素对于铜、铝的交割套利和跨市（内外盘）套利的成功率有着决定性的影响。

（二）套利的时间风险

套利的时间跨度是套利者需要考虑的重要因素，即套利者考虑问题的时间跨度小于或等于噪音交易者错误估价的持续时间。短期内，或者说在套利交易预期周期内，价格偏差有进一步扭曲的风险。对于进行短期套利的套利者来说，这种风险是显著的。在价格偏差恢复到正常水平前，这种偏差程度可能进一步加剧，这将直接导致交易者资金压力的增加，而且还可能引发清算风险。一般而言，套利者考虑问题的时间跨度越长，他们的交易越主动，市场也就越有效率。

（三）逼仓风险

套利交易必然涉及同时做多做空。在期货市场中，有时可能发生逼仓现象。不管是什么类型的套利，如果做空的合约发生挤空现象，套利头寸往往是亏损的，当挤空行为无法终止时，价格偏差将扭曲到难以想象的地步。

比如，过去当上海铜期货明显贴水的时候，很多中国投资者集中在上海买铜期货，在伦敦金属交易市场上卖铜期货进行套利，结果被外国资金围剿，到最后不得不进行交割。问题是，中国是铜进口国，根本没有足够数量的铜去交割，最终不得不认赔。套利者蒙受了巨大的损失，也给中国实体经济造成了相当大的危害。

（四）交易成本

交易成本是套利者需要考虑的另一个重要因素。在期市套利中，交易成本包括买卖期货合约的手续费，如果涉及实物交割，还需要支付交割手续费。此外，如果买卖缺乏流动性的合约，因较大的买卖价差而支付的相关成本可能会非常大，对套利者的限制也非常明显。国内的三家交易所对套利交易还没有优惠手续费，有时候交易成本会非常高，即使套利成功了，交易成本也会占套利利润相当大的比重，例如沪铜跨期套利的成本就较高。

（五）资金风险

套利投资一般是双向持仓或持有对应数量的标准仓单，资金使用和投资收益率的提高是一对矛盾，如果投资者处理不好这方面的问题，就很容易遇到意外的资金风险。发生此类资金风险的一种情况是，当交易所、期货公司为控制可能出现的市场风险，按规则规定对客户交易账户发出资金追加的通知时，双向持仓的套利账户由于未能得到政策的保护和照顾，同时持仓数量又比较大，那么投资者可能要被迫减持头寸，最终影响套利交易的投资收益。另一种情况是，行情正常发展，交易所和期货公司都没有出台新的风险控制措施，但由于投资者进行套利操作的目标合约价格涨幅巨大，原来的保证金数量不足以填补因价格上涨后的保证金缺口，所以必须追加资金或减持头寸，这样就对套利投资的收益产生了负面影响。

十三、防范铜期货的交易风险，是否需要进行心理建设？

虽然有多种方法来规避铜期货的投资风险，但由于铜期货价格的不可测性，只要进入期货市场，无论是一般投资者还是机构投资者，局部风险的发生将是不可避免的。因此，在入场交易之前，投资者都应做好充分的心理建设，使自己具有较强的风险承担能力以及心理承受能力，以便随时调整交易计划以及投资策略，避免不必要的风险打击。

投资者的风险承担能力会因各人的条件不同而有所差异，这些条件包括年龄、阅历、文化水平、职业特性、经济收入、心理素质、社会关系等诸多因素。针对以上交易过程中可能出现的风险，投资者应当根据个人情况做好最充足的准备，严格遵守政府、交易所、期货公司的有关法规，约束自身行为。同时，在风险发生的时候积极调解心理状态，清醒地做出每一步抉择。

而做出错误投资的时候也需要有较好的心理调解能力。有些投资者在价格出现不利变化的时候不愿认损出场，持仓时间过长，拼财力，耗精力；还有一些投资者没有一个很好的资金管理计划和投资策略计划，一次性盲目投入大量资金，造成持仓量过大，价格波动的时候亏损也严重，这时如果没有一个好的心态和心理调解能力的话，可能会造成更严重的亏损，从而导致无法挽回的后果。

十四、投资者如何通过资金管理防范交易风险？

投资者在进入市场投资的时候，需要对自己手中的资金有一个合理的计划，如果交易前不设定风险限度和盈利目标，往往会被市场所淘汰。资金管理在期货投资者走向成功的道路上起着很重要的作用，做好资金管理必须从以下几方面着手。

（一）资金账户的总体风险测算

投资者从事期货投资时，先要根据自己的资金实力和心理承受能力确定在期货投资中投入的资金量和能承受的最大亏损额度。对散户来说，每次的交易现金都不要过半，对中户和大户而言，多次交易动用的现金不应超过总资金量的10%～15%。也就是说，在任何时候都要保留足够的储备资金用来保证交易不顺手时可临时支用。再有就是每次交易的最大亏损额需限制在总资金的10%以内，这个10%指的是交易商在交易失败的情况下将承受的最大亏损，是决定应该交易多少手合约以及把止损指令设置在何处的重要参考指标。

（二）注意分散风险

不同的市场中所投入的资金占总资本的比例应该有所不同。在单个期货市场上投入的资金应限定在总资本的30%～45%；在任何一个市场群类上，投入的保证金总额则限定在总资本的20%～25%；在相关商品期货市场上投入的资金应限定在总资本的60%以内。这些措施可以防止交易商在某一类市场中陷入过多本金，导致资金周转不灵或错过更好的投资机会，同时也保持了资金的流动性。

（三）测算报偿与风险的比例

在期货市场上，大多数的交易都是赤字，所以投资者唯一希望的就是：确保获利交易的盈利大于亏损交易的损失额。为了达到这个目的，报偿与风险比例的测算是必要的。在实际操作中，应确定每笔计划中的交易利润目标（报偿），以及在操作失败的情况下可能损失的金额（风险）。报偿与风险比例通常为3:1。根据这一比率，在考虑交易时，其获利潜力至少需要可能亏损金额的三倍，才能付诸实施。

做好资金管理，是期货交易的基础。很多成功的期货投资者都认为，期货投资的困难之处并非期货投资的市场策略，因为确定入市、出市的方式并无大的不同，真正的变化在于对资金管理的重要性体验。资金管理对于期市投资而言，虽然要面临进退两难和矛盾重重的困境，但是其对于成功者的意义确实非凡。

十五、铜期货期权对于防范铜期货风险的意义是什么？

因为铜价的波动幅度大，铜期货交易的风险是客观存在的。因此，有必要在更高的战略角度看待铜期货交易风险的问题，以便全面防范和管理期货交易风险，其中，不得不提到铜期货期权。

可以说，期货期权是期货的期货，铜的期货期权是铜期货的期货。铜期货期权（Options）是一种对铜期货合约的选择权。铜期权的买方向卖方支付一定数额的权利金后，就获得这种权利，即拥有在一定时间内以一定的价格（执行价格）出售或购买一定数量的标的物（这里指铜期货合约）的权利。铜期权的买方行使权利时，卖方必须按期权合约规定的内容履行义务。相反，买方可以放弃行使权利，此时买方只是损失权利金，同时，卖方则赚取权利金。总之，铜期权的买方拥有执行期权的权利，无执行期权的义务；而期权的卖方只是履行期权的义务。

简单地说，铜期货是铜现货的避险工具，而铜期货期权是铜期货的避险工具。目前，伦敦、纽约、上海国际三大铜期货市场都可以进行铜期货期权交易，如果铜期货市场风险增大，市场参与者可以利用期权及其他交易策略对铜期货进行保值，从而降低其期货市场的风险。然而在没有期权的期货市场上，投资者只能利用期货持仓量变化和库存变化作为预判后势及风险管理的参考指标。

小贴士

如何对企业风险进行量化分析

笼统地说，风险是一系列的不确定事件。对风险的管理，即对不确定事件的管理。经过数十年的发展，企业对风险，特别是对市场风险的度量已经形成了一系列较为科学的技术。这些方法从量化的角度较为直观地反映了企业的风险。其中，较为著名的有VaR方法、压力测试法等。

VaR（Value at Risk），也称为在险价值，是指在一定的概率水平（置信区间）下，资产组合在未来特定的一段时间内可能发生的最大损失。VaR方法由JP Morgan公司发明，优点在于对于不同风险，其能够综合测量的特性。也就是说，不同市场、不同因子的风险，可以VaR方法综合起来，用一个具体的数字来量化衡量。这个数字不仅考虑到了市场的相互影响因素，也考量了动态因素。

压力测试（Stress Testing）是以不同的资产、不同程度的大幅度波动构造一系列的极端情景，并评估这些极端情景对资产组合价值的影响，产生一系列压力试验结果的集合。压力测试针对的是一系列不同情境或情景组合。进行系统化的压力测试，需要对风险类型以及价格波动水平进行确定。确定压力测试的风险类型，是指针对何种风险进行压力测试，这取决于不同资产组合的风险特性。确定价格波动水平，可以通过考察分析每一个市场因子在特定期间的历史情况，以确定该市场因子的历史最大波动和近期最大波动。

延伸阅读

投资者在铜期货交易纠纷中如何维护好自身的合法权益

投资者在进行铜期货交易的过程中，发生各种各样的纠纷是难免的。出现纠纷时，应当积极通过各种可行的方式和渠道解决纠纷。对于投资者而言，解决纠纷的过程就是维护自己合法权益的过程。纠纷可以通过以下方式解决：协商、调解、仲裁、诉讼。

协商，是指纠纷双方进行直接协商，这是最简便、最直接的维权方式。协商必须以双方平等自愿为前提，在不违反法律的强制性规定的前提下，当事人可处分自己的权利。协商后达成的协议具有合同的效力，对双方有约束力，但没有直接的强制执行效力，需要由当事人自愿履行，如有违反，应承担违约的民事法律责任。

由纠纷双方之外的第三者居中进行调解，是另一种解决纠纷的方式。进行调解的前提是纠纷双方必须自愿接受调解，在调解过程中，任何一方可以随时退出调解。经调解达成的协议，与双方直接协商达成的协议效力相同，同样没有直接的强制执行效力，需要由当事人自愿履行。但是，协商和调解也有自身的优势。这两种解决纠纷的方式程序简便灵活、成本低廉，这是协商和调解最明显的优势，同时，这两种方式还能够维护双方合作关系，也有利于保护双方的商业秘密。由于协议的内容是在双方自愿的基础上订立的，在良好的信用机制下，双方往往能够自愿履行。

仲裁，是一种准司法程序，以双方自愿订立的仲裁协议为前提，一旦有了有效的仲裁协议，则仲裁程序就对当事人双方具有强制力。仲裁程序一经启动，就必须依照仲裁程序进行。仲裁机构做出的仲裁裁决具有终局的效力。虽然仲裁机构不能直接强制执行，但当事人如果不愿意履行裁决，对方当事人可以申请法院强制执行仲裁裁决。

诉讼，是由国家专门设立的司法机关（法院）对当事人之间的纠纷进行审理，并做出具有终局效力和强制效力判决的纠纷解决方式。诉讼具有严格的程序性特点，并且法院的裁决具有直接的强制执行效力。

投资者在进行交易活动的时候需要对可以保护自身利益的相关法律法规有所了解，这样可以最大限度地维护自己的合法权益。

十六、哪些情形不适合从事铜的期货交易？

就企业而言，企业从事期货交易的前提是，在保障企业正常运营的情况下进行风险规避，但是企业的一些未入账款项，如融资的资金、应收款、预付款、企业的贷款、发放给工人的工资等都不适合用来进行铜的期货交易。

就个人投资者而言，从事铜期货的交易需要在不影响正常生活的前提下进行，生活费、生活备用资金，以及个人借款都不适合用来投资铜这个对资金要求较高的期货品种。

另外，期货公司还有对资金来源的相关规定，客户应当保证其资金来源的合法性，并有权要求客户提供资金来源说明，客户对说明的真实性负保证义务。

小贴士

关于不能从事期货交易的单位和个人的相关规定

《期货交易管理条例》第二十六条规定，下列单位和个人不得从事期货交易，期货公司不得接受其委托为其进行期货交易：

（一）国家机关和事业单位；

（二）国务院期货监督管理机构、期货交易所、期货保证金安全存管监控机构和期货业协会的工作人员；

（三）证券、期货市场禁止进入者；

（四）未能提供开户证明材料的单位和个人；

（五）国务院期货监督管理机构规定不得从事期货交易的其他单位和个人。

此外，除《期货交易管理条例》第二十六规定的情形外，下列人员不得以本人或者他人名义从事期货交易：

（一）无民事行为能力人或者限制民事行为能力人；

（二）期货公司的工作人员及其配偶；

（三）中国证监会及其派出机构、期货交易所、期货保证金安全存管监控机构和中国期货业协会的工作人员及其配偶。

延伸阅读

期货交易风险说明书

（市场风险莫测，务请谨慎从事）

尊敬的客户：

根据中国证监会的规定，现向您提供本期货交易风险说明书。

进行期货交易风险相当大，可能发生巨额损失，损失的总额可能超过您存放在期货经纪公司的全部初始保证金以及追加保证金。因此，您必须认真考虑自己的经济能力是否适合进行期货交易。考虑是否进行期货交易时，您应当明确以下几点：

一、您在期货市场进行交易，假如市场走势对您不利时，期货经纪公司会按照期货经纪合同约定的时间和方式通知您追加保证金，以使您能继续持有未平仓合约。如您未于规定时间内存入所需保证金，您持有的未平仓合约将可能在亏损的情况下被迫平仓，您必须承担由此导致的一切损失。

二、您必须认真阅读并遵守期货交易所和期货经纪公司的业务规则，如果您无法满足期货交易所和期货经纪公司的业务规则，您所持有的未平仓合约将可能根据有关规则被强行平仓，您必须承担由此产生的后果。

三、在某些市场情况下，您可能会难以或无法将持有的未平仓合约平仓。例如，这种情况可能在市场达到涨跌停板时出现。出现这类情况，您的所有保证金有可能无法弥补全部损失，您必须承担由此导致的全部损失。

四、由于国家法律、法规、政策的变化，期货交易所交易规则的修改，紧急措施的出台等原因，您持有的未平仓合约可能无法继续持有，您必须承担由此导致的损失。

五、由于非期货交易所或者期货经纪公司所能控制的原因，例如地震、水灾、火灾等不可抗力因素或者计算机系统、通信系统故障等，可能造成您的指令无法成交或者无法全部成交，您必须承担由此导致的损失。

六、在国内期货交易中，期货交易所无法做到即时确认，所有的交易结果须以闭市之后交易所的书面确认为依据。如果您利用口头确认的交易结果作进一步的交易，您可能会承担额外的风险。

七、“套期保值”交易同单纯的投机交易一样，同样面临价格波动引起的风险。

本期货交易风险说明书无法揭示从事期货交易的风险和有关期货市场的全部情形。故您在入市交易之前，应对自身的经济承受能力、风险控制能力和心理承受能力作出客观判断，对期货交易作仔细的研究。

以上期货交易风险说明书，期货经纪公司已经在签订期货经纪合同之前向本单位（本人）出示并说明，本单位（本人）已阅读并完全理解。

自测题

1. 机构投资者的风险监控制度不包括（　　）。

   A. 建立董事会、高管、风险管理部门共同组成的风险管理系统

   B. 制定合理的风险控制程序

   C. 建立互相制约的业务操作规则

   D. 制订交易计划和交易策略

2. 在以下风险因素中，（　　）不属于投资者自身造成的风险。

A. 资金实力不足　　B. 缺乏投资经验

C. 国家突然抛储　　D. 道听途说，做错方向

3. 以下（　　）情形不属于铜外盘期货造成的风险。

A. 内外交易时间不同　　B. 内外节假日不同

C. 交易软件不熟，操作失误　　D. 外盘价格暴跌暴涨

4. 套利交易者可能会碰到以下（　　）风险。（多选题）

A. 政策风险　　B. 市场风险

C. 操作风险　　D. 资金风险

5. 某投资者准备了20万元的保证金做铜期货交易，但入场当天沪铜遭遇跌停，导致保证金余额为2万元，低于保证金最低水平，这时期货公司应采取的措施为（　　）。

A. 允许客户透支交易　　B. 及时追加保证金或自行平仓

C. 对客户进行强行平仓　　D. 无限期等待客户追加保证金

6. 期货交易实行保证金制度，下列期货品种当中，（　　）的保证金需要准备得最多。

A. 小麦　　B. 白糖

C. 燃料油　　D. 铜

7. 投资者的心理也是铜期货交易是否能成功的标准之一，盈利和亏损往往在投资者心理的作用下发生很大的变化。下列（　　）举动会使投资者损失加大。

A. 有盈利时立刻平仓

B. 价格出现不利变化的时候马上离场

C. 持仓量较大但时间比较短

D. 投入大量资金且出场不及时

8. 法人也可以入场参与铜期货交易，但交易资金有一定的限制，下列（　　）资金是适合用来从事铜的期货交易的。

A. 企业应收款　　B. 企业预付款

C. 企业流动资产　　D. 工人工资

9. 中国证监会对期货市场中的交易者是有限制条件的，下列选项中

（ ）是符合进入铜期货市场交易的条件。

A. 金融机构、事业单位和国家机关人员

B. 有民事行为能力的自然人

C. 单位委托开户未能提供委托授权文件的

D. 期货监管部门、交易所的工作人员

10. 期货经纪公司有权要求客户保证其资金的（ ），并有权要求客户提供相关说明。

A. 及时性　　B. 充足性

C. 持续性　　D. 合法性

11. 某投资者入市进行铜期货交易之前进行了铜期货的相关专业知识以及相应的法律法规的学习，但是其交易过程中还是由于决策失误，且不肯认输的心理继续追加资金，从而导致大量的损失。这是因为这个投资者在入市交易之前没有做好（ ），从而遭受了过重的打击。

A. 找一家好的期货经纪公司　　B. 找准入市时机

C. 充分的心理建设　　D. 熟悉交易规则

12. 投资者入市前需要对即将面临的风险有一定的准备，下列（ ）风险不属于人为可以控制的风险。

A. 突发自然灾害　　B. 交易所管理风险

C. 保证金追加风险　　D. 期货公司管理风险

13. 期货交易所每日结算会根据规定对一些账户进行强制平仓，被迫平仓通常不会发生在下列（ ）情况当中。

A. 及时追加保证金　　B. 连续出现涨跌停板

C. 价格发生剧烈波动　　D. 未及时追加保证金

14. 投资者每次交易的最大亏损额需要限制在总资本的（ ）以内，这也是决定应该交易多少手合约以及止损指令应设置在何处的重要参考指标。

A. 20%　　B. 15%

C. 10%　　D. 5%

15. 为了保持资金的流动性，不错过更好的投资机会，在相关商品期货市场中投入的资金总额应限定在总资本的（ ）以内。

A. 30%　　B. 40%

C. 50% D. 60%

16. 在交易操作过程中，交易计划中应确定每笔的利润目标和损失的风险金额比例，通常为（ ）。

A. 3:1 B. 1:1

C. 2:1 D. 4:1

17. 投资者在交易过程中如果出现纠纷，能够使用的最简便最直接的维权方式是（ ）。

A. 诉讼 B. 协商

C. 仲裁 D. 调解

18. 纠纷双方如果需要使用调解的方式来解决纠纷，需要建立在（ ）的基础上。

A. 平等 B. 自愿

C. 互助 D. 协商

19. （ ）是由国家专门设立的司法机关（法院）对投资者之间的纠纷进行审理，具有直接的强制执行效力。

A. 诉讼 B. 协商

C. 仲裁 D. 调解

20. 由于国家法律、法规、政策的变化，期货交易所交易规则的修改，紧急措施的出台等原因，投资者持有的未平仓合约可能无法继续持有，（ ）必须承担由此导致的损失。

A. 期货公司 B. 投资者本人

C. 期货交易所 D. 期货投资者保障基金

参考答案

1. D 2. C 3. C 4. ABCD 5. B 6. D 7. D
8. C 9. B 10. D 11. C 12. A 13. A 14. C
15. D 16. A 17. B 18. B 19. A 20. B

第九章

铜期权交易策略及风险管理

本章要点

本章主要介绍了期权常用的交易策略和风险管理方法：在交易策略方面，从简单的买入策略，到期权与现货的结合，再到用期权组合成期货；从单“腿”期权策略，到多“腿”期权策略，再到波动率策略。在风险管理方法方面，介绍了投资期权面临的风险因素，描述了期权风险的度量因子——希腊字母。在希腊字母的基础上，介绍了期权投资常用的风控手段以及如何用期货复制期权等。

运用铜期权工具，不仅可以实现套期保值策略，还可以根据不同的市场行情，形成投机交易策略或者套利交易策略。这些策略可以由单独一种简单期权的买和卖实现，也可以由不同期权形成组合来实现。下面我们就来看看一些基本策略，以及如何运用这些策略对铜进行风险管理。

一、预计后市大涨或大跌，适用哪种期权策略？

预计后市有大涨大跌的波动，适合买入单“腿”期权。

（一）预计大涨，买入看涨期权

适用行情：强烈看涨后市，获取上涨收益。

期权到期盈亏损益如图 9－1 所示。

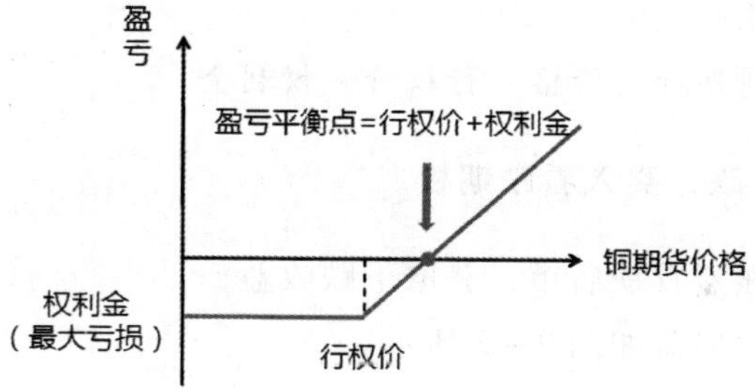

图 9－1　期权到期盈亏损益

资料来源：上海中期期货。

案例 9－1

某投资者买入一张一个月期的执行价为 47000 元/吨挂钩 CU2008 期货合约的看涨期权，权利金为 1000 元/吨，表 9－1 为持有到期盈亏情况。

表 9－1　　期权到期盈亏分析　　（单位：元/吨）

期权到期 CU2008 期货价格	行权盈亏	到期总盈亏
45000	0	－1000（权利金）
46000	0	－1000（权利金）

续表

期权到期 CU2008 期货价格	行权盈亏	到期总盈亏
47000	0	-1000（权利金）
48000	1000	0（盈亏平衡）
49000	2000	1000
50000	3000	2000
51000	4000	3000

资料来源：上海中期期货。

策略特点：最大亏损有限，为权利金；潜在最大收益随标的的上涨不断变大，理论上收益无上限。

最大利润 = 到期标的价格 - 行权价 - 权利金

（二）预计大跌，买入看跌期权

适用行情：强烈看跌后市，获取下跌收益。

期权到期盈亏损益如图 9-2 所示。

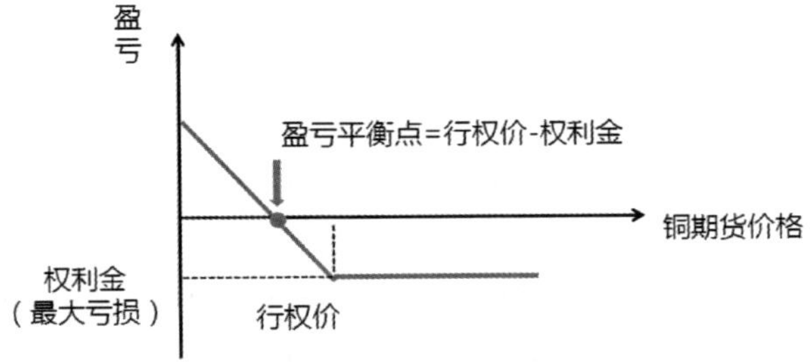

图 9-2　期权到期盈亏损益

资料来源：上海中期期货。

案例 9-2

某投资者买入一张一个月期的执行价为 47000 元/吨挂钩 CU2008 期货合约的看跌期权，权利金为 1000 元/吨，表 9-2 为持有到期盈亏情况。

表 9-2　　期权到期盈亏分析　　（单位：元/吨）

期权到期 CU2008 期货价格	行权盈亏	到期总盈亏
43000	4000	3000
44000	3000	2000
45000	2000	1000
46000	1000	0
47000	0	-1000
48000	0	-1000
49000	0	-1000

资料来源：上海中期期货。

策略特点：最大亏损有限，为权利金；潜在最大收益随标的的下跌不断变大，理论上收益无限。

最大利润 = 行权价 - 到期标的价格 - 权利金

二、预计后市不涨或不跌，适用哪种期权策略？

预计后市上涨有压力或下跌有支撑，为增强收益，可以选择卖出期权；预计不涨，可卖出看涨期权，预计不跌，可卖出看跌期权。

（一）卖出看涨期权：温和看空后市，希望增强收益

期权到期盈亏损益如图 9-3 所示。

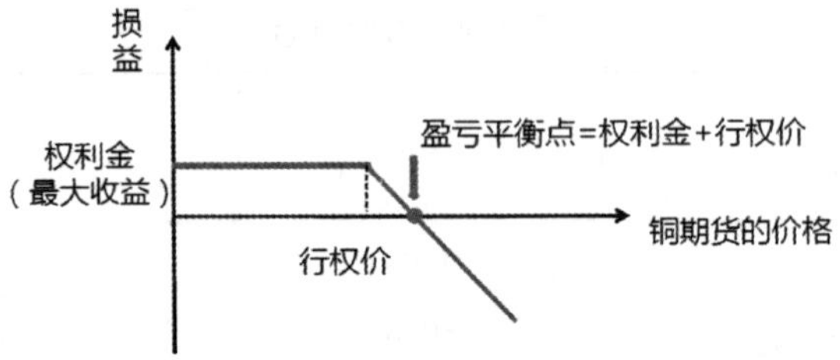

图 9－3 期权到期盈亏损益

资料来源：上海中期期货。

案例 9－3

某投资者卖出一张一个月期的执行价为 47000 元/吨挂钩 CU2008 期货合约的看涨期权，权利金为 1000 元/吨，表 9－3 为持有到期盈亏情况。

表 9－3　　期权到期盈亏分析　　（单位：元/吨）

期权到期 CU2008 期货价格	被行权盈亏	到期总盈亏
45000	0	1000
46000	0	1000
47000	0	1000
48000	1000	0
49000	2000	－1000
50000	3000	－2000
51000	4000	－3000

资料来源：上海中期期货。

策略特点：潜在最大盈利有限，为权利金；最大亏损无限，潜在亏损随标的的上涨不断变大。卖出期权需要缴纳保证金，做好资金管理；当保证金不足时，需要及时追加保证金。策略的目的在于增强收益。

（二）卖出看跌期权：温和看多后市，降低买入现货成本

期权到期盈亏损益如图 9－4 所示。

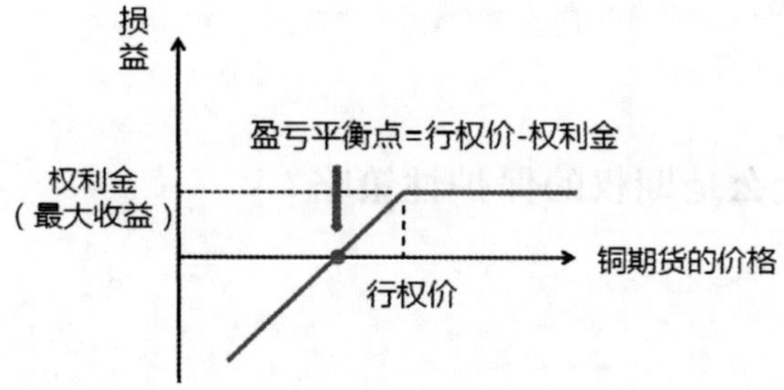

图 9－4　期权到期盈亏损益

资料来源：上海中期期货。

案例 9－4

某投资者卖出一张一个月期的执行价为 47000 元/吨挂钩 CU2008 期货合约的看跌期权，权利金为 1000 元/吨，表 9－4 为持有到期盈亏情况。

表 9－4　　　　期权到期盈亏分析　　　　（单位：元/吨）

期权到期 CU2008 期货价格	被行权盈亏	到期总盈亏
44000	－3000	－2000
45000	－2000	－1000
46000	－1000	0
47000	0	1000
48000	1000	1000
49000	1000	1000
50000	1000	1000

资料来源：上海中期期货。

策略特点：潜在最大盈利有限，为权利金；最大亏损无限，潜在最大亏损随标的的下跌不断变大。卖出期权需要缴纳保证金，做好资金管理；当保证金不足时，需要及时追加保证金。策略的目的在于降低现货采购成本，当铜的价格大跌时，本策略面临亏损，但是在现货端可以更低的价格买入铜，收到的权利金起到“安全垫”作用。

三、什么是期权的保护性策略？

期权的保护性策略就是为自己持有的头寸买入反方向的期权做个保险，具体来看，常用的策略是买入看跌期权为现货多头提供保险。企业在期权市场上买入铜看跌期权合约，建立空头头寸。其买入的期权合约的标的品种、价值量以及到期月份应当与其所要保值的铜在数量以及买入时间上大致相同。后期，若铜现货价格下跌，则铜期货价格下跌会带动铜看跌期权上涨，期权方面获得收益，弥补产品下跌带来的不利影响。同时，如果铜价格大幅上涨，买入铜期权最多损失相对少量的权利金，而产品价格上涨，现货和期权结合来看，企业获得超额收益。综合来看，期权与现货头寸结合，持有人的总价值损失相对有限，而且可能实现超额盈利，即为采用期权的保护性策略（见图9-5）。

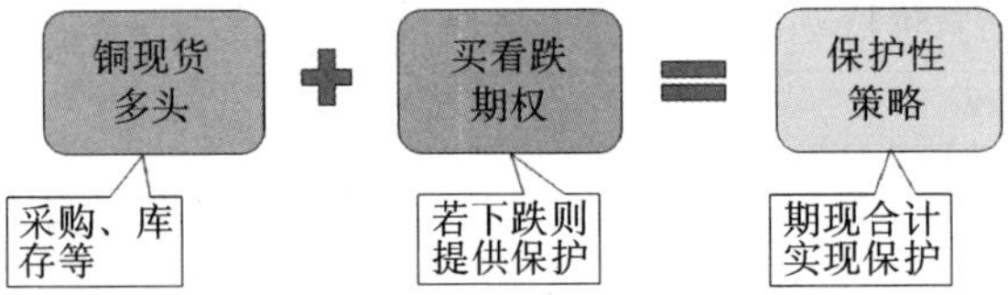

图9-5 保护性策略的实现

期权到期盈亏损益如图9-6所示。

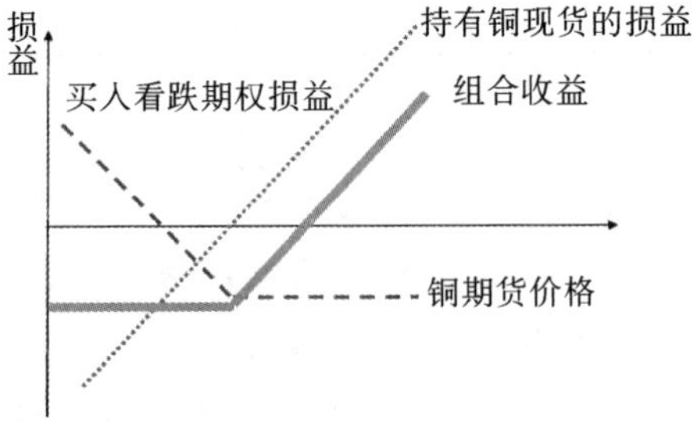

图9-6 期权到期盈亏损益

资料来源：上海中期期货。

四、什么是期权的备兑策略？

备兑期权策略是卖出期权合约与持有相反方向的标的期货合约的组合策略，标的期货为卖出期权提供了保护，可以分为备兑看涨期权策略和备兑看跌期权策略。备兑看涨期权由卖出看涨期权与同数量的标的多头组成，卖出看涨期权时，同时持有同月份同数量标的期货。备兑看跌期权由卖出看跌期权与同数量的标的空头组成，卖出看跌期权时，同时卖出同月份同数量标的期货。备兑看涨期权策略是较常用的策略（见图9－7）。

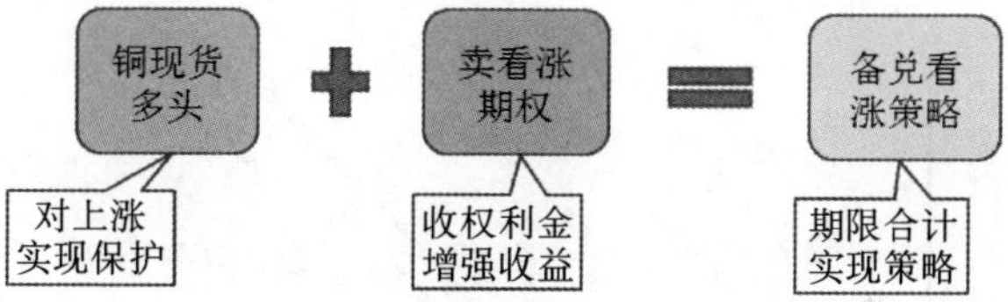

图9－7　备兑看涨策略的实现

期权到期盈亏损益如图9－8所示。

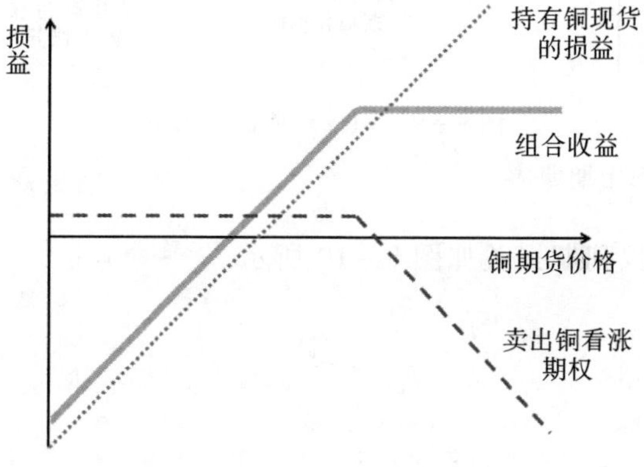

图9－8　期权到期盈亏损益

资料来源：上海中期期货。

五、什么是期权的价差策略？

期权的价差策略是指将两个或多个同一类期权组合在一起的交易策略。常见的价差期权有牛市价差期权和熊市价差期权。牛市价差期权通常是指买入一张行权价较低的看涨期权，同时卖出一张行权价较高的到期日相同的看涨期权。熊市价差期权通常是指买入一张行权价较高的看跌期权，同时卖出一张行权价较低的到期日相同的看跌期权。

牛市价差期权到期损益如图 9－9 所示。

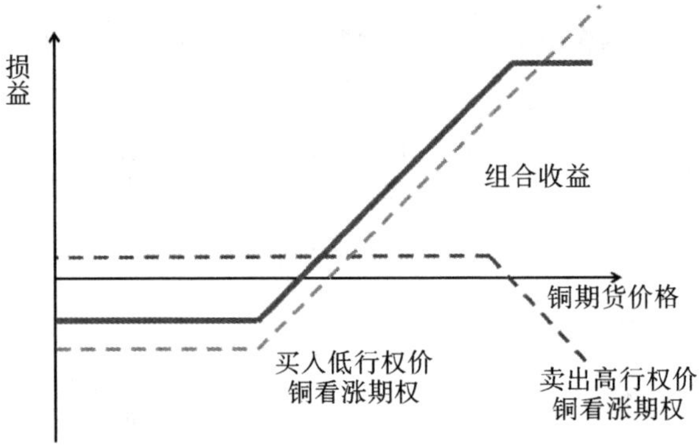

图 9－9　期权到期盈亏损益

资料来源：上海中期期货。

熊市价差期权到期损益如图 9－10 所示。

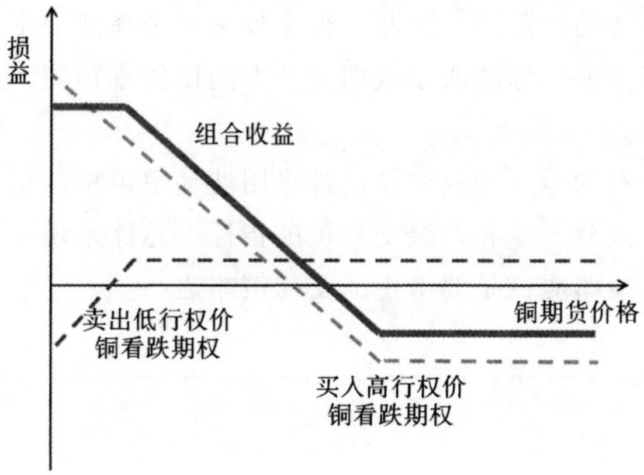

图 9－10　期权到期盈亏损益

资料来源：上海中期期货。

六、什么是期权的波动率策略？

期权的波动率策略也称为波动率套利策略。狭义的波动率套利，专指通过研究隐含波动率和历史波动率的差异，从而进行统计套利的方法。从广义来说，目前市场上基本把所有不考虑标的方向、纯交易期权波动率的策略都统称为“波动率套利”策略。

投资者不愿意（或没有能力）预测期权标的的涨跌方向，他们仅交易“市场变动幅度”，即波动率这一指标。因此，波动率套利策略也通常伴随着“Delta 中性”的方法，即投资者要不断地买入和卖出标的，使他们的持有组合在方向上的敞口尽量为零，尽可能消除标的方向变动对组合价值的影响，这样才能使波动率成为影响期权价格的最显著因素。

大量的学术研究表明，标的价格基本属于随机游走的状态，但波动率的变化却呈现显著的均值回归性。这和波动率的内在性质有关。波动率是标的股票或期货对数收益率的标准差，从数学上也限制了它的波动范围小于标的股票或期货价格波动的范围。因此，很多投资者选择波动率交易的原因是波动率变化比较好预测，标的股票或期货的方向比较难预测，波动率套利胜率相对较高。

国外几乎所有的专业期权交易员都采用波动率策略。是否交易期权波动率几乎已经成为区分专业和业余交易员的指标。总体来说，为追求长期稳定的收益，波动率策略应该是要考虑的交易策略之一。

小贴士

期权平价套利公式

期权平价公式（Option Parity Formula），是指在同一标的、同一行权价、同一到期日、类型均为欧式期权的条件下，标的现货、看涨期权、看跌期权之间存在着一定的等价关系，这一关系常写成"$C+Ke^{-rT}=P+S$"，或者简写为"$C+K=P+S$"。

其中，C 表示看涨期权的权利金，K 表示期权的行权价，e^{-rT}是根据连续复利进行折现的系数，P 表示看跌期权的权利金，S 表示标的现货价格。

期权平价公式想要表达的意思，是持有看涨期权的同时持有一定数量的现金，和持有标的现货的同时持有看跌期权，是可以互相替代的，从持有到期的角度来看，其投资结果应该是一致的。

我们来看下面两个投资组合：

（1）持有 1 张 CU2008C45000 的期权合约和 4.5 万元现金；

（2）持有 1 张 CU2008P45000 的期权合约和 1 手 CU2008 期货。

假设现在到了期权合约到期日，根据 CU2008 到期价格的不同，我们分情况来讨论：

一是到期 CU2008 价格高于 45000 元/吨，则组合（1）中看涨期权合约是实值合约，此时会选择行权，交付 4.5 万元现金，然后收到 1 手 CU2008 期货；组合（2）中看跌期权合约是虚值合约，到期失效即可，此时剩余 1 手 CU2008 期货。比较组合（1）和（2），都是 1 手 CU2008

期货，结果是一样的。

二是到期 CU2008 价格低于 45000 元/吨，则组合（1）中看涨期权合约是虚值合约，到期失效即可，此时剩余 4.5 万元现金；组合（2）中看跌期权合约是实值合约，此时会选择行权，交付 1 手 CU2008 期货，然后收到 4.5 万元现金。比较组合（1）和（2），都是 4.5 万元现金，结果还是一样的。

三是到期 CU2008 价格等于 45000 元/吨，此时组合（1）中看涨期权合约是平值合约，到期失效即可，此时剩余 4.5 万元现金；组合（2）中看跌期权合约也是平值合约，也选择到期失效，剩余 1 手 CU2008 期货。比较组合（1）和（2），由于当前 CU2008 价格为 45000 元/吨，1 手 CU2008 期货与 4.5 万元现金，也是等价的。

从上面的情形分析来看，无论到期标的价格是多少，我们发现组合（1）和组合（2）的结果都是一样的，这就说明这两个组合可以互相代替，存在等价关系。

七、如何利用铜期权合成期货头寸?

公式 $C + Ke^{-rT} = P + S$ 应用于期货领域，股票现货价格 S 与期货价格 F 的关系为 F = SerT，将股票价格 S 替换为期货价格 F，相应的公式变为 $Fe^{-rT} = C - P + Ke^{-rT}$，即买入一份看涨期权，卖出一份看跌期权，同时准备行权用的现金，持有至到期，组合的收益效果等同于持有一份期货，这就是合成期货多头。同理，通过卖出一份看涨期权并买入看跌期权，可以合成出期货空头头寸。期权到期盈亏损益见图 9 – 11。

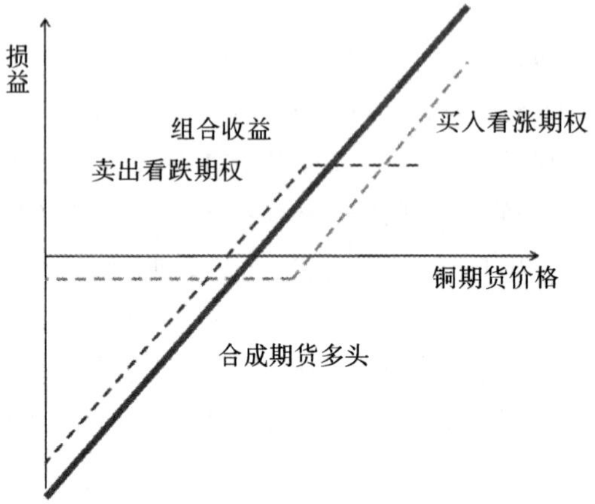

图 9－11 期权到期盈亏损益

资料来源：上海中期期货。

延伸阅读

领口期权

市场上经常会提到领口期权，什么是期权的领口策略呢？领口期权包含三个要素：

1. 持有一张期权合约对应数量的现货；

2. 买入一张下方的虚值看跌期权（比如，行权价为当前价格的90%）作为保护，支付一笔期权费；

3. 卖出一张上方的虚值看涨期权（比如，行权价为当前价格的110%），收到一笔期权费。

通常，选择同一到期日的看涨期权与看跌期权。虚值看涨期权与虚值看跌期权的期权费可以相抵，若两者价格相同，那么该策略就变成了“零成本领口（Zero－Cost Collar）”期权。正因为该策略能同时锁定手中现货的卖价和未来的潜在收益，在英语中才被形象地命名为“Collar”，国内翻译通常取其“衣领、领口”的意思，也就是领口期权。

期权到期盈亏损益见图 9－12。

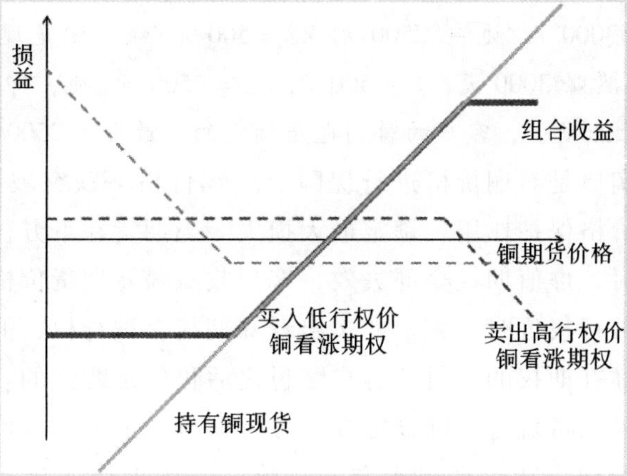

图 9-12　期权到期盈亏损益

资料来源：上海中期期货。

案例 9-5

假设某投资者持有铜现货，既不希望货值贬值，也不希望付出权利金进行保险，则可以考虑期权的领口策略。假设目前 CU2008 价格为 50000 元/吨，投资者买入挂钩 CU2008 期货的虚值 5% 的看跌期权，执行价为 47500 元/吨，期权买价是 200 元/吨，同时卖出虚值 5% 的看涨期权，执行价为 52500 元/吨，期权卖价为 200 元/吨，因此该组合的总期权费为 0。

该投资者持有期权至到期，面临以下可能：

（1）如果 CU2008 期货价格下跌，跌至 47000 元/吨。投资者选择行权，得到赔付 47500 元/吨 - 47000 元/吨 = 500 元/吨，卖出的看涨期权价值归零，不用赔付，即铜在 47500 元/吨以下，无论价格跌多少都能得到赔付，下行的损失是受到保护的。

（2）如果 CU2008 期货价格运行在 47500 元/吨至 52500 元/吨之间，这时候期权都不会行权，投资者的期货和现货的组合价值随期货价格上涨而上升，随期货价格下跌而下降。

（3）如果CU2008期货价格上涨，达到53000元/吨，卖出看涨期权被行权，需要赔付53000元/吨－52500元/吨＝500元/吨，但是现货增值了3000元/吨。客户仍然赚3000元/吨－500元/吨＝2500元/吨，即52500元/吨以上，无论价格上涨多少，客户的盈利也是锁定的，最大为2500元/吨。

本策略的实质是对铜价格进行保险。当铜价格下跌突破下方行权价时，期权可以提供价格保护作用，锁定最大损失。当期货在下方行权价至上方行权价之间运行时，虚值期权全部失效，客户收益随着期货价格成正相关。当铜价格上涨突破行权价时，客户的卖出看涨期权会被行权，但是客户持有的现货上涨可以弥补期权的赔付，客户赔付之后仍然是赚钱的。本策略的优点非常明显，即可以将盈亏精准锁定在下方行权价和上方行权价之间，风险非常小。本策略的缺点在于客户卖方一“腿”需缴纳保证金，会有追加保证金的风险。但由于本策略中客户卖出期权为虚值期权，初始期权保证金比较低，小于0.5倍期货保证金。

八、期权交易中会遇到哪些风险？

投资者参与铜期权交易时应着重注意以下几种常见风险，包括价格波动风险、市场流动性风险、合约到期风险、强行平仓风险，以及人为操作失误或计算机系统故障等因素导致的操作风险等。

（一）期权买卖双方都会面临的风险

1. 价格波动风险。期权是具有杠杆性且较为复杂的金融衍生品，受影响因素较多，有时会出现价格大幅波动，可能使期权买方损失全部权利金或令期权卖方面临较大亏损。因此，投资者应了解如何管理头寸，有效控制风险敞口。

2. 市场流动性风险。期权合约有看涨、看跌之分，有不同的到期月份和行权价，而且合约数量众多。部分合约存在成交量小、交易不活跃的情况。投资者如果选择流动性较差的合约，可能出现无法及时以理想价格成交的情况。因此，投资者在交易期权时需注意流动性风险，尽量选择交易活跃的合约。

3. 操作风险。操作风险是指投资者在进行期权交易时由于人为操作出现错误或计算机系统出现故障从而引发的风险。例如，投资者操作时可能会选错交易类型、交易标的或交易单位，从而遭受意外损失。计算机系统出现故障也可能导致投资者无法及时平仓或行权，承受不必要的损失。建议投资者熟悉期权交易规则，谨慎操作，选择适当的操作系统，避免在交易与行权时因为操作或系统错误造成损失。

（二）期权买方需要特别注意的风险

期权买方需要特别注意的风险主要是合约到期风险。与期货一样，期权也有到期日。一旦过了到期日，期权就将作废。即使是对投资者有利的期权合约，也不再有任何价值，期权买方可能会损失掉付出的所有权利金以及可能获得的收益。因此，投资者需注意每个期权合约的到期日，对平仓或行权早做准备。

（三）期权卖方需要特别注意的风险

期权卖方需要特别注意的风险主要是强行平仓风险。强行平仓风险是指客户因保证金不足或违规持仓超限被强行平仓的风险。期权交易每日收市后会按照合约结算价向期权卖方计算收取保证金，如果卖方保证金账户内的可用资金不足，就可能被要求补交保证金，若未在规定的时间内补足保证金且未及时自行平仓，就可能被强行平仓。此外，投资者违规持仓超限时，如果未按规定自行平仓，也可能被强行平仓。

九、什么是期权的希腊字母？

期权的价格会受到标的价格、标的波动率、到期时间、行权价格以及无风险利率等因素的影响。量化各类因素对期权价格的影响程度在风险管理和投资决策中有至关重要的意义。由 Black - Scholes 模型衍生出的希腊字母体系正是这样一套风险管理工具，期权交易者可以将期权交易过程转化为对希腊字母指标的管理。常用的希腊字母包括 Delta、Gamma、Theta、Vega、Rho 等。

1. Delta：代表标的期权价格对标的物价格变动的敏感度。这是对期权价格影响最大的指标，可以说，期权价格的变动绝大部分来自标的价格的变动。看涨期权的 Delta 为正，看跌期权的 Delta 为负，其值的范围是 [-1, 1]。Delta 可以被看成是期权价格对标的价格的一阶导数，其绝对值反映了期权到期成为实值期权的概率。在实际应用中，Delta 常作为风险资产对冲计量的依据，如 Delta 为 0.5，则出售 1 手看涨期权需要买入 0.5 手标的来对冲风险。

2. Gamma：代表 Delta 对标的物价格变动的敏感度。Gamma 越大，期权价格对标的价格变动越敏感，即表示该期权在标的物价格的风险越大。平值期权的 Gamma 值最大，越是实值（或虚值）期权的 Gamma 越小。Gamma 可以被看成是期权价格对标的价格的二阶导数，当 Delta 值对标的价格的变化特别敏感的时候，Gamma 就会显得特别重要，这种情况被称为 Gamma 风险。随着期权合约到期时间越来越短，实值期权和虚值期权的 Delta 值就会发生歪曲。实值期权的 Delta 值都接近 ±1，虚值期权的 Delta 值都接近于 0。因此，标的价格的小幅变动就有可能引起期权合约的 Delta 值从接近于 0 的数值变化到接近 ±1，这就会产生高额的 Gamma 值。在这种情况下，标的价格的小幅度变化会使原本利润可观的期权合约变得毫无价值，所以风险是相当大的。

3. Theta：反映每单位时间内（通常为一天）期权合约的价格变化程度。随着期权到期日的临近，到期日标的价格的不确定性逐渐变小，期权的时间价值在不断流逝，给期权价格造成负面影响。就像春天来了冰雪会逐渐融化一样，时间的流逝是不可逆的，Theta 会带来期权价值的衰减，所以 Theta 的值通常是负的。很多期权卖方策略的主要目的在于收取期权的 Theta 带来的价值。

4. Vega：反映标的波动率每变化一个单位对应的期权价格的变化值。Vega 代表的是期权价格随着标的波动率变化而变化的敏感性。Vega 越高，期权价格的变化越大，Vega值与期权价格成正比关系，在其他因素不变的情况下，Vega值越高，标的波动率越大，不确定性越大，期权就越有价值，期权的价格也越高。

5. Rho：衡量的是期权价格随利率变化的敏感程度。利率对期权价格的影响相对较小，同时市场无风险利率也相对稳定，因此对于一般投资者来说，Rho的影响可以忽略不计，但是对于头寸量比较大的专业性投资者，Rho的影响也很重要。Rho的值越大，看涨期权价值越大，看跌期权价值越小。

十、期权交易的风险怎样度量？

期权的价格会受到标的价格、波动率、到期时间等因素的影响，这方面最常用的度量标准是上面介绍的希腊字母，尤其是前面4个希腊字母应用最为广泛。在实际操作中，也有交易软件采用希腊字母折合现金化，从而生成\$Delta、1%\$Gamma、\$Theta、\$Vega、\$Rho，直观反映风险的现金度量（见表9－5）。

表9－5　　希腊字母现金度量举例

标的	\$Delta	1%\$Gamma	\$Theta	\$Vega	\$Rho	估算平仓...	逐笔浮动盈亏	逐日浮动盈亏
c 2009	-14,942	-27,718	73	-219	86	0	970	970
m 2009	-19,608	-33,889	213	-420	80	0	4,630	4,630
CF 2009	30,932	1,471	7	5	-84	0	135	135
MA 2009	31,855	0	13	-10	-142	0	750	750

资料来源：上海中期期货。

\$Delta＝Delta×合约单位×标的最新价×持仓数量

上面公式表示标的合约每上涨或下跌1%，组合赚取或损失的金额，反映的是持仓组合在标的方向上的现金化风险。

1% \$ Gamma = 1% × Gamma × 合约单位 × 持仓数量 × 标的最新价 × 标的最新价

上面公式中因为 \$ Gamma 较大，所以取该数值的 1% 进行观测。

\$ Theta = Theta × 合约单位 × 持仓数量

上面公式反映的是组合每过一天，投资者在时间价值上收取或付出的金额，数值为正代表每过一天，收取时间价值的金额；同理，数值为负代表付出时间价值。

\$ Vega = Vega × 合约单位 × 持仓数量

上面公式反映的是标的波动率上涨或下跌 1% 时，组合盈利或损失的金额。

\$ Rho = Rho × 合约单位 × 持仓数量

上面公式反映的是市场无风险利率上涨或下跌 1%，组合盈利或损失的金额。

十一、期权交易的朋友和敌人有哪些?

我们知道，影响期权价格的最大因素是标的价格变动，标的价格变动产生波动率，这就涉及 Vega。其次，时间的流逝是亘古不变的事情，随着期权到期日的临近，标的到期时的价格的不确定性在减小，期权价格在下降。这里用 Theta 刻画时间的影响因素。如果仔细观察，我们可以发现 Vega 和 Theta 的方向总是相反的，也就是说，如果投资者持有正的 Vega，即总的头寸为期权买方，此时标的波动对投资者更加有利，那么必然持有负的 Theta，因此时间的流逝对投资者不利。如果投资者持有负的 Vega，即总的头寸为期权卖方，此时标的波动对投资者更加不利；那么必然持有正的 Theta，所以时间的流逝对投资者有利，投资者将每天收取时间价值。

对于期权买方来说，波动率是朋友，波动率增大，则期权价格增大；同时，时间是敌人，随着时间的流逝，到期价格的不确定性减小，期权的价格将降低。对于期权卖方来说，波动率是敌人，波动率增大，则期权价格增大，卖方有损失的风险；同时，时间是天然的朋友，随着时间的流逝，到期价格的不确定性减小，期权的价格将降低，期权权利金才能落袋为安。

十二、铜期权的交易如何进行风险控制？

从希腊字母值的定义我们可以知道，期权头寸的风险控制指标主要体现在希腊字母值方面。在实际操作中，各个头寸希腊字母的数值可反映交易者的风险敞口，投资者会根据自身需要设定各头寸的阈值。当盘中头寸的敞口超过该指标阈值的时候，就需要通过加减仓进行希腊字母值的调和，最终使头寸的敞口处于阈值之内。需要注意的是，因为股票或者期货标的 Delta 等于 1 或者 -1，所以可以先采用买卖期权进行其他希腊字母值的调和，再通过买卖标的进行 Delta 值的调整。实际操作中，一般不会将所有的希腊字母值全部调至中性（和为 0），通常只会根据自己的判断，留下某些敞口以期赚取该敞口上的利润，当然事先需要设置好调仓阈值，并进行实时监控。

以常见的 Delta 中性策略为例，持有期权组合并用标的对冲方向性风险，使其不受标的价格变动的影响。换句话说，始终保持投资组合的 Delta 为 0 或者近似为 0。由于 Delta 为 0，无论标的价格是涨还是跌，组合的价格将基本保持不变。

延伸阅读

怎样运用期货复制期权（动态对冲）

用期货复制期权，即采用 Delta 中性策略，我们看一下期权和标的期货 Delta 值是怎样的（见表 9-6）。

表 9－6　不同头寸的 Delta 值

头寸类型及方向	Delta 值
买入铜期货	1
卖出铜期货	－1
买入铜看涨期权	0～1
卖出铜看涨期权	－1～0
买入铜看跌期权	－1～0
卖出铜看跌期权	0～1

资料来源：上海中期期货。

通过表 9－6 可以看出，常见的结合铜期权的简单的 Delta 中性投资组合有以下四种方式：

1. 买入一份看涨期权＋卖出 Delta 份铜期货；
2. 买入一份看跌期权＋买入 Delta 份铜期货；
3. 卖出一份看涨期权＋买入 Delta 份铜期货；
4. 卖出一份看跌期权＋卖出 Delta 份铜期货。

以某日开盘价卖出 10 份 8 月 52000 元/吨看涨期权合约（Delta 为 0.6147），同时买入 6 手铜期货合约。截至收盘，头寸可以基本保持盈亏平衡（见表 9－7）。

表 9－7　Delta 对冲后盈亏分析　（单位：元/吨）

看涨期权合约开盘价	看涨期权合约收盘价	卖出 10 份期权合约盈亏
556	817	（556－817）×10×5＝－13050
CU2008 合约开盘价	CU2008 合约收盘价	买入 Delta 份期货盈亏
51920	52570	（52370－51920）×6×5＝13500

资料来源：上海中期期货。

以上是我们构建的一个最简单的 Delta 中性策略。在整个组合的持仓期间，由于价格是随时变动的，期权的 Delta 值也会随着标的价格的变化而实时变化，因此需要不断调整期货仓位，实现动态对冲，保持组合的方向性中性。

动态对冲是当投资组合偏离 Delta 中性状态时，通过动态买卖标的资产实现总头寸 Delta 值保持为 0 或者近似为 0，所以需要不断调整头寸。对于期权的做市商而言，动态 Delta 中性策略是交易员运用十分普遍和频繁的策略之一。

自测题

1. 某投资者认为未来铜期货价格会大涨，但其资金有限，又怕一旦方向看错，损失增加，那么他的决策应该是（　　）。

A. 买入铜期货　　B. 卖出铜期货

C. 卖出铜看跌期权　　D. 买入铜看涨期权

2. 下列关于期权希腊字母说法正确的是（　　）。

A. 当购买平值期权时，Theta 为正值

B. 实值期权的 Gamma 值最大

C. 深度实值的看跌期权 Delta 值趋于 1

D. 深度虚值的看涨期权 Delta 值趋于 0

3. 一个看涨期权的 Delta 值为 0.7，下面（　　）策略可以使 100 手看涨期权空头变成 Delta 中性。

A. 买入 70 手期货　　B. 买入 100 手看涨期权

C. 买入 100 手期货　　D. 买入 70 手看涨期权

4. 下列关于 Gamma 值说法不正确的为（　　）。

A. Gamma 代表了 Delta 值对标的物价格变化的敏感度

B. 期权处于平值状态时，Gamma 值最小

C. 看涨期权多头的 Gamma 值为正

D. 期货没有 Gamma 风险

5. 下列关于 Vega 值说法不正确的是（　　）。

A. 欧式期权和美式期权的 Vega 值均为正值

B. 波动率的变化方向与期权价格的变化方向相同

C. 期货头寸的 Vega 值为 1

D. 期权头寸可以改变组合中的 Vega 值

6. 在看涨期权未到期前，实值期权、平值期权、虚值期权的 Delta 指标之间的关系是（　　）。

A. 实值期权的 Delta > 虚值期权的 Delta > 平值期权的 Delta

B. 虚值期权的 Delta > 平值期权的 Delta > 实值期权的 Delta

C. 实值期权的 Delta > 平值期权的 Delta > 虚值期权的 Delta

D. 实值期权的 Delta = 平值期权的 Delta = 虚值期权的 Delta

7.（　　）是用于衡量期权理论价值因为时间经过而下降的速度，还是时间经过的风险度量指标。

A. Delta　　B. Gamma

C. Theta　　D. Vega

8.（　　）是用来衡量期权价格的变化与标的物价格波动率变化的比率。

A. Delta　　B. Gamma

C. Rho　　D. Vega

9. 一个离到期日还有 120 天的 M－2101－P－2900 期权，当前豆粕期货价格为 2894 元/吨，则该期权的 Delta 值最接近于（　　）。

A. －1　　B. 1

C. 0.5　　D. －0.5

10. 当投资组合中所有头寸的 Delta 值为（　　）时，称为 Delta 中性。

A. 0　　B. 1

C. －1　　D. 0.5

参考答案

1. D　2. D　3. A　4. B　5. C　6. C　7. C　8. D　9. D　10. A

第十章

铜期货的交割

本章要点

交割是连接期货市场与现货市场的纽带，是期货价格与现货价格保持紧密关系的重要保障。本章介绍了铜期货的交割流程、交割品牌、交割仓库、交割中的费用明细等，为企业熟悉各个环节，顺利完成实物交割提供帮助。此外，本章也介绍了企业如何灵活运用标准仓单进行保证金冲抵或者贷款，对期转现操作中可能遇到的问题进行了必要的说明。

一、铜期货的交割属于哪一类型？

交割，是指期货合约到期时，按照期货交易所的规则和程序，交易双方通过该合约所载标的物所有权的转移，或者按照规定的结算价格进行现金差价结算，了结到期未平仓合约的过程。需要指出的是，只有企业法人才具备实物交割的权利，自然人客户不允许进行实物交割，若想进行实物交割则必须委托可以进行实物交割的法人客户代为交割。

一般来说，商品期货以实物交割方式为主，股票指数期货、短期利率期货多采用现金交割方式。实物交割又分为两种：集中交割和滚动交割，下面简要介绍一下这两种方式。

集中交割，也叫一次性交割，是指所有到期合约在交割月份最后交易日过后一次性集中交割的交割方式。

滚动交割，是指在合约进入交割月后，在交割月第一个交易日至交割月最后交易日前一交易日进行交割的交割方式。

那么，铜期货的交割属于哪种类型呢？目前，我国上海期货交易所采用集中交割方式，铜期货是在上海期货交易所的上市品种，所以铜期货的交割也采用集中交割方式。此外，铜期货的集中交割采用三日交割法，关于三日交割的流程，下面再给大家做一个详细的介绍。

二、铜期货交割的三日流程具体是怎样的？

上海期货交易所目前实行三日交割制。交割程序如下：

上海期货交易所阴极铜进行的实物交割采用三日交割法，即最后交易日后连续三个工作日进行交割。具体程序见图 10－1。

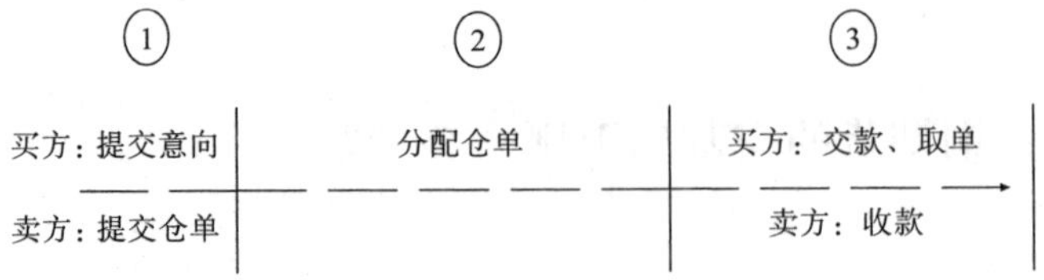

图 10－1　三日交割流程

资料来源：上海期货交易所。

（一）第一交割日

买方申报意向。买方向交易所提交所需商品的意向书，内容包括品种、牌号、数量及指定交割仓库名等。

卖方交标准仓单。卖方通过标准仓单管理系统将已付清仓储费用的有效标准仓单交给交易所。

（二）第二交割日

交易所分配标准仓单。交易所根据已有资源，按照"时间优先、数量取整、就近配对、统筹安排"的原则，向买方分配标准仓单。

（三）第三交割日

买方交款、取单。买方必须在第三交割日 14：00 前到交易所交付货款并取得标准仓单。

卖方收款。交易所在第三交割日 16：00 前将货款付给卖方。增值税专用发票流转过程见图 10－2。

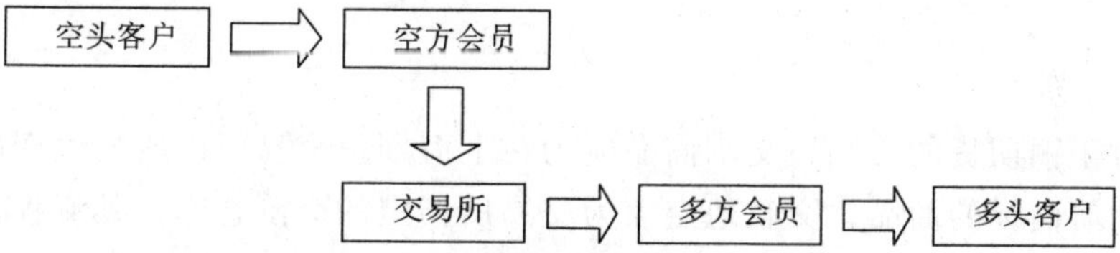

图 10－2　增值税发票流转流程

资料来源：上海期货交易所。

小贴士

期货交割的作用

期货交割是促使期货价格和现货价格趋向一致的制度保证。虽然最终进行实物交割的期货合约的比例非常小，但正是这极少量的实物交割将期货市场与现货市场联系了起来，为期货市场功能的发挥提供了重要的前提条件。

1. 当期货价格过高而现货价格过低时，交易者在期货市场上卖出期货合约，在现货市场上买进商品，这样，现货需求增多，现货价格上升，期货合约供给增多，期货价格下降。

2. 当期货价格过低而现货价格过高时，交易者在期货市场上买进期货合约，在现货市场卖出商品，这样，期货需求增多，期货价格上升，现货供给增多，现货价格下降。

从上面的分析可以看出，通过交割，期货、现货两个市场得以实现相互联动，期货价格最终与现货价格趋于一致，使期货市场真正发挥价格晴雨表的作用。

三、铜期货的交割环节有哪些注意事项?

对于铜期货的交割，交割商品应为在上海期货交易所注册的生产厂家生产的注册商标的商品，交收地点需为交易所指定的交割仓库，其流程及交割注意事项如下：

1. 交割结算价：最后交易日的结算价格。

2. 交易单位：25 吨，每张标准仓单所列阴极铜的重量为 25 吨，溢短不超过 ±2%，磅差不超过 ±0.1%。

3. 交割商品的包装有如下要求：阴极铜的每一交割单位都应当由同一生产企业生产、同一注册商标、同一质量品级、同一块形、捆重近似的商品组成。注册生产企业自行选定注册产品捆重，但要利于组手，每捆包装采用表面做防锈处理的钢带井字形捆扎（或者坚固程度相当的钢带捆扎方式），捆扎应坚固，同时标有醒目的、不易脱落的商品标志及捆重。每捆重量不超过 4 吨。

到库商品中，遇有包装钢带断裂或严重锈蚀的捆件及散块商品，应当重新组合，用规定的钢带捆扎紧固，方可用于交割。包装费用由货主承担。

4. 国产商品应当提供注册生产企业出具的产品质量证明书，进口商品应当提供商检证书、海关进口关税专用缴款书、海关代征增值税专用缴款书，经交易所审定合格为有效。

5. 在合约最后交易日后，所有未平仓合约的持有者应当以实物交割方式履约。客户的实物交割应当由会员办理，并以会员名义在交易所进行。不能交付或者接收增值税专用发票的客户不允许交割。

期货合约最后交易日前第三个交易日收盘后，自然人客户的期货合约的持仓应当为0手。自最后交易日前第二个交易日起，自然人客户的交割月份持仓直接由交易所强行平仓。

6. 标准仓单在交易所进行实物交割的流转程序如下：

（1）卖方客户将标准仓单授权给卖方期货公司会员以办理实物交割业务；

（2）卖方会员将标准仓单提交给交易所；

（3）交易所将标准仓单分配给买方会员；

（4）买方期货公司会员将标准仓单分配给买方客户。

7. 实物交割完成后，若买方对交割商品的质量、数量有异议的，应当在实物交割月份的下一月份的15日之前（含当日，遇法定假日时顺延至假日后的第一个工作日），向交易所提出书面申请，并应当同时提供本交易所指定的质量监督检验机构出具的质量鉴定结论。逾期未提出申请的，视为买方对所交割商品无异议，交易所不再受理交割商品有异议的申请。

8. 买方如需将交割商品再用于将来的交割，应当按规定重新办理有关手续。

9. 货主向指定交割仓库发货前，应当办理入库申报（交割预报）。入库申报的内容包括品种、等级（牌号）、商标、数量、发货单位及拟入指定交割仓库名称等，并提供各项单证等。客户应当委托期货公司会员办理交割预报（入库申报）手续。

10. 交易所在库容允许的情况下，考虑货主意愿，在3个交易日内决定是否批准入库。货主应当在交易所规定的有效期内向已批准的入库申报中确定的指定交割仓库发货。未经过交易所批准入库或未在规定的有效期内入库的商品不能用于交割。

11. 商品运抵指定交割仓库后，指定交割仓库按交易所有关规定对到货及相关凭证进行验核。验收完毕后，指定交割仓库应当将入库验收的结果输入标准仓单管理系统。会员向交易所提交制作标准仓单申请获得交易所批准后，指定交割仓库方可签发标准仓单。

商品到库验收时，货主应当到指定交割仓库监收；货主不到库监收的，视为货主同意指定交割仓库验收结果。

12. 标准仓单合法持有人提货时，指定交割仓库在对标准仓单审核无误后予以发货。货主可以自行到库提货或委托指定交割仓库代为发运，但委托指定交割仓库代为发运时货主应当到库监发。货主不到库监发，视为认可指定交割仓库发货无误。

13. 指定交割仓库发货时，应当及时填制“标准仓单出库确认单”（一式两份，货主和指定交割仓库各执一份），并妥善保管备查。

14. 在交割期内，如当日 14：00 之前办妥标准仓单、增值税专用发票、货款等交割事宜的，交易所当日即清退其相应的交割部位保证金。如当日 14：00 之后办妥的，交易所将在下一交易日清退交割部位保证金。

小贴士

标准仓单在交割过程中扮演的角色

在实物交割的具体实施中，买卖双方并不是直接进行实物商品的交收，而是交收代表商品所有权的标准仓单，因此，标准仓单在实物交割中扮演十分重要的角色。

标准仓单是指由交易所统一制定的，交易所指定交割仓库在完成入库商品验收、确认合格后签发给货主的实物提货凭证。标准仓单经交易所注册后生效，可用于交割、转让、提货、质押等。

四、铜期货的交割过程有哪些费用？

铜期货在到期交割的过程中，会产生一定的费用，其中最主要的费用有交割手续费、仓储费、入库费、出库费和运费等。需要注意的是，在交割时卖方和买方所承担的费用并不完全一致。首先，交割手续费和仓储费是双方都需要支付的。一般来说，卖方所付的仓储费比较多，如果买方在交割后很快就把货拿走的话，其仅需支付较少的仓储费。其次，卖方承担的是入库费用，买方承担的是出库费用。最后，运费由双方自行解决。此外，铜期货合约到期进行交割，期货交易所和期货公司都会收取少量的交割手续费。交割仓库收费标准见表 10－1。

表 10－1　　铜指定交割仓库收费标准

<table>
<tr><th colspan="2">指定交割仓库价格</th><th>主要作业内容</th></tr>
<tr><td colspan="2">仓储租金</td><td rowspan="2">按日计算，自商品到库日起计租</td></tr>
<tr><td>货场</td><td>0.30 元/吨·天</td></tr>
<tr><td colspan="2">进库费用</td><td rowspan="3">卸车至货位，包括分唛理货、表面检验、数量和重量点数检斤、单证检验、吊运码垛、计码标码、设立账卡、签发仓单等</td></tr>
<tr><td>1. 专用线</td><td>26 元/吨</td></tr>
<tr><td>2. 自送</td><td>18 元/吨</td></tr>
<tr><td colspan="2">出库费用</td><td rowspan="4">验证发货、装车、签发出门证、码单质保书随货同行、仓库内部销账等</td></tr>
<tr><td>1. 专用线</td><td>26 元/吨</td></tr>
<tr><td rowspan="2">2. 自提</td><td>15 元/吨</td></tr>
<tr><td>（集装箱）
25 元/吨</td></tr>
<tr><td>过户费</td><td>1 元/吨</td><td>更换仓单户名、收回原仓单、签发新仓单、调整库内相应账目</td></tr>
</table>

续表

指定交割仓库价格		主要作业内容
分拣费	5元/吨	散捆混装分拣码垛
代办车皮申请费	5元/吨	落实车皮计划
代办提运费	2元/吨	接货、提运、交接（不包括运输费用）
加急费	无	在正常作业期间无法完成的作业量，按客户要求加急处理可增收加急费
打包费	20元/吨	打包材料用0.9~1.0×32毫米以上、表面做防锈处理的钢带，“井”字形打捆，打捆要紧固

资料来源：上海期货交易所。

五、铜期货合约中的指定交割仓库有哪些？

关于交割仓库的设置，我们先来看一下一般的设置原则，从交割库的设立来说，应当考虑市场的长远发展，因此，设计库容、选取交割仓库时应当考虑如下一些因素：

1. 应当有利于套期保值者参与，尽量考虑降低运输成本。

2. 应当有利于降低社会成本，比如将交割库分散设立于产区或进口港口区，更有利于节约总的社会成本。

3. 应当有利于抗操纵，交割库的设立，从库容到库址的选择，直接影响了期货市场的抗操纵能力，交割库库容越少、越集中、越远离商品产地或集散地，市场抗操纵能力就越弱。

商品销区、集散地、产区，一般是交割仓库的选址考虑。近几年来，交割库的变更较为频繁，变更的内容有时是增加库容，有时是增设新仓库。

表10－2是上海期货交易所指定的铜期货的交割仓库。

表 10－2　　上海期货交易所铜指定交割仓库（2020 年 12 月）

序号	仓库名称	存放地址	联系人	业务电话	到达站/港	异地升贴水标准
1	上海国储天威仓储有限公司	上海市嘉定区黄渡工业园区星塔路 1289 号	陈亮	15317578691	黄渡站（国家物资储备局上海七处）	标准价
		上海市外高桥保税区荷丹路 68 号	罗晨捷	13918171231	无	标准价
2	中储发展股份有限公司	上海宝山区铁山路 495 号	丁思敏	13671706735	上钢五厂专用线（中储吴淞分公司）（暂停）	标准价
			曹全江	18121340138		
		上海市宝山区南大路 310 号、257 号	侯丽春	13818640679	桃浦站（中储大场公司专用线）	标准价
			金振佳	18916601995		
		江苏无锡市城南路 32－1 号	胡晓伟	18921287700	周泾港	标准价
3	上港物流金属仓储（上海）有限公司	上海市宝山区安达路 240 号	潘文君	15821008607	4～9 外贸 5 条专用线	标准价
		江苏省苏州市高新区钢成路 8 号	潘文君	15821008607	苏州西站	标准价
			吕春华	13817773537		
4	上海裕强供应链管理有限公司	上海市闵行区剑川路 2222 号	王韡	18101650907	上海闵行站	标准价
			徐峰	13917631328		
5	上海中储临港物流有限公司	上海洋山港双惠路 195 号	陆兵	13564496979	无	保税

续表

序号	仓库名称	存放地址	联系人	业务电话	到达站/港	异地升贴水标准
6	国家粮食和物资储备局浙江局八三七处	宁波镇海区大通路331号	宋祝安	13429322352	镇海西站（国家物资储备局浙江八三七处专用线）	标准价
			缪义帮	15857451015		
7	宁波港九龙仓仓储有限公司	宁波镇海区平海路299号	周杰	13757477277	浙江宁波镇海西站	标准价
			王忆妮	13819891900		
8	无锡市国联物流有限公司	无锡市惠山区洛社镇石塘湾梅径村南	郑继民	13771149693	无锡北站	标准价
9	国家粮食和物资储备局广东局八三〇处	广州市萝岗区开发大道1330号	孙建平	13168881080	下元（广）	标准价
			陈晨	13928901955		
		广州市增城区永宁街创强路123号	孙建平	13168881080	无	
			陈晨	13928901955		
10	南储仓储管理集团有限公司	广东佛山市禅城区佛罗公路166号	麦永锌	18588033336	街边站（广）南储专用线	标准价
			何小妹	18588033339		
11	江西国储物流有限公司	鹰潭火车南站鹰潭市平安路11号仓库	盛峰	15979190273	鹰潭火车南站	贴水120元/吨
			吴旺泉	15007941673		
12	常州融达现代物流有限公司	常州市钟楼区新闸镇运河路298号	邹林林	18151721003	新闸站（常州融达现代物流有限公司专用线）	标准价
			李翔	17712301605		

续表

序号	仓库名称	存放地址	联系人	业务电话	到达站/港	异地升贴水标准
13	上海添马行物流有限公司	江苏省宜兴市十里牌文庄村火车北站	李红祥	13901785660	宜兴北站（上海添马行物流有限公司）	标准价
			王熠琳	13917145725		
14	中国外运华东有限公司	上海市逸仙路4088号	王耀	13661814000	中外运张华浜储运公司专用线	标准价
			陈岳峰	13501724955		
15	中远海运物流有限公司	上海市宝山区宝杨路2249号	龚雷	13564151550	无	标准价
			王代颜	18681352659		
16	上海洋山保税港区世天威物流有限公司	上海市浦东新区海旺路288号	梁晶菁	15821987825	无	标准价
			徐赟	13817283912		
17	广东炬申仓储有限公司	广东省佛山市南海区丹灶镇丹灶物流中心金泰路1号	赵虎林	18924576565	丹灶站（广）	标准价
18	浙江南湖国际物流有限公司	嘉兴市秀洲区怀安路186号	王聪	18966375995	嘉兴东站（浙江南湖国际物流有限公司专用线）	标准价

资料来源：上海期货交易所。

六、铜期货合约中铜的注册商标、包装标准及升贴水标准有哪些?

上海期货交易所规定的阴极铜的注册商标、包装标准及升贴水标准如表10-3所示，如果有变化请以上海期货交易所网站公告为准。

从表10-3可以看出，国内期货市场铜期货合约质量标准与现货市场实际流通标准之间并不存在差异。在上海期货交易所交易的，或在交割环节接到的实物铜都是现货市场主流的交易品种，质量符合现货市场流通标准。因此，这也是长期以来铜期货品种在期货市场上价格发现和避险功能发挥效果较好的原因之一。

境外品牌方面，上期所发布的〔2013〕197号文规定，为了进一步加强有色金属交割商品注册工作，促进交割品牌产品质量的不断提升，决定终止LME注册的上期所允许交割的阴极铜、高级基础铝牌号制作标准仓单并履约交割的资格。原LME注册的铜、铝、锌境外品牌可以作为替代品进行交割的做法，调整为境外品牌需在上海期货交易所进行注册方可用于交割。截至2020年底，已注册的境外品牌有铜31个、铝3个、锌3个，未来的变化情况以上海期货交易所网站的公告为准。

七、什么是交割结算价？交割结算价与增值税专用发票有何关系?

交割结算价即交割价，是指铜期货合约到期后进行实物交割的基准价，铜的交割结算价的依据是铜期货合约文本中规定的最后交易日的结算价。例

表 10－3　　上海期货交易所阴极铜注册商标、包装标准及升贴水标准

序号	国别	注册企业	产地	注册日期	商标	品级/规格	升贴水	外形尺寸	捆重（千克）	捆/手
1001	中国	上海鑫冶铜业有限公司	上海	20010727	上冶（暂停）	A 级铜（传统电解）	标准价	900×740×10－12	2100	12
1002	中国	江西铜业股份有限公司	江西贵溪	19930301	贵冶	A 级铜（传统电解）	升水	1020×1010×16	2500	10
					江铜（贵溪/永久阴极－I）	A 级铜（永久阴极－I）	标准价	1020×1010×7.5	2500	10
1003	中国	铜陵有色金属集团股份有限公司	安徽铜陵	19930301	铜冠（铜陵/传统电解）	A 级铜（铜陵/传统电解）	升水	1000×740×14	2500	10
1004	中国	云南铜业股份有限公司	云南昆明	19930301	铁峰（昆明/传统电解）	A 级铜（传统电解）	升水	890×850×8	2500	10
					铁峰（昆明/永久阴极－I）	A 级铜（永久阴极－I）	标准价	913×903×7	2500	10

续表

序号	国别	注册企业	产地	注册日期	商标	品级/规格	升贴水	外形尺寸	捆重（千克）	捆/手
1005	中国	大冶有色金属有限责任公司	湖北黄石	19930301	大江（黄石/传统电解 小板）	A级铜（传统电解）	标准价	810×780×13	2100	12
					大江（黄石/传统电解 大板）	A级铜（传统电解）		1030×1000×18	2500	10
					大江（黄石/永久阴极-K）	A级铜（永久阴极-K）		1025×1025×18	2500	10
			广东佛山（暂停仓单注册）		大江（佛山/传统电解）	A级铜（传统电解）		1000×800×12	2500	10
1006	中国	芜湖恒鑫铜业集团有限公司	安徽芜湖	19930301	晶晶	1号标准铜（传统电解）	标准价	820×820×7.5	1800	14
1007	中国	烟台鹏晖铜业有限公司	山东烟台	19951215	三尖	A级铜（传统电解）	标准价	900×750×10	2500	10
1008	中国	白银有色集团股份有限公司	甘肃白银	19960102	红鹭	A级铜（传统电解）	标准价	1025×990×13	2500	10

续表

序号	国别	注册企业	产地	注册日期	商标	品级/规格	升贴水	外形尺寸	捆重（千克）	捆/手
1009	中国	金川集团股份有限公司	甘肃金川	19961022	金驼	1号标准铜（传统电解）	标准价	830×730×8－10	1470	17
				20041230	JNMC	A级铜（传统电解）	标准价	1030×1000×15	2500	10
1010	中国	天津大通铜业有限公司	天津	19971010	大通	1号标准铜（传统电解）	标准价	780×760×5－10	1400	18
1011	中国	北方铜业股份有限公司	山西垣曲	19980112	中条山（垣曲）	A级铜（传统电解）	标准价	900×740×10	2080	12
			山西垣曲	20200409	中条山（垣曲）	A级铜（传统电解）	标准价	900×740×10	2500	10
			山西侯马（暂停交割）	19980112	中条山（侯马）	A级铜（传统电解）	标准价	900×740×10	2080	12
1012	中国	葫芦岛锌厂	辽宁葫芦岛	19980120	葫锌	1号标准铜（传统电解）	标准价	780×780×5	1680	15
1013	中国	沈阳新兴铜业有限公司	辽宁沈阳	19980204	钟鼎	1号标准铜（传统电解）	标准价	1000×900×10	2500	10
1014	中国	金隆铜业有限公司	安徽铜陵	19980424	金豚	A级铜（传统电解）	升水	1035×1015×8－13	2500	10
				20141120	TG－JL	A级铜（永久阴极－K）	标准价	1060×1030×10	2500	10

续表

序号	国别	注册企业	产地	注册日期	商标	品级/规格	升贴水	外形尺寸	捆重（千克）	捆/手
1015	中国	上海大昌铜业有限公司	上海	19980715	虎	A级铜（传统电解）	标准价	900×745×12－14	2500	10
1016	中国	张家港联合铜业有限公司	江苏张家港	19990601	铜冠（张家港/传统电解）	A级铜（张家港/传统电解）	升水	1000×740×14	2500	10
1017	中国	宁波金田铜业（集团）股份有限公司	浙江宁波	20010622	金田	1号标准铜（传统电解）	标准价	900×750×10	2500	10
1018	中国	山东金升有色集团有限公司	山东临沂	20041230	沂蒙	A级铜（传统电解）	标准价	900×780×12.5	2480	10
				20150620	沂蒙	A级铜（永久阴极－K）	标准价	1040×1000×8	2500	10
1019	中国	东营方圆有色金属有限公司	山东东营	20061102	鲁方	A级铜（传统电解）	标准价	1020×810×10－12	2500	10

续表

序号	国别	注册企业	产地	注册日期	商标	品级/规格	升贴水	外形尺寸	捆重（千克）	捆/手
1020	中国	阳谷祥光铜业有限公司	山东阳谷	20091209	祥光	A级铜(永久阴极－I)	标准价	1030×1010×7	2500	10
						A级铜(永久阴极－K)	标准价	1030×1010×7	2500	10
1021	中国	河北大无缝建昌铜业有限公司	河北保定	20100519	昌达	A级铜(传统电解)	标准价	910×935×10	2500	10
1022	中国	赤峰云铜有色金属有限公司	内蒙古赤峰	20130521	铁峰(赤峰/传统电解)	A级铜(赤峰/传统电解)	标准价	915×870×15	2500	10
1023	中国	紫金铜业有限公司	福建上杭	20140527	紫金	A级铜(永久阴极－K)	标准价	1010×1030×8	2500	10
1024	中国	江西铜业(清远)有限公司	广东清远	20150703	江铜(清远/传统电解)	A级铜(传统电解)	标准价	1030×1000×10	2500	10
1025	中国	广西金川有色金属有限公司	广西防城港	20161228	JNMC(防城港/永久阴极－K)	A级铜(永久阴极－K)	标准价	1030×1010×10	2500	10

续表

序号	国别	注册企业	产地	注册日期	商标	品级/规格	升贴水	外形尺寸	捆重（千克）	捆/手
1026	中国	河南豫光金铅股份有限公司	河南济源	20161228	YG	A级铜(永久阴极－K)	标准价	1040×1020×12	2500	10
1027	中国	河南中原黄金冶炼厂有限责任公司	河南三门峡	20170913	ZJZY	A级铜(永久阴极－K)	标准价	1040×1020×8	2500	10
1028	中国	浙江江铜富冶和鼎铜业有限公司	浙江富阳	20171010	金凤	A级铜(永久阴极－K)	标准价	1045×1025×14	2500	10
1029	中国	新疆五鑫铜业有限责任公司	新疆昌吉	20190523	天阜	A级铜(传统电解)	标准价	1000×1000×13	2500	10
2001	美国	自由港迈克墨伦铜金矿公司	El Paso (TX)	20081224	P＊D	A级铜(传统电解)	标准价	972×959×18	2250	11
2002	智利	智利国营铜业公司(CODELCO)	Ventanas	20090216	ENM	A级铜（传统电解）	标准价	960×980×14	2300	11
2003	智利	智利国营铜业公司(CODELCO)	Potrerillos	20090330	AE	A级铜（传统电解）	标准价	970×780×13	2800	9
2004	西班牙	自由港迈克墨伦铜金矿公司	Huelva	20090330	FMS	A级铜(永久阴极－I)	标准价	985×930×7	3100	8

续表

序号	国别	注册企业	产地	注册日期	商标	品级/规格	升贴水	外形尺寸	捆重（千克）	捆/手
2005	赞比亚	莫帕尼铜矿有限公司	Mufulira	20090417	MCM	A级铜(传统电解)	标准价	970×957×15	2300	11
2006	韩国	LS-Nikko铜制炼株式会社	温山邑（蔚山）	20090417	ONSAN I	A级铜（永久阴极-K）	标准价	1070×932×13	2500	10
2007	韩国	LS-Nikko铜制炼株式会社	温山邑（蔚山）	20090417	ONSAN II	A级铜（永久阴极-K）	标准价	1020×980×11	2300	11
2008	智利	米其吉利亚采矿公司	Mejillones	20090506	MIC-P	A级铜（湿法）	标准价	960×1000×6	1400	18
2009	智利	米其吉利亚采矿公司	Mejillones	20090506	MIC-T	A级铜（湿法）	标准价	1100×1000×10	1950	13
2010	美国	科力托犹他铜业公司	Magna（UT）	20090506	KUC	A级铜(传统电解)	标准价	990×993×5	2520	10
2011	智利	智利国营铜业公司(CODELCO)	Chuquic-amata	20090506	CCC SX-EW	A级铜（湿法）	标准价	1100×920×7	2300	11
2012	波兰	凯戈汉姆波兰铜业股份有限公司	Głogów	20090506	HMG-B	A级铜(传统电解)	标准价	1030×1030×12	1900	13

续表

序号	国别	注册企业	产地	注册日期	商标	品级/规格	升贴水	外形尺寸	捆重（千克）	捆/手
2013	波兰	凯戈汉姆波兰铜业股份有限公司	Głogów	20090506	HMG－S	A级铜（传统电解）	标准价	910×910×14	1900	13
2014	波兰	凯戈汉姆波兰铜业股份有限公司	Legnica	20090506	HML	A级铜（传统电解）	标准价	918×785×14	2100	12
2015	巴西	卡拉伊巴金属公司	Dias D'Avila/Bahia	20090507	CbM	A级铜（传统电解）	标准价	990×970×15	2500	10
2016	智利	英美智利股份有限公司	Antofagasta	20090507	MB	A级铜（湿法）	标准价	1000×1100×8	2500	10
2017	智利	英美智利股份有限公司	Copiapó	20090507	MV	A级铜（湿法）	标准价	1004×1000×8	2500	10
2018	智利	埃斯孔迪达矿业有限公司	Antofagasta	20090507	ESOX	A级铜（湿法）	标准价	1000×1000×8－10	2500	10
2019	智利	塞罗科罗拉多矿业有限公司	Iquique	20090507	CMCC	A级铜（湿法）	标准价	1000×1000×5	2500	10

续表

序号	国别	注册企业	产地	注册日期	商标	品级/规格	升贴水	外形尺寸	捆重（千克）	捆/手
2020	加拿大	嘉能可加拿大公司	Quebec	20090514	NORANDA	A级铜(永久阴极－K)	标准价	937×949×14	3100	8
2021	智利	自由港迈克墨伦铜金矿公司	Calama	20090514	ABRA	A级铜（湿法）	标准价	1000×1000×5	2500	10
2022	秘鲁	自由港迈克墨伦铜金矿公司	Arequiba	20090514	SMCV	A级铜（湿法）	标准价	1000×1020×20	3125	8
2023	日本	住友金属矿山株式会社	爱媛县	20090908	SUMIKO－N	A级铜(传统电解)	标准价	1060×1080×17	2800	9
2024	日本	住友金属矿山株式会社	爱媛县	20090908	SUMIKO－T	A级铜（传统电解）	标准价	1060×1080×17	2800	9
2025	印度尼西亚	印度尼西亚锦石冶炼有限公司	爪哇岛	20090909	GRESIK	A级铜(永久阴极－I)	标准价	1000×1000×6	2500	10
2026	菲律宾	菲律宾联合铜业公司(PASAR)	伊沙贝尔市	20100527	PSR ISABEL	A级铜（永久阴极－I)	标准价	1040×1020×8	2500	10
2027	智利	智利国营铜业公司（CODELCO）	丘基卡玛塔	20100527	cCc－P	A级铜(永久阴极－K)	标准价	1270×925×12－18	2750	9

续表

序号	国别	注册企业	产地	注册日期	商标	品级/规格	升贴水	外形尺寸	捆重（千克）	捆/手
2028	澳大利亚	蒙特艾莎矿业有限公司	汤斯维尔	20110921	ISA	A级铜(永久阴极-I)	标准价	975×965×10	3168	8
2029	智利	智利国营铜业公司（CODELCO）	拉多米诺-托米克	20120914	RT	A级铜（湿法）	标准价	1050×1000×9-11	2270	11
2030	秘鲁	秘鲁南方铜业公司	伊洛	20140912	SPCC-ILO	A级铜(传统电解)	标准价	1020×1020×20	3600	7
2031	智利	圣地内拉矿业公司	安托法加斯塔	20180228	MET	A级铜（湿法）	标准价	1000×1000×4	2300	11

说明:升水为110元/吨。

资料来源:上海期货交易所。

如，上海期货交易所上市的铜期货合约的最后交易日是交割月的15日（遇节假日顺延），那么2020年6月到期的铜的最后交易日就是2020年6月15日。这一天交易结束后沪铜2006合约的结算价就是沪铜2006合约的交割价，而交割时间则是当月的16日至18日。如果遇到期货转现货现象，那么交割结算价为进行期货转现货的买卖双方会员（客户）达成的协议价。

根据《上海期货交易所交割细则》中第四条规定，不能交付或者接收增值税专用发票的客户不允许交割。这条规则一方面说明自然人所持有的铜合约无法进入交割月，只有可开具或接收增值税专用发票的法人所持有的铜合约才可进入交割月进行最后交割。另一方面，增值税专用发票上的开票金额就是已经包含增值税的交割结算价。总之，自然人客户是不能进行交割的，只有具备法人资格的企业才能交割。

八、什么是期转现业务？应该如何进行？

首先，我们来看一下期转现的定义。期转现是指持有方向相反的同一月份合约的会员（客户）协商一致并向交易所提出申请，获得交易所批准后，分别将各自持有的合约按交易所规定的价格由交易所代为平仓，同时按双方协议价格进行与期货合约标的物数量相当、品种相同、方向相同的仓单的交换行为。

这里的仓单包括标准仓单和非标准仓单。非标准仓单是指有关仓库在以下情况下开具的仓单：

（1）非注册商标商品储存在指定交割仓库；

（2）注册商标商品储存在非指定交割仓库；

（3）非注册商标商品储存在非指定交割仓库。

那么，期转现有什么好处呢？

（1）为会员（客户）对交割实物品牌、交割仓库方面的特殊要求提供了方便，有利于套期保值的运用。

（2）降低持仓风险。

（3）减少用料企业一次性使用资金的压力，便于卖出方及时回笼资金。

（4）避免迂回运输，节约费用等。

知道了期转现的定义及好处，下面我们来看一下进行期转现需具备的条件。进行期转现需要具备以下四个条件：

（1）持仓，即同一合约月份的历史头寸、数量相等、方向相反。如买方持有5手CU2005（最小交割单位）多头，卖方持有5手CU2005（最小交割单位）空头。

（2）期限，为欲进行期转现合约的上市之日起至交割月份最后交易日前二个交易日（含当日）止。如CU2005合约在2019年5月16日至2020年5月13日之间均可进行期转现交易（未考虑节假日的影响）。

（3）买卖双方要协商一致，即双方都要有意愿按双方同意的价格（可以参照当天的现货价，此价格不受期货合约价格的涨跌幅限制）进行期转现，并共同申请。

（4）卖方有相应仓单，买方备有相应货款。此外，用非标准仓单进行期转现的，还应有相应的现货买卖协议及非标准仓单的复印件。

接下来，我们需要了解如何申请期转现业务。买卖双方会员在正常交易日的14：00前，在标准仓单管理系统中提出申请，由交割部审核批准后办理。交易所在申请办理期转现当日15：00前，将买卖双方原持有的交割月份头寸，按申请日前一交易日该交割月份合约的结算价平仓。例如，买方持有5手CU2005（最小交割单位）多头，卖方持有5手CU2005（最小交割单位）空头，并有25吨铜，双方同意在4月17日以42000元/吨的价格申请进行期转现，此价格作为开具增值税专用发票的价格。如4月16日CU1705的结算价为41580元/吨，那么双方的持仓将以41580元/吨价格平仓。

关于期转现的具体操作流程，我们可以用以下案例进行说明。

案例10－1

2017年10月，铜仓单买方是一家铜加工贸易企业，需要采购铜原料进行生产加工，这时期货市场的价格比较合适（当天 CU1712 价格为 54200 元/吨，而前一交易日结算价格为 54500 元/吨），于是委托其所在的期货公司寻找仓单卖方公司进行期转现。通过联系，寻找到仓单卖方为一家铜冶炼企业，该企业由于银行还款日期临近，需提前将仓单卖出以回笼资金，提高资金运转率。双方商议结果如下：

1. 10 月到 12 月合约交割还有一个半月的时间，每个月利息加仓储为 300 元/吨左右，双方协商决定卖方给买方贴水 400 元/吨。

2. 因当天 CU1712 价格为 54200 元/吨，而前一交易日结算价格为 54500 元/吨，所以以前一日交易结算价 54500 元/吨作为期货协议平仓价。

3. 增值税专用发票开票价格为：期货协议平仓价 - 贴水 = 54500 - 400 = 54100（元/吨）。

4. 确定了贴水和期货协议平仓价之后，买卖双方填写期转现授权书，授权期货公司帮助其期转现业务的操作，同时合约双方按照铜期转现的操作时间进行各项业务的操作。

5. 交易所受理后，将买卖双方盘面持仓以协议平仓价格进行平仓，然后在第二、第三个交易日，买卖双方办理货款交付、仓单转让、增值税专用发票流转等手续。

九、什么是铜的注册仓单？什么是仓单市场？

仓单这一概念最早源自现货市场。它是指仓库保管人员应存货人的请求而填发的有价证券。它既是收到货物的证明，又是凭以提货的根据。与商品市场相对应的是标准仓单。所谓标准仓单是由指定交割仓库完成入库商品验收、确认合格后，在交易所标准仓单管理系统中签发给货主的，用于提取商品的凭证。其实，现货市场的仓单与期货市场的标准仓单并无本质区别。

标准仓单通常包含的要素有：仓单号、仓单数、重量、客户编码、客户名称、商标、仓库、仓储费付止日、仓单到期日等。国内期货市场上，早期的标准仓单是纸质的，随着计算机技术的日益成熟，以及期货交割业务要求的进一步提高，电子仓单逐渐取代了传统的纸质仓单。2006 年 7 月 26 日，上海期货交易所新一代标准仓单管理系统——电子仓单系统正式服务交割业务。铜的注册仓单，是指标准仓单中仓储物为精炼铜的标准仓单。例如：表 10－4 为某一公司拥有的上海期货交易所铜的标准电子仓单。在这份电子仓单上包含了客户名称、客户编号、仓单数量、单号等明细。

表 10－4　　上海期货交易所标准电子仓单（仓储物：铜）

单号（起止）	仓单数	客户编号	客户名称	商标	仓库	商（质）检有效期	仓储费付止日
Cu015000 ***	1	0008 **** 8	上海 ** 有限公司	贵冶	上海期晟储运管理有限公司	20080404	20090522
总计	1	张	24.974	吨			

资料来源：上海期货交易所。

标准仓单可以通过背书流通转让。通过办理过户手续，标准仓单的原持有人可将其转让给第三人，而第三人在拥有标准仓单的同时即拥有了对应货物的所有权。

仓单的可流转性使得仓单市场应运而生。所谓仓单市场，是建立在交易所网络基础上的一个信息平台，旨在为有仓单买卖及仓单交换意向的交易双方提供一个信息交流的机会，从而加强期货市场和现货市场的有机联系。

2018 年 5 月 28 日，上期所标准仓单交易平台正式上线，首批推出铜和铝两个品种的标准仓单交易业务。仓单卖家挂牌后，买家根据品牌、地区等选项从卖方上千条的报价信息里筛选出符合自己要求的仓单，当日即可完成结算交割。

上期标准仓单交易平台的优势首先在于具有较强的社会公信力。在大宗商品现货贸易过程中，“先款后货”与“先货后款”一直是阻碍交易达成的痛点，交易后的发票流程更是整个交易链条中最脆弱的环节。正因面临巨大的信用风险，大宗商品现货贸易通常在固定的圈子或熟悉的客户群中达成，效率低下。上期标准仓单交易平台由中国证监会批准设立与监管、上期所负责搭建，仓单的流通、交割、结算等各个环节都在监管及法律保障下，有利于形成更加安全、规范、高效的大宗商品市场体系。

另外，上期标准仓单交易平台有利于促进期货市场与现货市场的联动发展，促进市场化的地区升贴水、品牌升贴水和等级升贴水的形成，从根本上解决目前期货市场与现货市场不匹配的问题，达到期货市场服务实体经济的目的。

小贴士

标准仓单的功能

（一）冲抵保证金

对于套期保值客户来说，如何提高资金使用效率，保证公司正常经营所必需的现金流至关重要。根据交易所的规定，客户可以将标准仓单交存交易所充抵保证金（即作为保证金使用），若能熟练运用可以大大节约资金。

办理标准仓单冲抵保证金的具体流程如下：

1. 客户授权。客户应当先将指定的标准仓单授权给会员，充抵该会员的保证金。

2. 会员交存仓单。会员选择客户授权的标准仓单，提交给交易所。会员提交仓单时，应当注明标准仓单是充抵保证金，还是只充抵与其所示数量相同的交割月份期货合约持仓的交易保证金。

3. 交易所审核。交易所审核通过后，标准仓单方可充抵保证金。

（二）可以贷款

在期货业务操作中，巧用标准仓单不但可以节约资金，还可以通过质押来获得流动资金。

具体操作上，客户可以通过其经纪公司会员将标准仓单在交易所外通过合作银行进行质押贷款。按照规定，债务人不履行债务时，债权人有权依照法律以该标准仓单折价或者以拍卖、变卖该标准仓单的价款优先受偿。此外，出质人应当在与质权人另行订立的质押合同中列明用于质押的标准仓单编号，并将质押合同副本提交给指定交割仓库留存。

十、什么是保税交割？哪些境外品牌可以参与？

期货保税交割是指以海关特殊监管区域或保税监管场所内处于保税监管状态的期货合约所载商品作为交割标的物进行期货交割的过程。这一创新性业务，其实是保持现有交易规则体系不变，而在交割环节新增保税货物进行实物交割。

过去，进口的货物需要进口报关后才能进入期货交割。开展保税交割后，保税货物利用保税仓库在完成进口报关前就可以进入交割环节，不必先行办理报关手续、缴纳进口关税和相关税费。

上海期货交易所于2011年3月16日开始开展保税交割业务，以铜、铝为试点品种，以上海洋山保税港区为试点区域。此后，试点区域又扩展外高桥保税区、外高桥保税物流园区和浦东机场综合保税区等海关特殊监管区域。此外，境外品牌注册也在持续推进中，截至2020年，已有31个境外铜品牌在上期所成功注册，其中有全球最大的铜企业——智利国营铜业公司，还有美国自由港迈克墨伦铜金矿公司、力拓集团、必和必拓集团等多家国际知名铜企业（详见表10－3）。根据规定，上期所的铜注册品牌均可用来制作期货保税标准仓单。

近年来，上期所国际化的步伐不断向前推进。对于国内期货交易所而言，“引进来、走出去”是扩大自身国际影响力的重要途径。对于实体企业而言，期货保税交割为贸易商利用上海期货市场在全球配置资源提供了方便，从而强化了上期所相关品种与国际市场价格的联动。未来将有更多企业参与上海期货市场的交易，无疑会提升我国在全球大宗商品贸易的话语权。

十一、通过期货交易进行铜的实物交割会不会遇到对方违约?

首先需要向大家说明的是，在实际交割中，买卖双方违约的可能性较小，看到这里，可能读者朋友们会有疑问，因为众所周知，期货交易是保证金交易，只要少量的资金便可交易数倍的金额，那么如果有人违约，而保证金太少的话，岂不是会产生没钱可罚的情况吗?

关于这个问题，大家不用担心，因为交易所通常都规定，交易的合约离最后的交易日越近，收取的保证金也就越高。就拿铜期货来说，最后交易日是交割月份的第 15 个交易日，尽管在合约上标明保证金为合约价值的 5%，但那是指一般情况。我们在前面第二章提到过，《上海期货交易所风险控制管理办法》规定，铜期货在临近交割月及进入交割月时，保证金比例是在逐渐提高的。

具体来说，铜期货合约在交割月前第一月的第一个交易日起，保证金收取就提升到 10%；当进入交割月份第一个交易日起，保证金收取将提升为 15%；而从最后交易日前二个交易日起，保证金收取已高达 20%。交易者的保证金多了，履约的可靠性显然会相应提高。

在这种规定下，卖方似乎有些吃亏，因为对买方来说，尽管保证金提高了，但仍然只是全部货款的一部分，而对卖方来说，却既要备货，又要垫付高额的保证金，因此，交易所又规定，在进入交割月后，卖方如果拿出标准仓单作为履约保证，就不再收取其对应的保证金。

尽管在实际交割中违约的比例较小，但我们仍然需要了解什么情况下构成违约及违约的处置办法。

铜期货合约的买卖双方具有下列行为之一的，构成交割违约:

（1）在规定交割期限内卖方未能如数交付标准仓单的;

（2）在规定交割期限内买方未能如数解付货款或解付不足的;

（3）卖方交付的商品不符合规定标准的。

发生交割违约后，交易所于违约发生当日16：30以前通知违约方和相对应的守约方。违约通知通过会员服务系统发送，会员服务系统一经发送，即视为已经送达。

构成交割违约的，由违约方支付违约部分合约价值（按交割结算价计算）20%的违约金给守约方。交易所退还守约方的货款或者标准仓单，终止本次交割。

若买卖双方都违约，交易所按终止交割处理，并对双方分别处以违约部分合约价值5%的违规惩罚金。

自测题

1. 铜期货的交割属于（　　）方式。

A. 现金交割　　B. 滚动交割

C. 即日交割　　D. 集中交割

2. 铜的集中交割采取（　　）日交割法。

A. 四　　B. 三

C. 六　　D. 七

3. 一般来说，商品期货以（　　）方式为主。

A. 实物交割　　B. 现金交割

C. 集中交割　　D. 滚动交割

4. 在第三交割日，买方必须在（　　）前到交易所交付货款并取得标准仓单。

A. 13：00　　B. 14：00

C. 15：00　　D. 16：00

5. 交易所在第三交割日（　　）前必须将货款付给卖方。

A. 13：00　　B. 14：00

C. 15：00　　D. 16：00

6. 每张标准仓单中，所列明的阴极铜的重量为（　　）吨。

A. 5　　B. 20

C. 25　　D. 30

7. 铜期货合约的交割结算价为（　　）。

A. 最后交易日的结算价格

B. 最后交易日最后一小时的平均加权价格

C. 最后交易日最后两小时的平均加权价格

D. 最后交易日的收盘价

8. 在进行铜期货合约交割时，规定溢短不超过（　　），磅差不超过（　　）。

A. ±1%；±0.1%　　B. ±2%；±0.2%

C. ±1%；±0.2%　　D. ±2%；±0.1%

9. 在铜期货合约的最后交易日后，所有未平仓合约的持有者应当以（　　）方式履约。

A. 实物交割　　B. 现金交割

C. 集中交割　　D. 滚动交割

10. 在铜期货的交割规则方面，上海期货交易所不断加强交割品牌管理，调整对境外品牌的管理模式，目前即实行（　　）。

A. 认可制　　B. 核准制

C. 注册制　　D. 许可制

11. 无论是国产铜还是进口铜，如果要在上海期货交易所参与交割，都需要经过（　　）批准。

A. LME　　B. COMEX

C. 上海证券交易所　　D. 上海期货交易所

12.（　　）所持有的铜期货合约可进入交割月，进行最后交割。

A. 自然人　　B. 散户

C. 法人　　D. 上述皆可

13.（　　）是指符合交易所统一要求的，由指定交割仓库在完成入库商品验收、确认合格后，签发给货主用于提取商品的，并经交易所注册生效的标准化提货凭证。

A. 非标准仓单　　B. 标准仓单

C. 提货单　　D. 海运凭证

14.（　　）是促使期货价格和现货价格趋向一致的制度保证。

A. 期货交割　　B. 套期保值

C. 对冲交易　　D. 套利操作

15. 关于国产铜的包装，注册生产企业自行选定注册产品捆重，每捆重量不超过（　　）吨。

A. 1　　B. 2

C. 2.5　　D. 3

16. 关于进口铜的包装，一般按原进口包装（紧固完好）交割，最大捆重为（　　）吨。

A. 3　　B. 4

C. 5　　D. 6

17. 一般情况下，铜期货合约上标明的保证金为合约价值的（　　）。

A. 5%　　B. 6%

C. 7%　　D. 8%

18. 进入交割月份的第一个交易日起，铜期货的保证金收取上升到（　　）。

A. 5%　　B. 7%

C. 15%　　D. 20%

19. 在最后交易日前二个交易日起，铜期货的保证金收取已高达（　　）。

A. 5%　　B. 7%

C. 15%　　D. 20%

20. 发生交割违约后，由违约方支付违约部分合约价值（按交割结算价计算）（　　）的违约金给守约方。

A. 3%　　B. 7%

C. 5%　　D. 20%

参考答案

1. D　2. B　3. A　4. B　5. D　6. C　7. A

8. D　9. A　10. C　11. D　12. C　13. B　14. A

15. C　16. B　17. A　18. C　19. D　20. D

第十一章

国际铜期货合约概况及市场影响

本章要点

本章主要介绍了上海国际能源交易中心上市交易的国际铜期货，包括合约内容、交易规则、境内外客户参与方式、交割流程及注意事项、交割品牌及品级、交割仓库等；重点解读了国际铜期货“国际平台、净价交易、保税交割、人民币计价”交易模式的内涵；探讨了国际铜期货的参与者类型、套利机会，以及给市场带来的影响。

一、国际铜期货合约是什么？

铜期货是我国最早推出的商品期货之一。1993 年 3 月，沪铜合约在上海期货交易所正式上市交易，此后，沪铜期货的交易规模及影响力逐步扩大，成为国内铜产业链上下游定价的主要参考依据，并且衍生出上期标准仓单交易平台及铜期权等多层次的交易市场，丰富了产业链避险工具。至2019年，上期所铜期货年度成交量3652万手（单边），达到上市之初的42倍。

2020年11月19日，上海期货交易所全资子公司上海国际能源交易中心正式推出国际铜期货合约（交易代码BC），旨在保持现有沪铜期货合约不变的基础上，增加国际铜期货合约，以“双合约”模式实现铜期货的国际化。与此前已经上市的原油期货相同，国际铜期货沿用“国际平台、净价交易、保税交割、人民币计价”的交易模式，全面引入境外交易者参与。

从国际铜上市首月的运行情况来看，截至2020年12月18日，国际铜期货累计总成交量40.13万手，成交金额1023.02亿元，期末总持仓量为1.75万手，较上市首日增加736.1%，国外的大型矿山和主流贸易商密切关注国际铜市场的发展。未来，国际铜期货价格有望成为亚太时区铜跨境贸易的重要定价基准之一。

表11－1显示的是上海国际能源交易中心国际铜期货的标准合约文本。

表11－1 上海国际能源交易中心阴极铜期货标准合约（2020年11月发布）

交易品种	阴极铜
交易单位	5吨/手
报价单位	元（人民币）/吨（交易报价为不含税价格）
最小变动价位	10元（人民币）/吨
涨跌停板幅度	上一交易日结算价±3%
合约月份	1月、2月、3月、4月、5月、6月、7月、8月、9月、10月、11月、12月
交易时间	上午9：00～11：30，下午1：30～3：00以及上海国际能源交易中心规定的其他交易时间

续表

最后交易日	交割月份的15日（遇国家法定节假日、休息日顺延；上海国际能源交易中心可以根据国家法定节假日、休息日调整最后交易日）
交割日期	最后交易日后连续五个交易日
交割品级	阴极铜，符合国标GB/T467－2010中A级铜（Cu－CATH－1）规定，或者符合BS EN 1978：1998中A级铜（Cu－CATH－1）规定
交割地点	上海国际能源交易中心指定交割仓库
最低交易保证金	合约价值的5%
交割方式	实物交割
交易代码	BC
上市机构	上海国际能源交易中心

资料来源：上海国际能源交易中心。

在国际铜期货的实际交易中，需要注意以下几点：

1. 国际铜期货的交易时间是周一到周五的上午9：00～11：30、下午1：30～3：00及晚上9：00至次日凌晨1：00（节假日除外），与沪铜期货的交易时间保持一致。

2. 根据规定，期货交易所可以在合同文本规定的每日价格最大波动限制基础上，对每日最大波动限制，也就是涨跌停板进行调整。国际铜期货合约当日结算价规定为当日成交价格按照成交量的加权平均价。国际铜期货的交割结算价是国际铜期货交割结算的基准价，是该期货合约最后交易日的结算价。其他情况下，结算价的确定方式建议参照《上海国际能源交易中心结算细则》第三十四、第三十五条。

3. 国际铜期货合约的交易保证金暂定为合约价值的8%，但期货公司为了控制风险、保障客户利益，一般收取的保证金要比交易所规定的高，且随着合约到期日的临近，保证金会逐步提高。实际执行的保证金比例以交易所及期货公司的公告为准。

小贴士

国际铜期货合约与沪铜期货合约的区别和联系

相信看到这里，读者们会对国际铜期货合约与沪铜期货合约之间的区别产生疑问。表11-2是我们对两种合约及交易交割细则进行的详细对比。

表11-2 国际铜期货合约与沪铜期货合约设计对比

序号	内容	异同	上期能源国际铜期货	上期所沪铜期货
1	价格含义	不同	元（人民币）/吨（不含税价格）	元（人民币）/吨（含税价格）
2	交割品级	不同	阴极铜，符合国标或欧标中A级铜规定	标准品：阴极铜，符合国标1号标准铜规定 替代品：阴极铜，符合国标或欧标中A级铜规定
3	持仓限额	不同	一般月份比例限仓基准为7万手 交割月份、交割月前第一月、合约挂牌至交割月前第二月的最后一个交易日的限仓数额分别为700手、3500手、7000手	一般月份比例限仓基准为8万手 交割月份、交割月前第一月、合约挂牌至交割月前第二月的最后一个交易日的限仓数额分别为1000手、3000手、8000手
4	大户报告	不同	会员、境外特殊参与者、客户某期货合约的一般持仓达到能源中心规定的一般持仓限额，境外中介机构某期货合约的一般持仓达到能源中心规定的一般持仓限额的60%的，应当报告	当会员或者客户某品种持仓合约的投机头寸达到交易所对其规定的投机头寸持仓限额80%以上（含本数）的，应当报告

续表

序号	内容	异同	上期能源国际铜期货	上期所沪铜期货
5	交割品牌	不同	注册制，拟允许部分已在上期所注册的铜品牌参与交割，不设置品牌升贴水	注册制，有品牌升水
6	交割模式	不同	保税交割	完税交割、保税交割
7	交割仓库	不同	仓库设置在境内，视合约运行情况适时拓展到境外	仓库设置在境内
8	交割日期	不同	最后交易日后连续五个工作日	最后交易日后连续三个工作日
9	质检机构	不同	引入外资质检机构	中资质检机构
10	做市商制度	不同	有	无
11	交易代码	不同	BC	CU
12	交易者适当性	不同	实行适当性制度	不实行适当性制度
13	交易手续费	不同	不高于成交金额的万分之零点一	不高于成交金额的万分之零点五
14	最小变动价位	相同	10 元/吨	10 元/吨
15	合约月份	相同	1～12 月	1～12 月
16	交易时间	相同	上午 9：00～11：30、下午 1：30～3：00 和上海国际能源交易中心规定的其他交易时间	上午 9：00～11：30、下午 1：30～3：00 和上期所规定的其他交易时间

续表

序号	内容	异同	上期能源国际铜期货	上期所沪铜期货
17	最后交易日	相同	交割月份的15日（遇国家法定节假日、休息日顺延；上海国际能源交易中心可以根据国家法定节假日、休息日调整最后交易日）	交割月份的15日（遇国家法定节假日、休息日顺延；上期所可以根据国家法定节假日、休息日调整最后交易日）
18	涨跌停板幅度	相同	上一交易日结算价±3%	上一交易日结算价±3%
19	最低交易保证金	相同	合约价值的5%	合约价值的5%
20	交割结算价	相同	最后交易日的结算价	最后交易日的结算价
21	自然人客户离场	相同	最后交易日前第三个交易日收市后	最后交易日前第三个交易日收市后

资料来源：上海国际能源交易中心、上海期货交易所、上海中期期货。

国际铜期货合约与沪铜期货合约的主要区别之一在于价格含义。沪铜立足于国内的含税市场，国际铜主要面向的是境内关外的保税铜市场，合约采用不含税的净价报价，这样更贴近国际市场的报价体系，方便投资者直接与国际市场的价格进行对比。

从国际铜及沪铜的价格走势来看，两者走势高度同步，相关系数高达0.99，沪铜价格高于国际铜的部分很大程度上反映了增值税的影响（见图11-1）。目前，我国高纯阴极铜的增值税税率为13%，以2020年12月15日为例，沪铜主力合约收盘价为57700元/吨，剔除增值税后为51062元/吨，国际铜主力合约收盘价为51400元/吨，可以看出，剔除增值税的沪铜价格与国际铜价格基本接近。

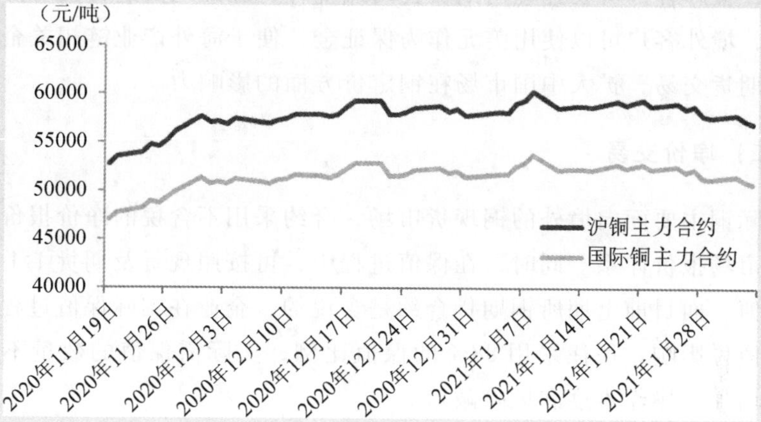

图 11－1　沪铜与国际铜价格走势

资料来源：Wind资讯、上海中期期货。

二、国际铜合约设计的主要思路是什么?

在已有沪铜期货合约成功经验的背景下，为什么交易所要推出国际铜期货呢?

我们知道，目前我国客观上形成了国内含税和境内关外保税两个现货市场。沪铜期货反映的是国内市场的供求关系，其价格已成为国内现货贸易的定价基准。国际铜的设计和推出，主要是为保税铜乃至全球现货市场特别是远东时区国际市场提供价格发现以及国际化风险管理工具。

下面，我们来具体看一下国际铜合约设计的主要思路。

(一) 国际平台

在INE搭建的国际平台上，境内、境外客户均可参与国际铜交易。具体方式为：境内客户通过期货公司会员在INE开户并开通交易权限后可进行交易；境外客户可委托境内期货公司或境外特殊经纪商进行交易。值得注意的是，境外客户可以使用美元作为保证金，便于海外产业链相关企业参与国际铜期货交易，扩大中国市场在铜定价方面的影响力。

（二）净价交易

国际铜主要面向境外的铜现货市场，合约采用不含税的净价报价，更贴近国际市场报价体系。同时，在保值过程中，可按照现货及期货1:1的比例进行保值。而目前上期所铜期货合约是含税的，企业在实际保值过程中为了规避增值税影响，往往采用88%的保值比例，实际需保值的数量不一定是整数，增加了操作难度和风险敞口。

（三）保税交割

国际铜采用保税交割的方式，在指定的保税交割仓库中完成交割，不必先行办理报关手续，缴纳进口关税和相关税费。采用这种交割方式，为贸易商利用中国期货市场进行全球配置资源提供了方便，同时增加了保税铜市场的活跃度。

（四）人民币计价

相比通过LME进行境外保值，国际铜以人民币计价的模式有效降低了企业面临的汇率风险，节约了企业结售汇及锁汇的成本，国内中小型铜企对以人民币计价的国际铜期货的保值需求非常大。此外，国际投资者参与人民币铜的交易也将提升人民币在国际市场的影响力。

小贴士

保税区铜的流通和库存情况

据上海海关统计，2015年至2019年中国平均每年进口精铜约357.08万吨。按进口海关区域划分，上海钢联数据显示2015年至2019年上海海关平均每年进口精铜238.83万吨，占全国平均总进口量的66.88%。

目前国内保税铜仓库主要设置在上海、广东、江苏、福建和天津等地。2016 年后，上海以外地区陆续有铜库存 1 万 ~3 万吨，除少量进口外，基本为加工贸易项下的出口产品。据上海钢联统计，2013 年至 2019 年，上海保税区最高铜库存为 100.8 万吨，最低为 21.75 万吨。

三、境内外客户如何参与国际铜期货交易？

客户参与国际铜期货市场，应当符合《上海国际能源交易中心期货交易者适当性管理细则》的相关规定。具有境内交易场所实行适当性制度的其他上市品种交易权限的客户，申请开立能源中心交易编码或者开通交易权限的，享受部分豁免条款。已有原油期货、20 号胶期货或低硫燃料油期货交易权限的客户可以自动获得国际铜期货的交易权限；已有期权权限、其他境内特定品种、金融期货等交易权限的客户，在同一开户机构可以豁免适当性审核，在不同开户机构可以豁免基础知识、交易经历和资金门槛要求。具体条件如下：

（一）境内客户

符合申请上海国际能源交易中心会员资格的境内客户可以申请成为非期货公司会员直接参与国际铜期货交易，其余境内客户可通过境内期货公司会员代理参与交易。

（二）境外客户

境外客户参与国际铜期货的四种模式（见图 11 -2）：

1. 境内期货公司直接代理模式；

2. 境外中介机构通过境内期货公司或者境外特殊经纪参与者转委托模式；

3. 境外特殊经纪参与者代理模式；

4. 境外特殊非经纪参与者模式。

以现有能源中心国际品种开户经验来看，境外客户倾向于第二种参与模式。即境外客户委托境外中介机构，境外中介机构再去委托境内期货公司会员或者境外特殊经纪参与者参与。

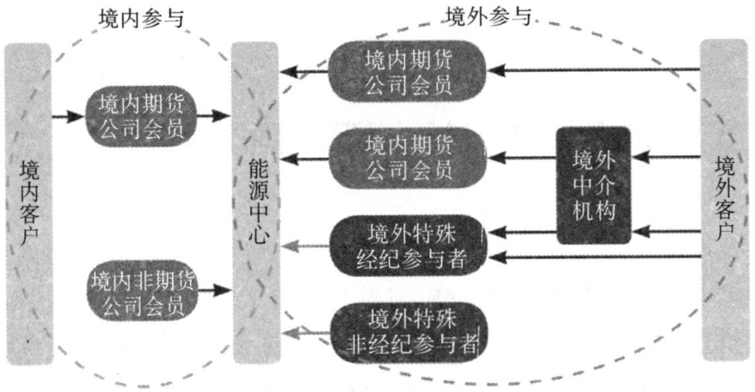

图 11－2　客户参与国际铜期货模式

资料来源：上海国际能源交易中心。

四、国际铜期货交割流程及注意事项有什么？

国际铜期货采用实物交割、保税交割和仓库交割的方式，即以海关特殊监管区域或保税监管场所内处于保税监管状态的货物作为期货交割标的物。

国际铜期货实物交割采用五日交割法，即最后交易日后连续五个工作日交割，具体程序如下：

（一）第一交割日（申请）

买方申报意向。买方通过标准仓单管理系统向能源中心提交所需商品的买入意向书，内容包括品种、数量及指定交割仓库名称等。

卖方提交标准仓单。卖方通过标准仓单管理系统向能源中心提交已付清仓储费用的有效标准仓单。第五交割日之前（含当日）的仓储费用由卖方支付，第五交割日之后的仓储费用由买方支付。

（二）第二交割日（配对）

能源中心根据已有资源，按照“时间优先、数量取整、就近配对、统筹安排”的原则对标准仓单进行配对后分配。

标准仓单不能用于下一月份期货合约实物交割的，能源中心按各买方交割量占当月交割总量的比例原则向买方分摊标准仓单。

（三）第三交割日（交款取单）

买方交款、取单。买方应当在第三交割日 14：00 之前向能源中心交付货款并取得标准仓单。

卖方收款。能源中心应当在第三交割日 16：00 之前将货款支付给卖方，遇特殊情况能源中心可以延长货款给付时间。

（四）第四、第五交割日（交票退款）

卖方向能源中心提交交割商品所对应的全部发票。发票的格式和内容应当符合能源中心的规定。保证金清退和发票提交等其他事宜，按照《上海国际能源交易中心结算细则》的有关规定处理。

国际铜期货交割流程见图 11－3。

此外，在入库和交割时，买卖双方还需关注以下几个注意事项：

交割单位方面，国际铜期货的交割单位为 25 吨，交割数量应当是交割单位的整数倍。每张标准仓单所列阴极铜的重量为 25 吨，溢短不超过 ±2%，磅差不超过 ±0.1%。

交割品级方面，标准仓单应当符合国标 GB/T467－2010 中 A 级铜（Cu－CATH－1）规定或符合 BS EN 1978：1998 中 A 级铜（Cu－CATH－1）规定。

交割品牌方面，应当是能源中心的注册品牌或者经上海国际能源交易中心允许的上期所注册品牌。

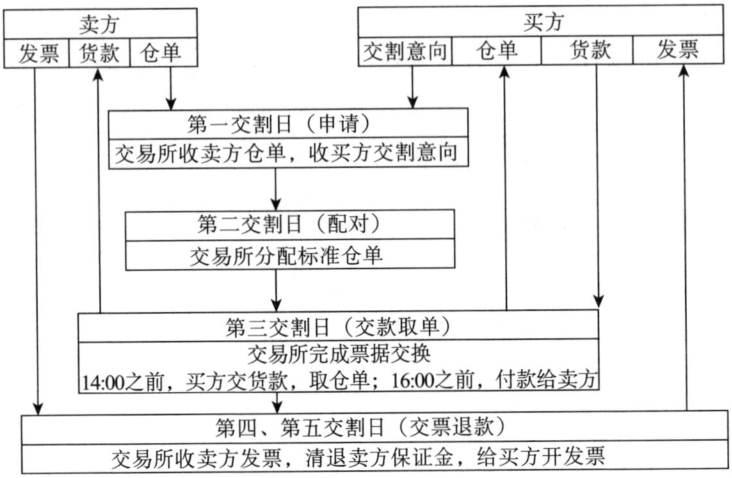

图 11－3　国际铜期货交割流程

资料来源：上海国际能源交易中心。

包装要求方面，每一标准仓单的阴极铜，应当是同一生产企业生产、同一牌号、同一注册商标、同一质量品级、同一块形、捆重近似的商品组成。

五、哪些品牌可以参与国际铜期货的交割?

交割品牌方面，每一标准仓单的阴极铜，应当是能源中心的注册品牌或者经上海国际能源交易中心允许的上期所注册品牌，且附有质量证明文件。在表 11－3 中，我们列出了上海国际能源交易中心国际铜期货可交割品牌清单，品牌间暂不设置升贴水，如果有变化请以交易所网站公告为准。

表 11-3　　上海国际能源交易中心国际铜期货可交割品牌清单

序号	国别	生产企业	产地	商标	品级/规格	升贴水	外形尺寸	捆重（kg）	捆/手
1	中国	江西铜业股份有限公司	江西贵溪	贵冶	A 级铜（传统电解）	标准价	1020×1010×16	2500	10
				江铜（贵溪/永久阴极-I）	A 级铜（永久阴极-I）	标准价	1020×1010×7.5	2500	10
2	中国	铜陵有色金属集团股份有限公司	安徽铜陵	TG-JG（铜陵/永久阴极-K）	A 级铜（铜陵/永久阴极-K）	标准价	1060×1030×16	2780	9
3	中国	云南铜业股份有限公司	云南昆明	铁峰（昆明/传统电解）	A 级铜（传统电解）	标准价	890×850×8	2500	10
				铁峰（昆明/永久阴极-I）	A 级铜（永久阴极-I）	标准价	913×903×7	2500	10
4	中国	大冶有色金属有限责任公司	湖北黄石	大江（黄石/传统电解小板）	A 级铜（传统电解）	标准价	810×780×13	2100	12
				大江（黄石/传统电解大板）	A 级铜（传统电解）	标准价	1030×1000×18	2500	10
				大江（黄石/永久阴极-K）	A 级铜（永久阴极-K）	标准价	1025×1025×18	2500	10
5	中国	白银有色集团股份有限公司	甘肃白银	红鹭	A 级铜（传统电解）	标准价	1025×990×13	2500	10
6	中国	金川集团股份有限公司	甘肃金川	JNMC	A 级铜（传统电解）	标准价	1030×1000×15	2500	10

续表

序号	国别	生产企业	产地	商标	品级/规格	升贴水	外形尺寸	捆重（kg）	捆/手
7	中国	北方铜业股份有限公司	山西垣曲	中条山	A 级铜（传统电解）	标准价	900×740×10	2080	12
							900×740×10	2500	10
8	中国	金隆铜业有限公司	安徽铜陵	金豚	A 级铜（传统电解）	标准价	1035×1015×8－13	2500	10
				TG－JL	A 级铜（永久阴极－K）	标准价	1060×1030×10	2500	10
9	中国	张家港联合铜业有限公司	江苏张家港	铜冠（张家港/传统电解）	A 级铜（张家港/传统电解）	标准价	1000×740×14	2500	10
10	中国	山东金升有色集团有限公司	山东临沂	沂蒙	A 级铜（传统电解）	标准价	900×780×12.5	2480	10
				沂蒙	A 级铜（永久阴极－K）	标准价	1040×1000×8	2500	10
11	中国	东营方圆有色金属有限公司	山东东营	鲁方	A 级铜（传统电解）	标准价	1020×810×10－12	2500	10
12	中国	阳谷祥光铜业有限公司	山东阳谷	祥光	A 级铜（永久阴极－I）	标准价	1030×1010×7	2500	10
				祥光	A 级铜（永久阴极－K）	标准价	1030×1010×7	2500	10
13	中国	河北大无缝建昌铜业有限公司	河北保定	昌达	A 级铜（传统电解）	标准价	910×935×10	2500	10
14	中国	紫金铜业有限公司	福建上杭	紫金	A 级铜（永久阴极－K）	标准价	1010×1030×8	2500	10

续表

序号	国别	生产企业	产地	商标	品级/规格	升贴水	外形尺寸	捆重（kg）	捆/手
15	中国	江西铜业（清远）有限公司	广东清远	江铜（清远/传统电解）	A 级铜（传统电解）	标准价	1030×1000×10	2500	10
16	中国	广西金川有色金属有限公司	广西防城港	JNMC（防城港/永久阴极－K）	A 级铜（永久阴极－K）	标准价	1030×1010×10	2500	10
17	中国	河南豫光金铅股份有限公司	河南济源	YG	A 级铜（永久阴极－K）	标准价	1040×1020×12	2500	10
18	中国	河南中原黄金冶炼厂有限责任公司	河南三门峡	ZJZY	A 级铜（永久阴极－K）	标准价	1040×1020×8	2500	10
19	中国	浙江江铜富冶和鼎铜业有限公司	浙江富阳	金凤	A 级铜（永久阴极－K）	标准价	1045×1025×14	2500	10
20	中国	新疆五鑫铜业有限责任公司	新疆昌吉	天阜	A 级铜（传统电解）	标准价	1000×1000×13	2500	10
21	中国	云南锡业股份有限公司	云南红河	YT	A 级铜（传统电解）	标准价	1030×1030×12	2500	10
22	美国	自由港迈克墨伦铜金矿公司	El Paso（TX）	P＊D	A 级铜（传统电解）	标准价	972×959×18	2250	11

续表

序号	国别	生产企业	产地	商标	品级/规格	升贴水	外形尺寸	捆重（kg）	捆/手
23	智利	智利国营铜业公司（CODELCO）	Ventanas	ENM	A级铜（传统电解）	标准价	960×980×14	2300	11
24	智利	智利国营铜业公司（CODELCO）	Potrerillos	AE	A级铜（传统电解）	标准价	970×780×13	2800	9
25	西班牙	自由港迈克墨伦铜金矿公司	Huelva	FMS	A级铜（永久阴极－I）	标准价	985×930×7	3100	8
26	韩国	LS－Nikko铜制炼株式会社	温山邑（蔚山）	ONSAN I	A级铜（永久阴极－K）	标准价	1070×932×13	2500	10
27	韩国	LS－Nikko铜制炼株式会社	温山邑（蔚山）	ONSAN II	A级铜（永久阴极－K）	标准价	1020×980×11	2300	11
28	智利	米其吉利亚采矿公司	Mejillones	MIC－P	A级铜（湿法）	标准价	960×1000×6	1400	18
29	智利	米其吉利亚采矿公司	Mejillones	MIC－T	A级铜（湿法）	标准价	1100×1000×10	1950	13
30	美国	科力托犹他铜业公司	Magna（UT）	KUC	A级铜（传统电解）	标准价	990×993×5	2520	10
31	智利	智利国营铜业公司（CODELCO）	Chuquicamata	CCC SX－EW	A级铜（湿法）	标准价	1100×920×7	2300	11

续表

序号	国别	生产企业	产地	商标	品级/规格	升贴水	外形尺寸	捆重（kg）	捆/手
32	波兰	凯戈汉姆波兰铜业股份有限公司	Głogów	HMG - B	A 级铜(传统电解)	标准价	1030 × 1030 × 12	1900	13
33	波兰	凯戈汉姆波兰铜业股份有限公司	Głogów	HMG - S	A 级铜(传统电解)	标准价	910 × 910 × 14	1900	13
34	波兰	凯戈汉姆波兰铜业股份有限公司	Legnica	HML	A 级铜(传统电解)	标准价	918 × 785 × 14	2100	12
35	巴西	卡拉伊巴金属公司	Dias D'Avila/Bahia	CbM	A 级铜(传统电解)	标准价	990 × 970 × 15	2500	10
36	智利	英美智利股份有限公司	Antofagasta	MB	A 级铜(湿法)	标准价	1000 × 1100 × 8	2500	10
37	智利	英美智利股份有限公司	Copiapó	MV	A 级铜(湿法)	标准价	1004 × 1000 × 8	2500	10
38	智利	埃斯孔迪达矿业有限公司	Antofagasta	ESOX	A 级铜(湿法)	标准价	1000 × 1000 × 8 - 10	2500	10
39	智利	塞罗科罗拉多矿业有限公司	Iquique	CMCC	A 级铜(湿法)	标准价	1000 × 1000 × 5	2500	10
40	加拿大	嘉能可加拿大公司	Quebec	NORANDA	A 级铜(永久阴极 - K)	标准价	937 × 949 × 14	3100	8
41	智利	自由港迈克墨伦铜金矿公司	Calama	ABRA	A 级铜(湿法)	标准价	1000 × 1000 × 5	2500	10

续表

序号	国别	生产企业	产地	商标	品级/规格	升贴水	外形尺寸	捆重(kg)	捆/手
42	秘鲁	自由港迈克墨伦铜金矿公司	Arequiba Uchumayo	SMCV	A级铜(湿法)	标准价	1000×1020×20	3125	8
43	日本	住友金属矿山株式会社	爱媛县	SUMIKO－N	A级铜(传统电解)	标准价	1060×1080×17	2800	9
44	日本	住友金属矿山株式会社	爱媛县	SUMIKO－T	A级铜(传统电解)	标准价	1060×1080×17	2800	9
45	印度尼西亚	印度尼西亚锦石冶炼有限公司	爪哇岛	GRESIK	A级铜(永久阴极－I)	标准价	1000×1000×6	2500	10
46	菲律宾	菲律宾联合铜业公司(PASAR)	伊沙贝尔市	PSR ISABEL	A级铜(永久阴极－I)	标准价	1040×1020×8	2500	10
47	智利	智利国营铜业公司(CODELCO)	丘基卡玛塔	cCc－P	A级铜(永久阴极－K)	标准价	1270×925×12－18	2750	9
48	澳大利亚	蒙特艾莎矿业有限公司	汤斯维尔	ISA	A级铜(永久阴极－I)	标准价	975×965×10	3168	8
49	智利	智利国营铜业公司(CODELCO)	拉多米诺－托米克	RT	A级铜(湿法)	标准价	1050×1000×9－11	2270	11
50	秘鲁	秘鲁南方铜业公司	伊洛	SPCC－ILO	A级铜(传统电解)	标准价	1020×1020×20	3600	7
51	智利	圣地内拉矿业公司	安托法加斯塔	MET	A级铜(湿法)	标准价	1000×1000×4	2300	11

说明:品牌之间不设置升贴水。

资料来源:上海国际能源交易中心。

小贴士

解读国际铜期货的交割品级

细心的读者通过对比可以发现，有相当一部分阴极铜注册品牌既是国际铜期货的交割标的，也是沪铜期货的交割标的，那么这之间有什么区别和联系呢？

首先，从交割品范围来看，国际铜期货的交割品为A级铜，而沪铜的标准交割品为1号铜，A级铜可替代交割，交割时较标准品升水110元/吨。由此可见，国际铜的可交割品范围比沪铜要窄一些。各大交易所阴极铜交割品对比情况见表11－4。

表11－4 各大交易所阴极铜交割品对比情况

交易所	INE	LME	CME	SHFE
标准	国标、欧标A级铜	国标、欧标、美标A级铜	美标A级铜	1号标准铜、可用A级铜替代交割

资料来源：上海国际能源交易中心、上海期货交易所、伦敦金属交易所、COMEX期货交易所。

其次，从交割品级来看，A级铜称为高纯阴极铜，纯度可达99.9935%，1号铜称为标准阴极铜，铜加银含量不小于99.95%。可见，国际铜期货对交割品的品级要求更为严苛。事实上，此举是为了与国际市场的交割体系保持一致，打通与国际市场之间的交割壁垒。这样境外涉铜企业及贸易商在交割时多了一个选择平台。同时，在INE接到的仓单也能够转口到LME去交割，有利于促进INE与LME之间的跨市场套利。

六、国际铜期货目前设有哪些交割仓库？

关于交割仓库的设置，上海国际能源交易中心依据消费地和集散地优先的总体原则，在上海自贸区范围内的中外资仓库中择优选择了国际铜期货的第一批交割仓库，总库容 17.5 万吨（见表 11－5）。后续，能源中心将根据合约运行情况及市场实际需求进一步优化交割仓库布局。

表 11－5　　　　国际铜期货指定交割仓库

	仓库名称	存放地址	联系人	业务电话	到达站	异地升贴水标准
1	上海中储临港物流有限公司	上海市浦东新区洋山保税港区双惠路 195 号	陆兵	13564496979	无	标准价
2	上海上港保税仓储管理有限公司	上海市浦东新区洋山保税港区顺运路 389 号	李一尘	13817860605	无	标准价
3	上海洋山保税港区世天威物流有限公司	上海市浦东新区洋山保税港区海旺路 288 号	梁晶菁	15821987825	无	标准价
4	世天威物流（上海外高桥保税物流园区）有限公司	上海市浦东新区外高桥保税物流园区申亚路 89 号	徐赟	13817283912	无	标准价
5	中远海运物流有限公司	上海市浦东新区外高桥保税区日京路 150 号 101	李虎	18616303983	无	标准价

资料来源：上海国际能源交易中心。

七、国际铜期货的主要参与者有哪些？

从期货市场的参与者结构来看，一般分为套期保值者、套利者以及投机者。

参与国际铜期货的套期保值者主要是一些有进出口需求的铜产业链企业，包括境内外矿山、冶炼厂及加工企业。这些企业可以在 LME、INE 以及 SHFE 之间选择优势的价格进行套期保值、购销和交割。例如，通过对比 LME 与 INE 的价格相对优势，海外供货商可以选择将货物运到上海保税库，通过国际铜期货合约卖出保值，而不仅仅选择 LME 的铜期货。再例如，过去国内的铜消费企业或者贸易商在境外买入保值时只能通过 LME，需要承受汇兑风险及保税仓单溢价波动，现在则可以通过 INE 保值、交割，再进口至国内。

参与国际铜期货的套利者主要是贸易商及机构投资者。一般来说，这类投资者利用不同市场间定价的不合理，通过在两个市场进行反向操作赚取相对价差收益。国际铜期货的上市在 LME、INE 以及 SHFE 三个市场之间构建了更多的套利机会。例如，当国际铜期货价格低于沪铜期货的幅度超过跨市套利所需要的成本，就可以买入国际铜期货卖出沪铜期货进行套利。值得注意的是，LME、INE 以及 SHFE 三个市场之间的套利涉及境内外不同税率体系及交易成本，具体套利成本的测算我们下文详解说明。

参与国际铜期货的投机者和参与其他商品的投机交易者一样，以获取绝对价差收益为目的。这类交易者通过结合宏观经济形势、铜现货市场的供需关系、库存及季节性规律等因素，对铜价走势进行判断及操作，以便获取收益。

八、如何利用国际铜期货的套利机会?

国际铜期货上市后，除了常规的铜内外盘套利（LME 与 SHFE）外，新增了 INE 与 SHFE、INE 与 LME 之间的套利路径（见图 11 -4）。

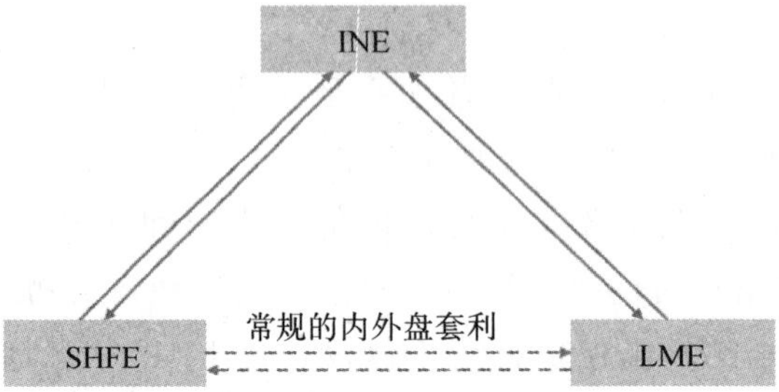

图 11－4　INE、SHFE 和 LME 三地套利示意图

资料来源：上海中期期货。

一般来说，如果市场价格大于进口理论成本，也就是说，价差产生的盈利足以弥补交易成本和物流成本，那么将促进贸易商增加进口从而使两市场价差收敛。投资者可以顺着该贸易流方向在两个交易所一买一卖，等待价差回归时平仓获利，也可以在两个交易所之间进行实物交割套利，赚取无风险收益。

下面，我们具体来测算 INE 与 SHFE、INE 与 LME 之间的套利机会。

（一）INE 与 SHFE 之间的套利

这里涉及两个贸易流向，分别是保税铜入关和关内铜出口至保税区。

从保税铜入关角度：

进口成本＝INE 对应合约价格×（1＋增值税）×（1＋进口关税）＋杂费（包括运费、清关费、港杂费等）

如果 SHFE 对应合约价格大于进口成本，那么这笔贸易将产生安全边际，投资者可以买入 INE 国际铜期货合约卖出 SHFE 铜期货合约，待价差回归时平仓。

如果 SHFE 对应合约价格大于“进口成本＋资金成本＋交易交割费用（包括交易手续费、交割手续费、过户费、出入库费、仓储费等）”，那么这笔贸易将产生无风险套利机会。投资者可以买入 INE 国际铜期货合约卖出 SHFE 铜期货合约，待价差回归时平仓。有实体背景的企业也可以在 INE 买入国际铜期货合约交割，在 SHFE 卖出铜期货合约交割，获取无风险收益。

案例 11－1

2020 年 12 月 15 日，沪铜期货收盘价为 57770 元/吨，国际铜期货收盘价为 51400 元/吨，进口关税为零，增值税 13%，杂费约 200 元。

进口成本＝51400×（1＋13%）×（1＋0）＋200＝58282（元/吨）

经过测算发现，进口成本要高于沪铜期货价格，因而保税铜入关没有价格优势，买入 INE 国际铜期货合约卖出 SHFE 铜期货合约套利暂时没有安全边际。

从关内出口至保税区角度，一般贸易出口没有退税，且需缴纳 5% 的出口关税：

出口成本＝SHFE 对应合约价格×（1＋出口关税）＋杂费

国内冶炼厂一般通过加工手册出口，可免缴增值税及关税：

出口成本＝SHFE 对应合约价格/1.13＋杂费

如果 INE 对应合约价格大于出口成本，那么可以买入 SHFE 铜期货合约卖出 INE 国际铜期货合约进行套利，待价差回归时平仓。

如果 INE 对应合约价格大于“出口成本＋资金成本＋交易交割费用（包括交易手续费、交割手续费、过户费、出入库费、仓储费等）”，那么这笔贸易存在无风险套利机会。

可以看到，除了有加工贸易手册的企业以外，一般贸易的出口成本将包含 13% 的增值税和 5% 的关税，因而基本不存在出口套利的可能性。

（二）INE 与 LME 之间的套利

这里涉及海外铜进口至保税区，以及保税铜出口至海外。

从海外铜进口至保税区角度：

进口成本＝（LME 铜对应合约价格＋调期费＋保税仓单 CIF）×人民币兑美元汇率＋其他杂费

如果 INE 对应合约价格大于进口成本，那么买入 LME 铜期货合约卖出 INE 国际铜期货合约将产生一定的安全边际。

如果 INE 对应合约价格大于“进口成本＋资金成本＋交易交割费用”，

那么这笔交易存在无风险套利机会。

案例 11－2

2021 年 1 月 27 日，国际铜期货收盘价为 52290 元/吨，伦铜价格为 7843 美元/吨，调期费为－3.75 美元/吨，保税仓单 CIF 为 63 美元/吨，人民币兑美元汇率 6.4665，其他杂费约 200 元。

进口成本＝（7843－3.75＋63）×6.4665＋200＝51299.90（元/吨）

经过测算发现，进口成本低于国际铜盘面价格约 990.10 元/吨，因而海外铜进口至保税区有一定优势，可以考虑买入 LME，卖出 INE 的套利策略。

从保税区出口海外角度：

出口成本＝INE 对应合约价格/人民币兑美元汇率＋地区升贴水（美元计价）＋其他杂费

如果 LME 对应合约价格大于出口成本，那么买入 INE 铜期货合约卖出 LME 铜期货合约将产生一定的安全边际。

如果 LME 对应合约价格大于"进口成本＋资金成本＋交易交割费用"，那么这笔交易存在无风险套利机会。

以上我们为读者介绍了 INE 与 SHFE、INE 与 LME 跨市场套利机会的测算思路。在实际交易过程中，除了测算套利空间外，不同市场间的铜价预期强弱变化也可作为跨市场套利的逻辑依据。例如，新冠肺炎疫情暴发后，海外生产端受到重创，我国由于防疫措施完备而率先走出疫情影响，并且承接了很多海外订单。在此情况下，可以预见国内用铜需求的复苏将阶段性强于海外，进口需求将相对保持旺盛。因而，投资者可以依托这一逻辑，买入 SHFE 铜期货合约卖出 LME 铜期货合约，或者买入 INE 国际铜期货合约卖出 LME 铜期货合约来做多进口利润。

九、国际铜期货的上市将给市场带来哪些积极影响？

推出国际铜期货，既是我国铜行业发展的客观需要，也是扩大对外开放背景下，期货市场服务铜企业、提供国际化风险管理工具的有力举措。国际铜期货的上市，一是为铜产业链上下游企业在国际贸易中提供规避价格风险工具，助力企业平稳运行；二是进一步提升我国铜国际定价话语权和影响力，加速人民币国际化进程，有助于我国建设铜国际定价中心。

国际铜期货上市将为铜市场带来三方面的影响：

首先，为国内外进出口企业提供新的保值工具。国际铜上市后，贸易企业、产业链企业和海外企业多了一个价格参照平台和可以交割货物的平台。企业可以选择优势的价格进行套期保值、购销和交割。

其次，改变境内外企业定价模式。我国是全球第一大铜进口国和消费国，保税铜也具备体量优势。随着国际铜的上市，我国境内消费企业、贸易商与境外供货商或将转由 INE 国际铜定价，而不仅仅依赖于 LME 定价，将提升我国在铜市场的影响力。

最后，服务实体企业，降低汇兑成本。相较于 LME 铜期货，国际铜期货在保税区交割且使用人民币定价，对于国内企业有众多优势：交割便利，节约结售汇成本，以及减少海外开户的烦琐手续，将真正为实体企业带来便利，扩展期货服务实体企业的广度和深度。

自测题

1. 关于国际铜期货的交易模式，以下（　　）是错误的。

A. 国际平台　　　　B. 含税交易

C. 保税交割　　　　D. 人民币计价

2. 国际铜期货的合约代码是（　　）。

A. CA　　　B. BC

C. CU　　　D. LU

3. 国际铜期货和沪铜期货合约的区别当中，以下错误的是（　　）。

A. 国际铜的交割品级需符合国标或欧标的A级铜，沪铜的交割品级需符合国标1号标准铜，A级铜可以替代交割

B. 国际铜和沪铜的交割日期都是最后交易日后连续五个工作日

C. 国际铜实行适当性制度，沪铜不实行适当性制度

D. 国际铜实行保税交割，沪铜实行完税交割和保税交割

4. 境外客户参与国际铜期货交易，可以通过下列（　　）途径。（多选题）

A. 境内期货公司直接代理模式

B. 境外中介机构通过境内期货公司或者境外特殊经纪参与者转委托模式

C. 境外特殊经纪参与者代理模式

D. 境外特殊非经纪参与者模式

5. 以下关于国际铜期货的交割，正确的是（　　）。

A. LME指定的阴极铜交割品牌可以作为国际铜期货的交割品牌

B. 国际铜期货交割品牌应当是上海国际能源中心的注册品牌或者经上海国际能源交易中心允许的上期所注册品牌

C. 国际铜期货交割品牌间设置升贴水

D. 上海期货交易所指定的阴极铜交割品牌可以作为国际铜期货的交割品牌

6. 国际铜期货的主要参与者有（　　）。（多选题）

A. 跨境铜贸易商　　　B. 国内铜产业链企业

C. 对冲基金　　　D. 期货投资者

7. 2020年12月15日，沪铜期货收盘价57770元/吨，国际铜期货收盘价51400元/吨，进口关税为零，增值税13%，杂费约200元。经过测算，保税铜进口至国内的进口成本（　　）沪铜期货价格，因而保税铜入关（　　）价格优势。

A. 高于；有　　　　B. 高于；没有

C. 低于；有　　　　D. 低于；没有

8. 国际铜期货上市后，新增了（　　）套利机会。（多选题）

A. 买入 INE 国际铜期货合约卖出 SHFE 铜期货合约

B. 卖出 INE 国际铜期货合约买入 SHFE 铜期货合约

C. 买入 INE 国际铜期货合约卖出 LME 铜期货合约

D. 卖出 INE 国际铜期货合约买入 LME 铜期货合约

9. 2021 年 1 月 27 日，国际铜期货收盘价 52290 元/吨，伦铜价格 7843 美元/吨，调期费为 −3.75 美元/吨，保税仓单 CIF 为 63 美元/吨，人民币兑美元汇率 6.4665，其他杂费约 200 元。伦铜的进口成本（　　）国际铜期货盘面价格，可以买入（　　），卖出（　　），等待价差回归后平仓获利。

A. 高于；LME 铜期货合约；INE 国际铜期货合约

B. 低于；LME 铜期货合约；INE 国际铜期货合约

C. 高于；INE 国际铜期货合约；LME 铜期货合约

D. 低于；INE 国际铜期货合约；LME 铜期货合约

10. 国际铜期货上市的积极影响有（　　）。（多选题）

A. 提升我国在国际铜市场上的影响力

B. 为铜产业链上下游企业提供新的避险工具

C. 降低企业汇兑成本

D. 加速人民币国际化进程

参考答案

1. B　2. B　3. B　4. ABCD　5. B　6. ABCD　7. B　8. ABCD
9. B　10. ABCD

附　录

上海期货交易所标准仓单管理办法

第一章　总　　则

第一条　为加强标准仓单的管理，规范参与各方的行为，保障上海期货交易所（以下简称“交易所”）期货交割业务的正常进行，根据《上海期货交易所交易规则》制定本办法。

第二条　交易所、会员、客户、指定交割仓库等标准仓单业务参与者办理与标准仓单有关的各项业务时应当遵守本办法。

第三条　标准仓单可以分为仓库标准仓单和厂库标准仓单。仓库标准仓单是指依据本办法的规定，由指定交割仓库完成入库商品验收、确认合格后，在交易所标准仓单管理系统中签发给货主的，用于提取商品的凭证；而厂库标准仓单是指经过交易所批准的指定厂库按照交易所规定的程序签发的在交易所标准仓单管理系统生成的实物提货凭证。厂库标准仓单暂限于螺纹钢、线材、石油沥青、热轧卷板、不锈钢和漂白硫酸盐针叶木浆期货合约。在本管理办法中，如无特指，则标准仓单指仓库标准仓单。

第二章　标准仓单管理系统

第四条　交易所应当建立标准仓单管理系统，对本办法规定的标准仓单的各项业务进行管理。标准仓单管理系统由交易所维护和管理。

第五条　交易所、会员、客户及指定交割仓库等标准仓单业务参与者应当通过交易所标准仓单管理系统办理与标准仓单有关的各项业务。

第六条　会员使用标准仓单管理系统办理交割、结算等标准仓单业务应当由其结算交割员操作。

第七条　标准仓单业务参与者应当在标准仓单管理系统中先开立标准仓单账户，方可持有标准仓单，参与标准仓单业务。标准仓单账户实行一户一码，即一个标准仓单业务参与者只能拥有一个标准仓单账户。

会员和指定交割仓库应当协助客户开立标准仓单账户，并负责核查其所提供材料信息的真实性、完整性和有效性。

第八条　标准仓单业务参与者提交的开户资料应当真实。

第三章　标准仓单的一般规定

第九条　标准仓单在标准仓单管理系统中生成后即以电子形式存在。

第十条　标准仓单应当包括下列事项：

（一）货主名称（全称）；

（二）仓储物的品种、数量、质量和件数；

（三）储存场所；

（四）仓储费；

（五）仓储物已经办理保险的，其保险金额、期限以及保险人的名称；

（六）填发人、填发地和填发日期；

（七）标准仓单应当载明的其他内容。

第十一条　标准仓单可以用于交割、转让、提货以及交易所规定的其他用途。

第十二条　标准仓单作为保证金使用参见《上海期货交易所结算细则》有关有价证券的规定执行。

第四章　标准仓单的生成

第十三条　标准仓单生成包括交割预报（入库申报）、商品入库、验收、指定交割仓库签发、确认等环节。

第十四条　货主向指定交割仓库发货前，应当办理入库申报。

入库申报的内容包括商品的品种、等级（牌号）、商标、数量、发货单位及拟入指定交割仓库名称等，并提供各项单证。燃料油、石油沥青入库申报时，还应当缴纳入库申报押金。

客户应当委托期货公司会员办理交割预报（入库申报）手续。

第十五条　交易所在库容允许情况下，考虑货主意愿，在三个交易日内决定是否批准入库。

第十六条　货主应当在交易所规定的有效期内向已批准的入库申报中确定的指定交割仓库发货。未经交易所批准入库或未在规定的有效期内入库的商品不能用于交割。

第十七条　指定交割仓库应当根据期货交割的有关规定，对入库商品种类、牌号、数量、质量、包装及相关单证进行验收。

货主应当到库监收。货主不到库监收，视为同意指定交割仓库的验收结果。

验收合格后，指定交割仓库应当将入库检验的结果输入标准仓单管理系统，再由会员向交易所提交制作标准仓单申请。

第十八条　交易所批准制作标准仓单后，指定交割仓库核对入库申报数据并制作仓单。指定交割仓库审核人员应当复核仓单数据。

第十九条　仓单所有者对新签发的标准仓单进行验收确认。如果仓单所有者在收到标准仓单验收通知后三天内未对指定交割仓库签发的标准仓单进行验收确认的，视为已验收确认，标准仓单自动生效。

第二十条　指定交割仓库签发标准仓单应当符合下列要求：

（一）一张标准仓单的数量应当是一张合约最小交割单位的数量；

（二）标准仓单所示商品的质量、包装等条件应当符合交易所有关规定；

（三）同一标准仓单所示商品应当是同一品种、同一生产厂（同一产地）、同一商标、同一牌号或同一等级。

第二十一条　标准仓单生成后即以电子形式存在。

第五章　交　　割

第二十二条　所有到期未平仓期货合约的持有者应当以实物交割方式履约。业务流程如下：

（一）卖方客户授权。卖方客户应当通过标准仓单管理系统先将标准仓单授权给卖方期货公司会员以办理实物交割业务。

（二）第一交割日，卖方会员通过标准仓单管理系统向交易所提交已付清仓储费用的标准仓单，买方会员向交易所申报交割意向。

（三）第二交割日，交易所分配标准仓单。

（四）第三交割日，买方会员完成付款后，交易所释放分配到该会员名下的标准仓单。交易所将货款付给卖方会员。

（五）买方会员分配仓单。买方会员应当在最后交易日后第五个工作日之前（含当日）将分配到其名下的标准仓单再分配给买方客户。如买方会员不能按时分配标准仓单，应当向交易所报告原因。

第二十三条　如果买方客户交割违约而买方会员替代履约的，交易所在审核买方会员的申请后可以将相应的标准仓单转入买方会员的标准仓单账户。买方会员可以依法处置相应的标准仓单。

第六章　期货转现货

第二十四条　办理期转现业务的买卖双方会员（客户）达成协议后，应当在规定的期限内，由其中任意一方会员提交期转现申请，另一方确认后，经交易所批准实施期转现。

第二十五条　使用标准仓单并通过交易所结算的期转现业务流程如下：

（一）卖方客户授权。卖方客户应当先将标准仓单授权给卖方期货公司会员以办理期转现业务。

（二）卖方会员提交标准仓单。卖方会员在规定期限内将标准仓单提交给交易所。

（三）交易所将标准仓单分配给买方会员。

（四）买方会员交款后，交易所释放分配到该会员名下的标准仓单，并将货款付给卖方会员。

（五）买方会员在取得标准仓单后三个工作日内向客户分配标准仓单。如买方会员不能按时分配标准仓单，应当向交易所报告原因。

第二十六条 如果买方客户违约而买方会员替代履约的，交易所在审核买方会员的申请后可以将相应的标准仓单转入买方会员的标准仓单账户。买方会员可以依法处置相应的标准仓单。

第二十七条 使用标准仓单自行结算的期转现业务，货款由买卖双方自行交付，标准仓单由买卖双方按照本办法中的标准仓单所外转让流程办理，或者通过提货后自行交付。

第七章 标准仓单在交易所外质押

第二十八条 标准仓单质押是指出质人（即债务人或第三人）将其拥有的标准仓单移交给质权人（债权人）占有，将该标准仓单作为债权的担保。债务人不履行债务时，债权人有权依照法律以该标准仓单折价或者以拍卖、变卖该标准仓单的价款优先受偿。

第二十九条 出质人应当在与质权人另行订立的质押合同中列明用于质押的标准仓单编号，并将质押合同副本提交指定交割仓库留存。

第三十条 标准仓单在交易所外进行质押的登记流程如下：

（一）出质人质押登记申请。出质人应当通过标准仓单管理系统向指定交割仓库提交质押登记申请。

（二）指定交割仓库依据质押合同副本审核质押登记申请。

（三）质权人确认质押登记申请。质权人可以通过标准仓单管理系统确认提交质押登记的标准仓单。

（四）仓单质押登记。指定交割仓库应当对已质押的标准仓单进行登记管理，相应标准仓单不得进行交割、转让、提货、挂失等任何操作。

第三十一条 标准仓单质押期间，指定交割仓库应当在标准仓单对应商品上做好标记，妥善保管。

第三十二条 解除标准仓单所外质押登记流程如下：

（一）质权人申请解除质押登记。质权人应当通过标准仓单管理系统向指定交割仓库提交解除质押登记的申请。

（二）指定交割仓库审核解除质押登记申请。

（三）出质人确认解除质押登记申请。出质人可以通过标准仓单管理系统确认提交解除质押登记的标准仓单。

第三十三条　指定交割仓库应当将其已签字盖章的标准仓单质押清单和标准仓单解除质押清单交付出质人和质权人。

第三十四条　如果债务履行期届满标准仓单质权人（债权人）未受到清偿的，质权人可以依据标准仓单质押合同及相关法律规定和约定实现质权。

第八章　标准仓单的所外转让

第三十五条　标准仓单可以在交易所外转让。

第三十六条　标准仓单在交易所外转让的，买卖双方可以自行结算，也可以通过交易所结算。通过交易所结算的，按交割标准收取手续费。

第三十七条　买卖双方自行结算的标准仓单所外转让流程如下：

（一）卖方转让申请。卖方输入品种、指定交割仓库、买方客户编码和名称、相应标准仓单等相关信息后提交转让申请。

（二）买方转让确认。买方通过标准仓单管理系统确认转让申请。

（三）指定交割仓库审核转让申请。

（四）买方按双方约定交付货款。

（五）卖方释放标准仓单。卖方收款后释放标准仓单，对应标准仓单转到买方的标准仓单账户。

第三十八条　通过交易所结算的标准仓单所外转让，应当通过会员进行。其转让流程如下：

（一）卖方客户转让申请。卖方客户输入品种、指定交割仓库、买方客户的客户编码和名称、卖方会员、转让价、相应标准仓单等相关信息后，提交转让申请。

（二）买方客户转让确认。买方客户通过标准仓单管理系统确认转让申请，并将货款存入指定买方会员的专用资金账户。

（三）指定交割仓库审核转让申请，并通知买卖双方和交易所。

（四）交易所打印标准仓单所外转让结算单并收付货款。

（五）交易所释放标准仓单。

会员在 14：00 之前提交的转让申请，交易所在当日完成转让程序，会员在 14：00 之后提交的转让申请，交易所在下一交易日完成转让程序。

第九章 标准仓单的变更

第三十九条 仓单所有人如需修改标准仓单的重量、件数和块数等数据，应当通过标准仓单管理系统提交标准仓单的重量、件数或块数变更申请。指定交割仓库和交易所审核后，完成数据的变更。

第四十条 指定交割仓库如需移动标准仓单所属商品的货位，应当事先向交易所提出申请。交易所应当在 10 个工作日内批复。指定交割仓库移动货位后应当通知仓单所有人，并及时通过标准仓单管理系统修改对应仓单的货位数据。

第四十一条 标准仓单对应的商品质检期届满后，仓单所有人应当重新质检。仓单所有人在商品重新质检后，向交易所提交质检日期变更申报，在交易所审核新的质检证书后，指定交割仓库应当通过标准仓单管理系统变更对应标准仓单的质检证书和质检日期。

第十章 标准仓单的冻结和锁定

第四十二条 标准仓单的冻结或解除冻结手续由指定交割仓库办理。标准仓单的冻结或解除冻结的申请人应当持有效法律文书和相关证明材料，经指定交割仓库审核无误后，通过标准仓单管理系统实施对相应标准仓单的冻结或解除冻结。

标准仓单冻结期间，指定交割仓库应当封存相关商品。标准仓单解除冻结后，指定交割仓库应当根据有效法律文书处置相关商品。

第四十三条 指定交割仓库冻结和解冻标准仓单应当报交易所备案。

第四十四条 如果标准仓单业务参与者之间产生与标准仓单有关的其他纠纷，尤其是标准仓单的权属纠纷，交易所可以经当事人的申请或自行将相应的标准仓单锁定，直至纠纷解决。

第十一章　标准仓单的注销

第四十五条　标准仓单注销是指标准仓单所有人提货或者申请将其标准仓单转为一般现货提单，由指定交割仓库办理标准仓单退出流通的过程。

第四十六条　标准仓单作废是指标准仓单的所有人对指定交割仓库签发的已生效的标准仓单除重量、件数、块数、货位、质检日期以外的数据有异议，提交标准仓单作废申请，经指定交割仓库和交易所审核，注销对应标准仓单的过程。

第四十七条　作废的标准仓单如需生成相对应新的标准仓单，应当到交易所重新办理交割预报手续。

第四十八条　标准仓单超过有效期不得用于期货交割，仓单所有人应当在标准仓单有效期满后一个月内到指定交割仓库办理提货或重新办理标准仓单签发手续。否则，逾期提货者应当与指定交割仓库另行签订现货委托保管协议。

第四十九条　仓单所有人提货时，应当向指定交割仓库提交标准仓单出库申请。指定交割仓库在审核后予以发货。指定交割仓库的发货部门根据标准仓单出库清单和相关单证发货。

第五十条　仓单所有人在出库申请中应当注明提货方式：

（一）自行到库提货的，指定交割仓库在对标准仓单审核无误后予以发货。货主应当到库监发，货主不到库监发的，视为认可指定交割仓库发货无误。

（二）委托第三方提货的，货主应当提交授权委托书，并在出库申请上注明其委托的提货单位、提货密码、联系人和联系电话等信息。指定交割仓库在对标准仓单审核无误后予以发货。货主委托的提货单位应当到库监发，不到库监发的，视为货主认可指定交割仓库发货无误。

（三）委托指定交割仓库代为发运的，货主应当提交授权委托书，并在出库申请上注明发货地址、联系人和联系电话等信息。指定交割仓库在对标准仓单审核无误后予以发货。货主应当认可指定交割仓库发货无误。

第五十一条　商品出库时，指定交割仓库应当制作标准仓单出库清单，交提货人签字确认。

第十二章 附 则

第五十二条 本办法未尽事宜，参照上海期货交易所章程、交易规则及业务实施细则有关规定执行。

第五十三条 标准仓单账户的开户流程、标准仓单管理系统的使用和操作等具体规定参见交易所依据本办法另行制定的操作手册。

第五十四条 有关标准仓单交易的组织和实施办法由交易所另行制定。

第五十五条 螺纹钢、线材和热轧卷板期货厂库标准仓单的生成、流转、注销等参照《上海期货交易所指定钢材厂库交割办法（试行）》相关内容执行。

不锈钢期货厂库标准仓单的生成、流转、注销等参照《上海期货交易所指定不锈钢厂库交割办法（试行）》相关内容执行。

石油沥青厂库标准仓单的生成、流转、注销等参照《上海期货交易所石油沥青期货交割实施细则（试行）》相关内容执行。

漂白硫酸盐针叶木浆厂库标准仓单的生成、流转、注销等参照《上海期货交易所漂白硫酸盐针叶木浆厂库交割办法（试行）》相关内容执行。

《上海期货交易所指定钢材厂库交割办法（试行）》《上海期货交易所指定不锈钢厂库交割办法（试行）》对厂库标准仓单未尽事宜，参照仓库标准仓单的有关规定执行。

《上海期货交易所石油沥青期货交割实施细则（试行）》对厂库标准仓单未尽事宜，参照仓库标准仓单的有关规定执行。

《上海期货交易所漂白硫酸盐针叶木浆厂库交割办法（试行）》对厂库标准仓单未尽事宜，参照仓库标准仓单的有关规定执行。

黄金期货实物交割业务流程按照《上海期货交易所黄金期货交割实施细则（试行）》有关规定执行。

第五十六条 违反本办法规定的，交易所按《上海期货交易所违规处理办法》的有关规定处理。

第五十七条 本办法解释权属于上海期货交易所。

第五十八条 本办法自 2020 年 10 月 9 日起实施。

后 记

本书是专为期货投资者编写的一本普及性读物，适合于铜产业链企业和普通投资者阅读。

本书是在之前出版的《铜》的基础上修订而来的。在前一版《铜》的基础上，本书更新了铜期货的理论知识、行业数据以及应用案例，着重增加了铜期权、国际铜的内容，使本书内容更加符合铜产业现货、期货的现状，有利于铜期货基础知识的普及。

本书注意实用性、趣味性，以通俗易懂的语言、鲜明生动的案例将理论知识简单化，避免了理论知识阐述过程中的呆板僵硬。对铜产业链企业而言，本书具有指导实务操作的作用，书中包含了大量套期保值、套利、风险管理的应用型案例，对企业应用铜期货有一定借鉴意义。对于普通投资者而言，本书通过一问一答的形式，由浅入深地剖析铜产品的基本面和技术面，有助于投资者快速了解铜产品及铜产品市场。

与证券、债券等金融工具相比，期货作为风险管理工具，专业性强，杠杆率高，风险大，这在客观上要求投资者具备一定的专业投资知识、经济实力以及风险承受能力。

“期市有风险，入市需谨慎！”

本书由于篇幅限制，无法尽述相关实体企业及投资者在期货市场上可能面临的所有具体情况，不管是实体企业还是普通投资者，参与到期货市场中，都务必结合自身需求，制定科学合理的交易策略。企业参与套期保值要避免将套期保值变成投机，普通投资者要严格评估自身能力，尽可能地熟悉并掌握交易品种的市场特点及操作技巧，并严格控制交易规模，避免遭受不必要的损失。

作为《期货投资者教育系列丛书》之一，本书由中国期货业协会组织编写，上海中期期货股份有限公司王舟懿、李白瑜、杨方、吴航宗承担了本书的具体编写任务。上海期货交易所对本书书稿进行了审阅并提出了宝贵建议。

本书在之前出版的《铜》的基础上修订而来，在此感谢之前的编写人员——上海中期期货股份有限公司蔡洛益、王舟懿、李宁、见惊雷、方俊锋、宋聪、李宙雷、经琢成、向予对本书的贡献。本书在编写过程中还得到了中国证监会投资者保护局、期货部、上海期货交易所和上海中期期货股份有限公司领导的指导和帮助，在此表示衷心的感谢！书中的错误之处，敬请批评指正。

中国期货业协会

《期货投资者教育系列丛书》编委会

2021 年 6 月